Heinrich Heine, geboren am 13. Dezember 1797 in Düsseldorf, ist am 17. Februar 1856 in Paris gestorben.

Vom Sommer bis zum Herbst 1828 hat sich Heinrich Heine auf eine Reise begeben, auf der er von München aus über Innsbruck nach Norditalien kam und dort Trient, Mailand, Genua, Lucca und Florenz besuchte. Auch hier zeigt sich Heine als sensibler Kritiker zeitgenössischer Zustände, als aufmerksamer Beobachter, der zwischen den allgemeinen Betrachtungen detaillierte Episoden mit humoristisch erzählendem Charakter einzuflechten vermag, schließlich aber auch als enthusiasmierter Italienreisender: »Die Seele ist mir so voll, so überfließend, daß ich mir nicht anders zu helfen weiß, indem ich einige enthusiastische Bücher schreibe.«

Heine begann noch während der Reise seine Eindrücke niederzuschreiben und schickte seinem Verleger Campe Teile des später in den *Reisebildern* ergänzten Kapitels »Reise von München nach Genua«, der den Bericht im »Morgenblatt für gebildete Stände« Ende 1828 veröffentlichte. In den darauffolgenden Jahren erschienen dann die weiteren Kapitel, im dritten und vierten Band der *Reisebilder*, die als Gesamtausgabe zu Heines Lebzeiten insgesamt dreizehnmal aufgelegt wurden – die »Reise von München nach Genua«, »Die Bäder von Lucca«, »Die Stadt Lucca« nehmen darin den gewichtigsten Teil ein.

insel taschenbuch 1072

Heinrich Heine

Italien

HEINRICH HEINE
ITALIEN
1828

Mit farbigen Illustrationen
von Paul Scheurich

Insel Verlag

insel taschenbuch 1072
Erste Auflage 1988

Hinweise zu dieser Ausgabe am Schluß des Bandes
Vertrieb durch den Suhrkamp Taschenbuch Verlag
Umschlag nach Entwürfen von Willy Fleckhaus
Satz: LibroSatz, Kriftel
Druck: Nomos Verlagsgesellschaft, Baden-Baden
Printed in Germany

1 2 3 4 5 6 - 93 92 91 90 89 88

ITALIEN

1828

Hafis auch und Ulrich Hutten
Mußten ganz bestimmt sich rüsten
Wider braun und blaue Kutten,
Meine gehn wie andre Christen.

Goethe

I
REISE VON MÜNCHEN NACH GENUA

Ein edles Gemüt kommt nie in Eure Rechnung; und daran scheitert heute Eure Weisheit. (Er öffnet seinen Schreibtisch, nimmt zwei Pistolen heraus, wovon er das eine auf den Tisch legt und das andre ladet.)

Roberts »Macht der Verhältnisse«

KAPITEL I

Ich bin der höflichste Mensch von der Welt. Ich tue mir was darauf zu Gute, niemals grob gewesen zu sein auf dieser Erde, wo es so viele unerträgliche Schlingel gibt, die sich zu einem hinsetzen und ihre Leiden erzählen oder gar ihre Verse deklamieren; mit wahrhaft christlicher Geduld habe ich immer solche Misere ruhig angehört, ohne nur durch eine Miene zu verraten, wie sehr sich meine Seele ennuyierte. Gleich einem büßenden Brahminen, der seinen Leib dem Ungeziefer preisgibt, damit auch diese Gottesgeschöpfe sich sättigen, habe ich dem fatalsten Menschengeschmeiß oft tagelang standgehalten und ruhig zugehört, und meine inneren Seufzer vernahm nur Er, der die Tugend belohnt.

Aber auch die Lebensklugheit gebietet uns höflich zu sein, und nicht verdrießlich zu schweigen, oder gar Verdrießliches zu erwidern, wenn irgendein schwammiger Kommerzienrat oder dürrer Käsekrämer sich zu uns setzt, und ein allgemein europäisches Gespräch anfängt mit den Worten: »Es ist heute eine schöne Witterung.« Man kann nicht wissen, wie man mit einem solchen Philister wieder zusammentrifft, und er kann es uns dann bitter eintränken, daß wir nicht höflich geantwortet: »Die Witterung ist sehr schön.« Es kann sich sogar fügen, lieber Leser, daß Du zu Kassel an der Table d'hote neben besagtem Philister zu sitzen kömmst, und zwar an seine linke Seite, und er ist just der Mann, der die Schüssel mit braunen Karpfen vor sich stehen hat und lustig austeilt; – hat er nun eine alte Pike auf Dich, dann reicht er die Teller immer rechts herum, so daß auch nicht das kleinste Schwanzstückchen für Dich übrig bleibt. Denn ach! Du bist just der Dreizehnte bei Tisch, welches immer bedenklich ist, wenn man links neben dem Trancheur sitzt, und die Teller rechts herumgereicht werden. Und keine Karpfen bekommen, ist ein großes Übel; nächst dem Verlust der Nationalkokarde vielleicht das größte. Der Philister, der Dir dieses Übel bereitet, verhöhnt Dich noch obendrein und offeriert Dir die Lorbeeren, die in der braunen Sauce liegen geblieben; – ach! was helfen einem alle Lorbeeren, wenn keine Karpfen dabei sind! – und der Philister blinzelt dann mit den Äuglein, und kichert und lispelt: »Es ist heute eine schöne Witterung.«

Ach, liebe Seele, es kann sich sogar fügen, daß Du auf irgendeinem Kirchhof neben diesem selben Philister zu liegen kömmst, und hörst Du dann am Jüngsten Tag die Posaune erschallen und sagst zu Deinem Nachbar: »Guter Freund, reichen Sie mir gefälligst die Hand, damit ich aufstehen kann, das linke Bein ist mir eingeschlafen von dem verdammten Liegen!« dann bemerkst Du plötzlich das wohlbekannte Philisterlächeln, und hörst die höhnische Stimme: »Es ist heute eine schöne Witterung.«

KAPITEL II

»Es ist heute eine scheene Witterung –«

Hättest Du, lieber Leser, den Ton gehört, den unübertrefflichen Fistelbaß, womit diese Worte gesprochen wurden, und sahest Du gar den Sprecher selbst, das erzprosaische Witwenkassengesicht, die stockgescheuten Äuglein, die aufgestülpt pfiffige Forschungsnase: so erkanntest Du gleich, diese Blume ist keinem gewöhnlichen Sande entsprossen, und diese Töne sind die Sprache Charlottenburgs, wo man das Berlinische noch besser spricht als in Berlin selbst.

Ich bin der höflichste Mensch von der Welt, und esse gern braune Karpfen, und glaube zuweilen an Auferstehung, und ich antwortete: »In der Tat, die Witterung ist sehr scheene.«

Als der Sohn der Spree dermaßen geentert, ging er erst recht derb auf mich ein, und ich konnte mich nimmermehr losreißen von seinen Fragen und Selbstbeantwortungen, und absonderlich von seinen Parallelen zwischen Berlin und München, dem neuen Athen, dem er kein gutes Haar ließ.

Ich aber nahm das neue Athen sehr in Schutz, wie ich denn immer den Ort zu loben pflege, wo ich mich eben befinde. Daß solches diesmal auf Kosten Berlins geschah, das wirst Du mir gern verzeihen, lieber Leser, wenn ich Dir unter der Hand gestehe, dergleichen geschieht zumeist aus purer Politik; denn ich weiß, sobald ich anfange, meine guten Berliner zu loben, so hat mein Ruhm bei ihnen ein Ende, und sie zucken die Achsel und flüstern einander zu: »Der Mensch wird sehr seicht, uns sogar lobt er.« Keine Stadt hat nämlich weniger Lokalpatriotismus als Berlin. Tausend miserable Schriftsteller haben Berlin schon in

Prosa und Versen gefeiert, und es hat in Berlin kein Hahn danach gekräht, und kein Huhn ist ihnen dafür gekocht worden, und man hat sie unter den Linden immer noch für miserable Poeten gehalten, nach wie vor. Dagegen hat man ebenso wenig Notiz davon genommen, wenn irgendein After-Poet etwa in Parabasen auf Berlin losschalt. Wage es aber mal jemand gegen Polkwitz, Innsbruck, Schilda, Posen, Krähwinkel und andre Hauptstädte etwas Anzügliches zu schreiben! Wie würde sich der respektive Patriotismus dort regen! Der Grund davon ist: Berlin ist gar keine Stadt, sondern Berlin gibt bloß den Ort dazu her, wo sich eine Menge Menschen, und zwar darunter viele Menschen von Geist, versammeln, denen der Ort ganz gleichgültig ist; diese bilden das geistige Berlin. Der durchreisende Fremde sieht nur die langgestreckten, uniformen Häuser, die langen, breiten Straßen, die nach der Schnur und meistens nach dem Eigenwillen eines Einzelnen gebaut sind, und keine Kunde geben von der Denkweise der Menge. Nur Sonntagskinder vermögen etwas von der Privatgesinnung der Einwohner zu erraten, wenn sie die langen Häuserreihen betrachten, die sich, wie die Menschen selbst, voneinander fernzuhalten streben, erstarrend im gegenseitigen Groll. Nur einmal, in einer Mondnacht, als ich etwas spät von Lutter und Wegener heimkehrte, sah ich, wie jene harte Stimmung sich in milde Wehmut aufgelöst hatte, wie die Häuser, die einander so feindlich gegenüber gestanden, sich gerührt baufällig christlich anblickten, und sich versöhnt in die Arme stürzen wollten, so daß ich armer Mensch, der in der Mitte der Straße ging, zerquetscht zu werden fürchtete. Manche werden diese Furcht lächerlich finden, und auch ich lächelte darüber, als ich, nüchternen Blicks, den andern Morgen durch eben jene Straßen wanderte, und sich die Häuser wieder so prosaisch entgegen gähnten. Es sind wahrlich mehrere Flaschen Poesie dazu nötig, wenn man in Berlin etwas anderes sehen will als tote Häuser und Berliner. Hier ist es schwer, Geister zu sehen. Die Stadt enthält so wenig Altertümlichkeit, und ist so neu; und doch ist dieses Neue schon so alt, so welk und abgestorben. Denn sie ist größtenteils, wie gesagt, nicht aus der Gesinnung der Masse, sondern einzelner entstanden. Der Große Fritz ist wohl unter diesen wenigen der Vorzüglichste; was er vorfand, war nur feste Unterlage, erst von ihm erhielt die Stadt ihren eigentlichen Charakter, und wäre seit seinem Tode nichts mehr daran gebaut worden, so bliebe ein historisches Denkmal von dem Geiste jenes prosaisch wundersamen Helden, der die raffinierte Geschmacklosigkeit und blühende Verstandesfreiheit, das Seichte und das Tüchtige seiner Zeit, recht deutsch-tapfer in sich ausgebildet hatte. Potsdam z. B. erscheint uns als ein solches Denkmal, durch seine öden Straßen wandern wir wie durch die hinterlassenen Schriftwerke des Philosophen von Sanssouci, es gehört zu dessen œuvres posthumes, und obgleich es jetzt nur steinerne Makulatur ist und des Lächerlichen genug enthält, so betrachten wir es doch mit ernstem Interesse, und unterdrücken hie und da eine aufsteigende Lachlust, als fürchteten wir plötzlich einen Schlag auf den Rücken zu bekommen, wie von dem spanischen Röhrchen des Alten Fritz. Solche Furcht aber befällt uns nimmermehr in Berlin, da fühlen wir, daß der Alte Fritz und sein spanisches Röhrchen keine Macht mehr üben; denn sonst würde aus den alten, aufgeklärten Fenstern der gesunden Vernunftstadt nicht so manch krankes Obskurantengesicht herausglotzen, und so manch dummes, abergläubisches Gebäude würde sich nicht unter die alten skeptisch philosophischen Häuser eingesiedelt haben. Ich will nicht mißverstanden sein, und bemerke ausdrücklich, ich stichle hier keineswegs auf die neue Werdersche Kirche, jenen gotischen Dom in verjüngtem Maßstabe, der nur aus Ironie zwischen die modernen Gebäude hingestellt ist, um allegorisch zu zeigen, wie läppisch und albern es erscheinen würde, wenn man alte, längst untergegangene Institutionen des Mittelalters wieder neu aufrichten wollte, unter den neuen Bildungen einer neuen Zeit.

Das oben Angedeutete gilt bloß von Berlins äußerlicher Erscheinung, und wollte man in dieser Beziehung München damit vergleichen, so könnte man mit Recht behaupten: letzteres bilde ganz den Gegensatz von Berlin. München nämlich ist eine Stadt, gebaut von dem Volke selbst, und zwar von aufeinander folgenden Generationen, deren Geist noch immer in ihren Bauwerken sichtbar, so daß man dort, wie in der Hexenszene des Macbeth, eine chronologische Geisterreihe erblickt, von dem dunkelrohen Geiste des Mittelalters, der geharnischt aus gotischen Kirchenpforten hervortritt, bis auf den gebildet lichten Geist unserer eignen Zeit, der uns einen Spiegel entgegenhält, worin jeder sich selbst mit Vergnügen anschaut. In dieser Reihenfolge liegt eben das Versöhnende; das Barbarische empört uns nicht mehr und das Abgeschmackte verletzt uns nicht mehr, wenn wir es als Anfänge und notwendige Übergänge betrachten. Wir sind ernst, aber nicht unmutig bei dem Anblick jenes barbarischen Doms, der sich noch immer, in stiefelknechtlicher Gestalt, über die ganze Stadt erhebt und die Schatten und Gespenster des Mittelalters in seinem Schoße verbirgt. Mit ebenso wenig Unmut, ja sogar mit spaßhafter Rührung betrachten wir die haarbeuteligen Schlösser der spätern Periode, die plump deutschen Nachäffungen der glatt französischen Unnatur, die Prachtgebäude der Abgeschmacktheit, toll schnörkelhaft von außen, von innen noch putziger dekoriert mit schreiend bunten Allegorien, vergoldeten Arabesken, Stuckaturen und jenen Schildereien, worauf die seligen hohen Herrschaften abkonterfeit sind: die Kavaliere mit roten, betrunken nüchternen Gesichtern, worüber die Allongeperücken, wie gepuderte Löwenmähnen, herabhängen, die Damen mit steifem Toupet, stählernem Korsett, das ihr Herz zusammenschnürte, und ungeheurem Reifrock, der ihnen desto mehr prosaische Ausdehnung gewährte. Wie gesagt, dieser Anblick verstimmt uns nicht, er trägt vielmehr dazu bei, uns die Gegenwart und ihren lichten Wert recht lebhaft fühlen zu lassen, und wenn wir die neuen Werke betrachten, die sich neben den alten erheben, so ist's, als würde uns eine schwere Perücke vom Haupte genommen und das Herz befreit von stählerner Fessel. Ich spreche hier von den heiteren Kunsttempeln und edlen Palästen, die in kühner Fülle hervorblühen aus dem Geiste Klenzes, des großen Meisters.

KAPITEL III

Daß man aber die ganze Stadt ein neues Athen nennt, ist, unter uns gesagt, etwas ridikül, und es kostet mich viele Mühe, wenn ich sie in solcher Qualität vertreten soll. Dieses empfand ich aufs tiefste in dem Zweigespräch mit dem Berliner Philister, der, obgleich er schon eine Weile mit mir gesprochen hatte, unhöflich genug war, alles attische Salz im neuen Athen zu vermissen.

»Des«, rief er ziemlich laut, »gibt es nur in Berlin. Da nur ist Witz und Ironie. Hier gibt es gutes Weißbier, aber wahrhaftig keine Ironie.«

»Ironie haben wir nicht« – rief Nannerl, die schlanke

Kellnerin, die in diesem Augenblick vorbeisprang – »aber jedes andre Bier können Sie doch haben.«

Daß Nannerl die Ironie für eine Sorte Bier gehalten, vielleicht für das beste Stettiner, war mir sehr leid, und damit sie sich in der Folge wenigstens keine solche Blöße mehr gebe, begann ich folgendermaßen zu dozieren: »Schönes Nannerl, die Ironie is ka Bier, sondern eine Erfindung der Berliner, der klügsten Leute von der Welt, die sich sehr ärgerten, daß sie zu spät auf die Welt gekommen sind, um das Pulver erfinden zu können, und die deshalb eine Erfindung zu machen suchten, die ebenso wichtig und eben denjenigen, die das Pulver nicht erfunden haben, sehr nützlich ist. Ehemals, liebes Kind, wenn jemand eine Dummheit beging, was war da zu tun? das Geschehene konnte nicht ungeschehen gemacht werden, und die Leute sagten: der Kerl war ein Rindvieh. Das war unangenehm. In Berlin, wo man am klügsten ist und die meisten Dummheiten begeht, fühlte man am tiefsten diese Unannehmlichkeit. Das Ministerium suchte dagegen ernsthafte Maßregeln zu ergreifen: bloß die größeren Dummheiten durften noch gedruckt werden, die kleineren erlaubte man nur in Gesprächen, solche Erlaubnis erstreckte sich nur auf Professoren und hohe Staatsbeamte, geringe Leute durften ihre Dummheiten bloß im Verborgenen laut werden lassen; – aber alle diese Vorkehrungen halfen nichts, die unterdrückten Dummheiten traten bei außerordentlichen Anlässen desto gewaltiger hervor, sie wurden sogar heimlich von oben herab protegiert, sie stiegen öffentlich von unten hinauf, die Not war groß, bis endlich ein rückwirkendes Mittel erfunden ward, wodurch man jede Dummheit gleichsam ungeschehen machen und sogar in Weisheit umgestalten kann. Dieses Mittel ist ganz einfach, und besteht darin, daß man erklärt, man habe jene

Dummheit bloß aus Ironie begangen oder gesprochen. So, liebes Kind, avanciert alles in dieser Welt, die Dummheit wird Ironie, verfehlte Speichelleckerei wird Satire, natürliche Plumpheit wird kunstreiche Persiflage, wirklicher Wahnsinn wird Humor, Unwissenheit wird brillanter Witz, und Du wirst am Ende noch die Aspasia des neuen Athens.«

Ich hätte noch mehr gesagt, aber das schöne Nannerl, das ich unterdessen am Schürzenzipfel festhielt, riß sich gewaltsam los, als man von allen Seiten »A Bier! A Bier!« gar zu stürmisch forderte. Der Berliner aber sah aus wie die Ironie selbst, als er bemerkte, mit welchem Enthusiasmus die hohen schäumenden Gläser in Empfang genommen wurden; und indem er auf eine Gruppe Biertrinker hindeutete, die sich den Hopfennektar von Herzen schmecken ließen, und über dessen Vortrefflichkeit disputierten, sprach er lächelnd: »Das wollen Athenienser sind?«

Die Bemerkungen, die der Mann bei dieser Gelegenheit nachschob, taten mir ordentlich weh, da ich für unser neues Athen keine geringe Vorliebe hege, und ich bestrebte mich daher, dem raschen Tadler zu bedeuten: daß wir erst seit kurzem auf den Gedanken gekommen sind, uns als ein neues Athen aufzutun, daß wir erst junge Anfänger sind, und unsere großen Geister, ja unser ganzes gebildetes Publikum noch nicht danach eingerichtet ist, sich in der Nähe sehenzulassen. »Es ist alles noch im Entstehen und wir sind noch nicht komplett. Nur die untersten Fächer, lieber Freund«, fügte ich hinzu, »sind erst besetzt, und es wird Ihnen nicht entgangen sein, daß wir z. B. an Eulen, Sykophanten und Phrynen keinen Mangel haben. Es fehlt uns nur an dem höhern Personal, und mancher muß mehrere Rollen zu gleicher Zeit spielen. Z. B. unser Dichter, der die zarte griechische Knabenliebe besingt, hat auch die aristophanische Grobheit übernehmen müssen; aber er kann alles machen, er hat alles, was zu einem großen Dichter gehört, außer etwa Phantasie und Witz, und wenn er viel Geld hätte, wäre er ein reicher Mann. Was uns aber an Quantität fehlt, das ersetzen wir durch Qualität. Wir haben nur einen großen Bildhauer, – aber es ist ein ›Löwe‹!

Wir haben nur einen großen Redner, aber ich bin überzeugt, daß Demosthenes über den Malzaufschlag in Attika nicht so gut donnern konnte. Wenn wir noch keinen Sokrates vergiftet haben, so war es wahrhaftig nicht das Gift, welches uns dazu fehlte. Und wenn wir noch keinen eigentlichen Demos, ein ganzes Demagogenvolk besitzen, so können wir doch mit einem Prachtexemplare dieser Gattung, mit einem Demagogen von Handwerk aufwarten, der ganz allein einen ganzen Demos, einen ganzen Haufen Großschwätzer, Maulaufsperrer, Poltrons und sonstigen

Lumpengesindels, aufwiegt – und hier sehen Sie ihn selbst.«

Ich kann der Versuchung nicht widerstehen, die Figur, die sich uns jetzt präsentierte, etwas genauer zu bezeichnen. Ob diese Figur mit Recht behauptet, daß ihr Kopf etwas Menschliches habe und sie daher juristisch befugt sei, sich für einen Menschen auszugeben, das lasse ich dahingestellt sein. Ich würde diesen Kopf vielmehr für den eines Affen halten; nur aus Courtoisie will ich ihn für menschlich passieren lassen. Seine Bedeckung bestand aus einer Tuchmütze, in der Form ähnlich dem Helm des Mambrin, und steifschwarze Haare hingen lang herab und waren vorn à l'enfant gescheitelt. Auf diese Vorderseite des Kopfes, die sich für ein Gesicht ausgab, hatte die Göttin der Gemeinheit ihren Stempel gedrückt, und zwar so stark, daß die dort befindliche Nase fast zerquetscht worden; die niedergeschlagenen Augen schienen diese Nase vergebens zu suchen und deshalb betrübt zu sein; ein übelriechendes Lächeln spielte um den Mund, der überaus liebreizend war, und durch eine gewisse frappante Ähnlichkeit unseren griechischen Afterdichter zu den zartesten Ghaselen begeistern konnte. Die Bekleidung war ein altdeutscher Rock, zwar schon etwas modifiziert nach den dringendsten Anforderungen der neueuropäischen Zivilisation, aber im Schnitt noch immer erinnernd an den, welchen Arminius im Teutoburger Walde getragen, und dessen Urform sich unter einer patriotischen Schneidergesellschaft ebenso geheimnisvoll traditionell erhalten hat wie einst die gotische Baukunst unter einer mystischen Maurergilde. Ein weißgewaschener Lappen, der mit dem bloßen, altdeutschen Halse tiefbedeutsam kontrastierte, bedeckte den Kragen dieses famosen Rockes, aus seinen langen Ärmeln hingen lange schmutzige Hände, zwischen diesen zeigte sich ein langweiliger Leib, woran wieder zwei kurzweilige Beine schlotterten – die ganze Gestalt war eine katzenjämmerliche Parodie des Apoll von Belvedere.

»Und des ist der Demagog des neuen Athens?« frug spottlächelnd der Berliner. »Du juter Jott, des ist ja ein Landsmann von mich! Ich traue kaum meinen leiblichen Augen – des ist ja derjenige, welcher – Nee, des ist die Möglichkeit!«

»Ja, Ihr verblendeten Berliner«, sprach ich, nicht ohne Feuer, »Ihr verkennt Eure heimischen Genies, und steinigt Eure Propheten. Wir aber können alles gebrauchen!«

»Und wozu braucht Ihr denn diese unglückliche Fliege?«

»Er ist zu allem zu gebrauchen, wozu Springen, Kriechen, Gemüt, Fressen, Frömmigkeit, viel Altdeutsch, wenig Latein und gar kein Griechisch nötig ist. Er springt wirklich sehr gut übern Stock; macht auch Tabellen von allen möglichen Sprüngen und Verzeichnisse von allen möglichen Lesarten altdeutscher Gedichte. Dazu repräsentiert er die Vaterlandsliebe, ohne im mindesten gefährlich zu sein. Denn man weiß sehr gut, daß er sich von den altdeutschen Demagogen, unter welchen er sich mal zufällig befunden, zu rechter Zeit zurückgezogen, als ihre Sache etwas gefährlich wurde, und daher mit den christlichen Gefühlen seines weichen Herzens nicht mehr übereinstimmte. Seitdem aber die Gefahr verschwunden, die Märtyrer für ihre Gesinnung gelitten, fast alle sie von selbst aufgegeben, und sogar unsere feurigsten Barbiere ihre deutschen Röcke ausgezogen haben, seitdem hat die Blütezeit unseres vorsichtigen Vaterlandsretters erst recht begonnen; er allein hat noch das Demagogenkostüm und die dazugehörigen Redensarten beibehalten; er preist noch immer Arminius den Cherusker und Frau Thusnelda, als sei er ihr blonder Enkel; er bewahrt noch immer seinen germanisch-patriotischen Haß gegen welsches Babeltum, gegen die Erfindung der Seife, gegen Thierschs heidnisch-griechische Grammatik, gegen Quintilius Varus, gegen Handschuh und gegen alle Menschen, die eine anständige Nase haben; – und so steht er da als wandelndes Denkmal einer untergegangenen Zeit, und wie der letzte Mohikan ist auch er allein übriggeblieben von einer ganzen tatkräftigen Horde, er, der letzte Demagoge. Sie sehen also, daß wir im neuen Athen, wo es noch ganz an Demagogen fehlt, diesen Mann brauchen können, wir haben an ihm einen sehr guten Demagogen, der zugleich so zahm ist, daß er jeden Speichelnapf beleckt, und aus der Hand frißt, Haselnüsse, Kastanien, Käse, Würstchen, kurz alles frißt, was man ihm gibt; und da er jetzt einzig in seiner Art, so haben wir noch den besonderen Vorteil, daß wir späterhin, wenn er krepiert ist, ihn ausstopfen lassen und als den letzten Demagogen, mit Haut und Haar, für die Nachwelt aufbewahren können. Ich bitte Sie jedoch, sagen Sie das nicht dem Professor Lichtenstein in Berlin, der ließe ihn sonst für das zoologische Museum reklamieren, welches Anlaß zu einem Kriege zwischen Preußen und Bayern geben könnte, da wir ihn auf keinen Fall ausliefern werden. Schon haben die Engländer ihn aufs Korn genommen und zweitausendsiebenhundertsiebenundsiebenzig Guineen für ihn geboten, schon haben die Östreicher ihn gegen die Giraffe eintauschen wollen; aber unser Ministerium soll geäußert haben: der letzte Demagog ist uns für keinen Preis feil, er wird einst der Stolz unseres Naturalienkabinetts und die Zierde unserer Stadt.«

Der Berliner schien etwas zerstreut zuzuhören, schönere Gegenstände hatten seine Aufmerksamkeit in Anspruch genommen, und er fiel mir endlich in die Rede mit den Worten: »Erlauben Sie gehorsamst, daß ich Sie unterbreche, aber sagen Sie mir doch, was ist denn das für ein Hund, der dort läuft?«

»Das ist ein anderer Hund.«

»Ach, Sie verstehen mich nicht, ich meine jenen großen, weißzottigen Hund ohne Schwanz?«

»Mein lieber Herr, das ist der Hund des neuen Alcibiades.«

»Aber«, bemerkte der Berliner, »sagen Sie mir doch, wo ist denn der neue Alcibiades selbst?«

»Aufrichtig gestanden«, antwortete ich, »diese Stelle ist noch nicht besetzt, und wir haben erst den Hund.«

KAPITEL IV

Der Ort, wo dieses Gespräch stattfand, heißt Bogenhausen, oder Neuburghausen, oder Villa Hompesch, oder Montgelasgarten, oder das Schlössel, ja man braucht ihn nicht einmal zu nennen, wenn man von München dort hinfahren will, der Kutscher versteht uns schon an einem gewissen durstigen Augenblinzeln, an einem gewissen vorseligen Kopfnicken und ähnlichen Bezeichnungsgrimassen. Tausend Ausdrücke hat der Araber für ein Schwert, der Franzose für die Liebe, der Engländer für das Hängen, der Deutsche für das Trinken, und der neuere Athener sogar für die Orte, wo er trinkt. Das Bier ist an besagtem Orte wirklich sehr gut, selbst im Prytaneum, vulgo Bockkeller, ist es nicht besser, es schmeckt ganz vortrefflich, besonders auf jener Treppenterrasse, wo man die Tiroler Alpen vor Augen hat. Ich saß dort oft vorigen Winter und betrachtete die schneebedeckten Berge, die, glänzend in der Sonnenbeleuchtung, aus eitel Silber gegossen zu sein schienen.

Es war damals auch Winter in meiner Seele, Gedanken und Gefühle waren wie eingeschneit, es war mir so verdorrt und tot zu Mute, dazu kam die leidige Politik, die Trauer um ein liebes gestorbenes Kind, und ein alter Nachärger und der Schnupfen. Außerdem trank ich viel Bier, weil man mich versicherte, das gäbe leichtes Blut. Doch der beste attische Breihahn wollte nicht fruchten bei mir, der ich mich in England schon an Porter gewöhnt hatte.

Endlich kam der Tag, wo alles ganz anders wurde. Die Sonne brach hervor aus dem Himmel und tränkte die Erde, das alte Kind, mit ihrer Strahlenmilch, die Berge schauerten vor Lust, und ihre Schneetränen flossen gewaltig, es krachten und brachen die Eisdecken der Seen, die Erde schlug die blauen Augen auf, aus ihrem Busen quollen hervor die liebenden Blumen und die klingenden Wälder, die grünen Paläste der Nachtigallen, die ganze Natur lächelte, und dieses Lächeln hieß Frühling. Da begann auch in mir ein neuer Frühling, neue Blumen sproßten aus dem Herzen, Freiheitsgefühle, wie Rosen, schossen hervor, auch heimliches Sehnen, wie junge Veilchen, dazwischen freilich manch unnütze Nessel. Über die Gräber meiner Wünsche zog die Hoffnung wieder ihr heiteres Grün, auch die Melodien der Poesie kamen wieder, wie Zugvögel, die den Winter im warmen Süden verbracht und das verlassene Nest im Norden wieder aufsuchen, und das verlassene nordische Herz klang und blühte wieder wie vormals – nur weiß ich nicht, wie das alles kam. Ist es eine braune oder blonde Sonne gewesen, die den Frühling in meinem Herzen aufs neue geweckt, und all die schlafenden Blumen in diesem Herzen wieder aufgeküßt und die Nachtigallen wieder hineingelächelt? War es die wahlverwandte Natur selbst, die in meiner Brust ihr Echo suchte und sich gern darin bespiegelte mit ihrem neuen Frühlingsglanz? Ich weiß nicht, aber ich glaube, auf der Terrasse zu Bogenhausen, im Angesicht der Tiroler Alpen, geschah meinem Herzen solch neue Verzauberung. Wenn ich dort in Gedanken saß, war mirs oft, als sehe ich ein wunderschönes Jünglingsantlitz über jene Berge hervorlauschen, und ich wünschte mir Flügel, um hinzueilen nach seinem Residenzland Italien. Ich fühlte mich auch oft angeweht von Zitronen- und Orangendüften, die von den Bergen herüberwogten, schmeichelnd und verheißend, um mich hinzulocken nach Italien. Einst sogar, in der goldenen Abenddämmerung, sah ich auf der Spitze einer Alpe ihn ganz und gar, lebensgroß, den jungen Frühlingsgott, Blumen und Lorbeeren umkränzten das freudige Haupt, und mit lachendem Auge und blühendem Munde rief er: »Ich liebe Dich, komm zu mir nach Italien!«

KAPITEL V

Mein Blick mochte daher wohl etwas sehnsüchtig flimmern, als ich, in Verzweiflung über das unabsehbare Philistergespräch, nach den schönen Tiroler Bergen hinaussah und tief seufzte. Mein Berliner Philister nahm aber eben diesen Blick und Seufzer als neue Gesprächsfäden auf, und seufzte mit: »Ach ja, ich möchte auch jetzt in Konstantinopel sein! Ach! Konstantinopel zu sehen, war immer der eenzige Wunsch meines Lebens, und jetzt sind die Russen gewiß schon eingezogen, ach, in Konstantinopel! Haben Sie Petersburg gesehen?« Ich verneinte dieses und bat, mir davon zu erzählen. Aber nicht er selbst, sondern sein Herr Schwager, der Kammergerichtsrat, war vorigen Sommer dagewesen, und es soll eine ganz eenzige Stadt sein. – »Haben Sie Kopenhagen gesehen?« Da ich diese Frage ebenfalls verneinte und eine Schilderung dieser Stadt von ihm begehrte, lächelte er gar pfiffig und wiegte das Köpfchen recht vergnügt hin und her, und versicherte mir auf Ehre, ich könne mir keine Vorstellung davon machen, wenn ich nicht selbst dort gewesen sei. »Dieses«, erwiderte ich, »wird vorderhand noch nicht stattfinden, ich will jetzt eine andere Reise antreten, die ich schon diesen Frühling projektiert, ich reise nämlich nach Italien.«

Als der Mann dieses Wort hörte, sprang er plötzlich vom Stuhle auf, drehte sich dreimal auf einem Fuße herum, und trillerte: »Tirily! Tirily! Tirily!«

Das gab mir den letzten Sporn. Morgen reise ich, beschloß ich auf der Stelle. Ich will nicht länger zögern, ich will so bald als möglich das Land sehen, das den trockensten Philister so sehr in Ekstase bringen kann, daß er bei dessen Erwähnung plötzlich wie eine Wachtel schlägt. Während ich zu Hause meinen Koffer packte, klang mir der Ton jenes Tirilys noch immer in den Ohren, und mein Bruder, Maximilian Heine, der mich den andern Tag bis Tirol begleitete, konnte nicht begreifen, warum ich auf dem ganzen Wege kein vernünftiges Wort sprach und beständig tirilierte.

KAPITEL VI

Tirily! Tirily! ich lebe! Ich fühle den süßen Schmerz der Existenz, ich fühle alle Freuden und Qualen der Welt, ich leide für das Heil des ganzen Menschengeschlechts, ich büße dessen Sünden, aber ich genieße sie auch.

Und nicht bloß mit den Menschen, auch mit den Pflanzen fühle ich, ihre tausend grünen Zungen erzählen mir allerliebste Geschichten, sie wissen, daß ich nicht menschenstolz bin, und mit den niedrigsten Wiesenblümchen ebenso gern spreche, wie mit den höchsten Tannen. Ach, ich weiß ja, wie es mit solchen Tannen beschaffen ist! Aus der Tiefe des Tals schießen sie himmelhoch empor, überragen fast die kühnsten Felsenberge – Aber wie lange dauert diese Herrlichkeit? Höchstens ein paar lumpige Jahrhunderte, dann krachen sie altersmüd zusammen und verfaulen auf dem Boden. Des Nachts kommen dann die hämischen Käuzlein aus ihren Felsenspalten hervorgehuscht, und verhöhnen sie noch obendrein: »Seht, Ihr starken Tannen, Ihr glaubtet Euch mit den Bergen messen zu können, jetzt liegt Ihr gebrochen da unten, und die Berge stehen noch immer unerschüttert.«

Einem Adler, der auf seinem einsamen Lieblingsfelsen sitzt, und solcher Verhöhnung zuhört, muß recht mitleidig zu Mute werden. Er denkt dann an das eigene Schicksal. Auch er weiß nicht, wie tief er einst gebettet wird. Aber die Sterne funkeln so beruhigend, die Waldwasser rauschen so trostvoll, und die eigene Seele überbraust so stolz all die kleinmütigen Gedanken, daß er sie bald wieder vergißt. Steigt gar die Sonne hervor, so fühlt er sich wieder wie sonst und fliegt zu ihr hinauf, und wenn er hoch genug ist, singt er ihr entgegen seine Lust und Qual. Seine Mittiere, besonders die Menschen, glauben, der Adler könne nicht singen, und sie wissen nicht, daß er dann nur singt, wenn er aus ihrem Bereich ist, und daß er aus Stolz nur von der Sonne gehört sein will. Und er hat recht; es könnte irgend einem von der gefiederten Sippschaft da unten einfallen, seinen Gesang zu rezensieren. Ich habe selbst erfahren, wie solche Kritiken lauten: das Huhn stellt sich dann auf ein Bein und gluckt, der Sänger habe kein Gemüt; der Truthahn kullert, es fehle ihm der wahre Ernst; die Taube girrt, er kenne nicht die wahre Liebe; die Gans schnattert, er sei nicht wissenschaftlich; der Kapaun kikert, er sei nicht moralisch; der Dompfaff zwitschert, er habe leider keine Religion; der Sperling piepst, er sei nicht produktiv genug; Wiedehöpfchen, Elsterchen, Schuhuchen, alles krächzt und ächzt und schnarrt – Nur die Nachtigall stimmt nicht ein in diese Kritiken, unbekümmert um die ganze Mitwelt, ist nur die rote Rose ihr einziger Gedanke und ihr einziges Lied, sehnsüchtig umflattert sie die rote Rose, und stürzt sich begeistert in die geliebten Dornen, und blutet und singt.

KAPITEL VII

Es gibt einen Adler im deutschen Vaterlande, dessen Sonnenlied so gewaltig erklingt, daß es auch hier unten gehört wird, und sogar die Nachtigallen aufhorchen, trotz all ihrer melodischen Schmerzen. Das bist Du, Karl Immermann, und Deiner dacht ich gar oft in dem Lande, wovon Du so schön gesungen. Wie konnte ich durch Tirol reisen, ohne an das »Trauerspiel« zu denken?

Nun freilich, ich habe die Dinge in anderer Färbung gesehen; aber ich bewundere doch den Dichter, der aus der Fülle des Gemütes dasjenige, was er nie gesehen hat, der Wirklichkeit so ähnlich schafft. Am meisten ergötzte mich, daß »Das Trauerspiel in Tirol« in Tirol verboten ist. Ich gedachte der Worte, die mir mein Freund Moser schrieb, als er mir meldete, daß der zweite Band der »Reisebilder« verboten sei: »Die Regierung hätte aber das Buch gar nicht zu verbieten brauchen, es wäre dennoch gelesen worden.«

Zu Innsbruck im Goldenen Adler, wo Andreas Hofer logiert hatte, und noch jede Ecke mit seinen Bildnissen und Erinnerungen an ihn beklebt ist, fragte ich den Wirt, Herrn Niederkirchner, ob er mir noch viel von dem Sandwirt erzählen könne? Da war der alte Mann überfließend von Redseligkeit, und vertraute mir mit klugen Augenzwinkern, daß jetzt die Geschichte auch ganz gedruckt heraus sei, aber auch ganz geheim verboten; und als er mich nach einem dunkeln Stübchen geführt, wo er seine Reliquien aus dem Tirolerkrieg aufbewahrt, wickelte er ein schmutzig-blaues Papier von einem schon zerlesenen grünen Büchlein, das ich zu meiner Verwunderung als Immermanns »Trauerspiel in Tirol« erkannte. Ich sagte ihm, nicht ohne errötenden Stolz, der Mann, der es geschrieben, sei mein Freund. Herr Niederkirchner wollte nun so viel als möglich von dem Manne wissen, und ich sagte ihm, es sei ein gedienter Mann, von fester Statur, sehr ehrlich und sehr geschickt in Schreibsachen, so daß er nur wenige seinesgleichen finde. Daß er aber ein Preuße sei, wollte Herr Niederkirchner durchaus nicht glauben und rief mit mitleidigem Lächeln: »Warum nicht gar!« Er ließ sich nicht ausreden, daß der Immermann ein Tiroler sei und den Tiroler Krieg mitgemacht habe, – »wie könnte er sonst alles wissen?«

Seltsame Grille des Volkes! Es verlangt seine Geschichte aus der Hand des Dichters und nicht aus der Hand des Historikers. Es verlangt nicht den treuen Bericht nackter Tatsachen, sondern jene Tatsachen wieder aufgelöst in die ursprüngliche Poesie, woraus sie hervorgegangen. Das wissen die Dichter, und nicht ohne geheime Schadenlust modeln sie willkürlich die Völkererinnerungen, vielleicht zur Verhöhnung stolz trockner Historiographen und pergamentener Staatsarchive. Nicht wenig ergötzte es mich, als ich in den Buden des letzten Jahrmarkts die Geschichte des Belisars in grell kolorierten Bildern ausgehängt sah, und zwar nicht nach dem Prokop, sondern ganz treu nach Schenks Tragödie. »So wird die Geschichte verfälscht« –

rief der gelahrte Freund, der mich begleitete, – »sie weiß nichts von jener Rache einer beleidigten Gattin, von jenem gefangenen Sohn, von jener liebenden Tochter, und dergleichen modernen Herzensgeburten!« Ist denn dies aber wirklich ein Fehler? soll man den Dichtern wegen dieser Fälschung gleich den Prozeß machen? nein, denn ich leugne die Anklage. Die Geschichte wird nicht von den Dichtern verfälscht. Sie geben den Sinn derselben ganz treu, und sei es auch durch selbsterfundene Gestalten und Umstände. Es gibt Völker, denen nur auf diese Dichterart ihre Geschichte überliefert worden, z. B. die Indier. Dennoch geben Gesänge wie der Mahabharata den Sinn indischer Geschichte viel richtiger als irgendein Kompendienschreiber mit all seinen Jahrzahlen. In gleicher Hinsicht möchte ich behaupten, Walter Scotts Romane gäben zuweilen den Geist der englischen Geschichte weit treuer als Hume; wenigstens hat Sartorius sehr recht, wenn er in seinen Nachträgen zu Spittler jene Romane zu den Quellen der englischen Geschichte rechnet.

Es geht den Dichtern wie den Träumern, die im Schlafe dasjenige innere Gefühl, welches ihre Seele durch wirkliche äußere Ursachen empfindet, gleichsam maskieren, indem sie an die Stelle dieser letzteren ganz andere äußere Ursachen erträumen, die aber insofern ganz adäquat sind, als sie dasselbe Gefühl hervorbringen. So sind auch in Immermanns »Trauerspiel« manche Außendinge ziemlich willkürlich geschaffen, aber der Held selbst, der Gefühlsmittelpunkt, ist identisch geträumt, und wenn diese Traumgestalt selbst träumerisch erscheint, so ist auch dieses der Wahrheit gemäß. Der Baron Hormayr, der hierin der kompetenteste Richter sein kann, hat mich, als ich jüngst das Vergnügen hatte ihn zu sprechen, auf diesen Umstand aufmerksam gemacht. Das mystische Gemütsle-

ben, die abergläubische Religiosität, das Epische des Mannes, hat Immermann ganz richtig angedeutet. Er gab ganz treu jene treue Taube, die, mit dem blanken Schwert im Schnabel, wie die kriegerische Liebe, über den Bergen Tirols so heldenmütig umherschwebte, bis die Kugeln von Mantua ihr treues Herz durchbohrten.

Was aber dem Dichter am meisten zur Ehre gereicht, ist die ebenso treue Schilderung des Gegners, aus welchem er keinen wütenden Geßler gemacht, um seinen Hofer desto mehr zu heben; wie dieser eine Taube mit dem Schwerte, so ist jener ein Adler mit dem Ölzweig.

KAPITEL VIII

In der Wirtshausstube des Herrn Niederkirchner zu Innsbruck hängen einträchtig nebeneinander die Bilder von Andreas Hofer, Napoleon Bonaparte und Ludwig von Bayern.

Innsbruck selbst ist eine unwöhnliche, blöde Stadt. Vielleicht mag sie im Winter etwas geistiger und behaglicher aussehen, wenn die hohen Berge, wovon sie eingeschlossen, mit Schnee bedeckt sind, und die Lawinen dröhnen und überall das Eis kracht und blitzt.

Ich fand die Häupter jener Berge mit Wolken, wie mit grauen Turbanen, umwickelt. Man sieht dort die Martinswand, den Schauplatz der lieblichsten Kaisersage; wie denn überhaupt die Erinnerung an den ritterlichen Max in Tirol noch immer blüht und klingt.

In der Hofkirche stehen die oft besprochenen Standbilder der Fürsten und Fürstinnen aus dem Hause Östreich und ihrer Ahnen, worunter mancher gerechnet worden, der gewiß bis auf den heutigen Tag nicht begreift, wie er zu dieser Ehre gekommen. Sie stehen in gewaltiger Lebensgröße, aus Eisen gegossen, um das Grabmal des Maximilian. Da aber die Kirche klein und das Dach niedrig ist, so kommts einem vor, als sähe man schwarze Wachsfiguren in einer Marktbude. Am Fußgestell der meisten liest man auch den Namen derjenigen hohen Personen, die sie vorstellen. Als ich jene Statuen betrachtete, traten Engländer in die Kirche; ein hagerer Mann mit aufgesperrtem Gesichte, die Daumen eingehakt in die Armöffnungen der weißen Weste und im Maul einen ledernen Guide des voyageurs; hinter ihm seine lange Lebensgefährtin, eine nicht mehr ganz junge, schon etwas abgeliebte, aber noch immer hinlänglich schöne Dame; hinter dieser ein rotes Portergesicht mit puderweißen Aufschlägen, steif einhertretend in einem dito Rock, und die hölzernen Hände vollauf befrachtet mit Myladys Handschuhen, Alpenblumen und Mops.

Das Kleeblatt stieg schnurgerade nach dem obern Ende der Kirche, wo der Sohn Albions seiner Gemahlin die Statuen erklärte, und zwar nach seinem Guide des voyageurs, in welchem ausführlich zu lesen war: »Die erste Statue ist der König Chlodewig von Frankreich, die andere ist der König Arthur von England, die dritte ist Rudolf von Habsburg usw.« Da aber der arme Engländer die Reihe von oben anfing, statt von unten, wie es der Guide des voyageurs voraussetzte, so geriet er in die ergötzlichsten Verwechselungen, die noch komischer wurden, wenn er an eine Frauenstatue kam, die er für einen Mann hielt, und umgekehrt, so daß er nicht begriff, warum man Rudolf von Habsburg in Weibskleidern dargestellt, dagegen die Königin Maria mit eisernen Hosen und einem allzulangen Barte. Ich, der ich gerne mit meinem Wissen nachhelfe, bemerkte beiläufig: dergleichen habe wahrscheinlich das damalige Kostüm erfordert, auch könne es besonderer Wille der hohen Person gewesen sein, so, und beileibe nicht anders, gegossen zu werden. So könne es ja dem jetzigen Kaiser einfallen, sich in einem Reifrock oder gar in Windeln gießen zu lassen; – wer würde was dagegen einwenden?

Der Mops bellte kritisch, der Lakai glotzte, sein Herr putzte sich die Nase, und Mylady sagte: »A fine exhibition, very fine indeed!« –

KAPITEL IX

Brixen war die zweite, größere Stadt Tirols, wo ich einkehrte. Sie liegt in einem Tal, und als ich ankam, war sie mit Dampf und Abendschatten übergossen. Dämmernde Stille, melancholisches Glockengebimmel, die Schafe trippelten nach ihren Ställen, die Menschen nach den Kirchen; überall beklemmender Geruch von häßlichen Heiligenbildern und getrocknetem Heu.

»Die Jesuiten sind in Brixen«, hatte ich kurz vorher im »Hesperus« gelesen. Ich sah mich auf allen Straßen nach ihnen um; aber ich habe niemanden gesehen, der einem Jesuiten glich, es sei denn jener dicke Mann mit geistlich dreieckigem Hut und pfäffisch geschnittenem, schwarzen Rock, der alt und abgetragen war und mit den glänzend neuen schwarzen Hosen gar auffallend kontrastierte.

Das kann auch kein Jesuit sein, sprach ich endlich zu mir selber; denn ich habe mir immer die Jesuiten etwas mager gedacht. Ob es wirklich noch Jesuiten gibt? Manchmal will es mich bedünken, als sei ihre Existenz nur eine Schimäre, als spuke nur die Angst vor ihnen noch in unseren Köpfen, nachdem längst die Gefahr vorüber, und alles Eifern gegen Jesuiten mahnt mich dann an Leute, die, wenn es längst aufgehört hat zu regnen, noch immer mit aufgespannten Regenschirmen umhergehen. Ja, mich dünkt zuweilen, der Teufel, der Adel und die Jesuiten existieren nur solange als man an sie glaubt. Vom Teufel könnten wir es wohl ganz bestimmt behaupten, denn nur die Gläubigen haben ihn bisher gesehen. Auch in betreff des Adels werden wir im Laufe einiger Zeit die Erfahrung machen, daß die bonne société aufhören wird, die bonne société zu sein, sobald der gute Bürgersmann nicht mehr die Güte hat, sie für die bonne société zu halten. Aber die Jesuiten? Wenigstens haben sie doch nicht mehr die alten Hosen an! Die alten Jesuiten liegen im Grabe mit ihren alten Hosen, Begierden, Weltplänen, Ränken, Distinktionen, Reservationen und Giften, und was wir jetzt in neuen, glänzenden Hosen durch die Welt schleichen sehen, ist nicht sowohl ihr Geist als vielmehr ihr Gespenst, ein albernes, blödsinniges Gespenst, das uns täglich durch Wort und Tat zu beweisen sucht, wie wenig es furchtbar sei; und wahrlich, es mahnt uns an die Geschichte von einem ähnlichen Gespenste im Thüringer Walde, das einst die Leute, so sich vor ihm fürchteten, von ihrer Furcht befreite, indem es, vor aller Augen, seinen Schädel von den Schultern herabnahm, und jedem zeigte, daß er inwendig ganz hohl und leer sei.

Ich kann nicht umhin, nachträglich zu erzählen, daß ich Gelegenheit fand, den dicken Mann mit den glänzend neuen Hosen genauer zu beobachten, und mich zu überzeugen, daß er kein Jesuit war, sondern ein ganz gewöhnliches Vieh Gottes. Ich traf ihn nämlich in der Gaststube meines Wirtshauses, wo er zu Nacht speiste, in Gesellschaft eines langen, magern, Exzellenz genannten Mannes, der jenem alten hagestolzlichen Landjunker, den uns Shakespeare geschildert, so ähnlich war, daß es schien, als habe die Natur ein Plagiat begangen. Beide würzten ihr Mahl, indem sie die Aufwärterin mit Karessen bedrängten, die das liebe, bildschöne Mädchen nicht wenig anzuekeln schienen, so daß sie sich mit Gewalt losriß, wenn der eine sie hinten klätschelte oder der andere sie gar zu embrassieren suchte. Dabei rissen sie ihre rohesten Zoten, die das Mädchen, wie sie wußten, nicht umhin konnte anzuhören, da sie zur Aufwartung der Gäste und auch um mir den Tisch zu decken, im Zimmer bleiben mußte. Als jedoch die Ungebühr ganz unleidlich wurde, ließ die junge Person plötzlich alles stehen und liegen, eilte zur Tür hinaus und kam erst nach einigen Minuten ins Zimmer zurück, mit einem kleinen Kinde auf dem Arm, das sie die ganze Zeit auf dem Arm behielt, während sie im Gastzimmer ihre Geschäfte besorgte, obgleich ihr diese dadurch um so beschwerlicher wurden. Die beiden Kumpane aber, der geistliche und der adlige Herr, wagten keine einzige Belästigung mehr gegen das Mädchen, das jetzt ohne Unfreundlichkeit, jedoch mit seltsamem Ernst sie bediente; – das Gespräch nahm eine andere Wendung, beide schwatzten jetzt das gewöhnliche Geschwätz von der großen Verschwörung gegen Thron und Altar, sie verständigten sich über die Notwendigkeit strenger Maßregeln und reichten sich mehrmals die heiligen Allianzhände.

KAPITEL X

Für die Geschichte von Tirol sind die Werke des Joseph von Hormayr unentbehrlich; für die neueste Geschichte ist er selbst die beste, oft die einzige Quelle. Er ist für Tirol was Johannes von Müller für die Schweiz ist; eine Parallele dieser beiden Historiker drängt sich uns von selbst auf. Sie sind gleichsam Wandnachbaren, beide in ihrer Jugend gleich begeistert für ihre Geburtsalpen, beide fleißig, forschsam, von historischer Denkweise und Gefühlsrichtung; Johannes von Müller, epischer gestimmt, den Geist wiegend in den Geschichten der Vergangenheit, Joseph von Hormayr, hastiger fühlend, mehr in die Gegenwart hineingerissen, uneigennützig das Leben wagend für das was ihm lieb war.

Bartholdys »Krieg der Tiroler Landleute im Jahr 1809« ist ein geistreich und schön geschriebenes Buch, und wenn Mängel darin sind, so entstanden sie notwendigerweise dadurch, weil der Verfasser, wie es edlen Gemütern eigen ist, für die unterdrückte Partei eine sichtbare Vorliebe hegte, und weil noch Pulverdampf die Begebenheiten umhüllte, als er sie beschrieb.

Viele merkwürdige Ereignisse jener Zeit sind gar nicht aufgeschrieben, und leben nur im Gedächtnisse des Volkes, das jetzt nicht gern mehr davon spricht, da die Erinnerung mancher getäuschten Hoffnung dabei auftaucht. Die armen Tiroler haben nämlich auch allerlei Erfahrungen machen müssen, und wenn man sie jetzt fragt, ob sie, zum Lohne ihrer Treue, alles erlangt, was man ihnen in der Not versprochen, so zucken sie gutmütig die Achseln und sagen naiv: »Es war vielleicht so ernst nicht gemeint, und der Kaiser hat viel zu denken, und da geht ihm manches durch den Kopf.«

Tröstet Euch, arme Schelme! Ihr seid nicht die einzigen, denen etwas versprochen worden. Passiert es doch oft auf großen Sklavenschiffen, daß man bei großen Stürmen und wenn das Schiff in Gefahr gerät, zu den schwarzen Menschen seine Zuflucht nimmt, die unten im dunkeln Schiffsraum zusammengestaut liegen. Man bricht dann ihre eisernen Ketten, und verspricht heilig und teuer, ihnen die Freiheit zu schenken, wenn durch ihre Tätigkeit das Schiff gerettet werde. Die blöden Schwarzen jubeln nun hinauf ans Tageslicht, Hurra! sie eilen zu den Pumpen, stampfen aus Leibeskräften, helfen, wo nur zu helfen ist, klettern, springen, kappen die Masten, winden die Taue, kurz, arbeiten so lange, bis die Gefahr vorüber ist. Alsdann werden sie, wie sich von selbst versteht, wieder nach dem Schiffsraum hinabgeführt, wieder ganz bequem angefesselt, und in ihrem dunkeln Elend machen sie demagogische Betrachtungen über Versprechungen von Seelenverkäufern, deren ganze Sorge, nach überstandener Gefahr, dahin geht, noch einige Seelen mehr einzutauschen.

O navis, referent in mare te novi
Fluctus? etc.

Als mein alter Lehrer diese Ode des Horaz, worin der Staat mit einem Schiffe verglichen wird, explizierte, hatte er allerlei politische Betrachtungen zu machen, die er bald einstellte, als die Schlacht bei Leipzig geschlagen worden und die ganze Klasse auseinander ging.

Mein alter Lehrer hat alles voraus gewußt. Als wir die erste Nachricht dieser Schlacht erhielten, schüttelte er das graue Haupt. Jetzt weiß ich, was dieses Schütteln bedeutete. Bald kamen die genaueren Berichte, und heimlich zeigte man einander die Bilder, wo gar bunt und erbaulich abkonterfeit war: wie die hohen Heerführer auf dem Schlachtfelde knieten und Gott dankten.

»Ja, sie konnten Gott danken«, sagte mein Lehrer und lächelte, wie er zu lächeln pflegte, wenn er den Sallust explizierte, »der Kaiser Napoleon hat sie so oft geklopft, daß sie es ihm doch am Ende ablernen konnten.«

Nun kamen die Alliierten und die schlechten Befreiungsgedichte, Hermann und Thusnelda, Hurra, und der Frauenverein und die Vaterlandseicheln, und das ewige Prahlen mit der Schlacht bei Leipzig, und wieder die Schlacht bei Leipzig, und kein Aufhören davon.

»Es geht diesen Leuten«, bemerkte mein Lehrer, »wie den Thebanern, als sie bei Leuktra endlich einmal jene unbesiegbaren Spartaner geschlagen und beständig mit dieser Schlacht prahlten, so daß Antisthenes von ihnen sagte: ›Sie machen es wie die Knaben, die vor Freude sich nicht zu lassen wissen, wenn sie einmal ihren Schulmeister ausgeprügelt haben.‹ Liebe Jungens, es wäre besser gewesen, wir hätten selbst die Prügel bekommen.« Bald darauf ist der alte Mann gestorben. Auf seinem Grabe wächst preußisches Gras, und es weiden dort die adeligen Rosse unserer renovierten Ritter.

KAPITEL XI

Die Tiroler sind schön, heiter, ehrlich, brav, und von unergründlicher Geistesbeschränktheit. Sie sind eine gesunde Menschenrasse, vielleicht weil sie zu dumm sind, um krank sein zu können. Auch eine edle Rasse möchte ich sie nennen, weil sie sich in ihren Nahrungsmitteln sehr wählig und in ihren Gewöhnungen sehr reinlich zeigen; nur fehlt ihnen ganz und gar das Gefühl von der Würde der Persönlichkeit. Der Tiroler hat eine Sorte von lächelndem humoristischen Servilismus, der fast eine ironische Färbung trägt, aber doch grundehrlich gemeint ist. Die Frauenzimmer in Tirol begrüßen Dich so zuvorkommend freundlich, die Männer drücken Dir so derb die Hand, und gebärden sich dabei so putzig herzlich, daß Du fast glauben solltest, sie behandelten Dich wie einen nahen Verwandten, wenigstens wie ihresgleichen; aber weit gefehlt, sie verlieren dabei nie aus dem Gedächtnis, daß sie nur gemeine Leute sind, und daß Du ein vornehmer Herr bist, der es gewiß gern sieht, wenn gemeine Leute ohne Blödigkeit sich zu ihm herauflassen. Und darin haben sie einen naturrichtigen Instinkt; die starrsten Aristokraten sind froh, wenn sie Gelegenheit finden zur Herablassung, denn dadurch eben fühlen sie, wie hoch sie gestellt sind. Zu Hause üben die Tiroler diesen Servilismus gratis, in der Fremde suchen sie auch noch dadurch zu lukrieren. Sie geben ihre Persönlichkeit preis, ihre Nationalität. Diese bunten Deckenverkäufer, diese muntern Tiroler Bua, die wir in ihrem Nationalkostüm herumwandern sehen, lassen gern ein Späßchen mit sich treiben, aber Du mußt ihnen auch etwas abkaufen. Jene Geschwister Rainer, die in England gewesen, haben es noch besser verstanden, und sie hatten noch obendrein einen guten Ratgeber, der den Geist der englischen Nobility gut kannte. Daher ihre gute Aufnahme im Foyer der europäischen Aristokratie, in the westend of the town. Als ich vorigen Sommer in den glänzenden Konzertsälen der Londoner fashionablen Welt diese Tiroler Sänger, gekleidet in ihre heimatliche Volkstracht, das Schaugerüst betreten sah und von da herab jene Lieder hörte, die in den Tiroler Alpen so naiv und fromm gejodelt werden, und uns auch ins norddeutsche Herz so lieblich hinabklingen – da verzerrte sich alles in meiner Seele zu bitterem Unmut, das gefällige Lächeln vornehmer Lippen stach mich wie Schlangen, es war mir, als sähe ich die Keuschheit des deutschen Wortes aufs roheste beleidigt, und die süßesten Mysterien des deutschen Gemütslebens vor fremdem Pöbel profaniert. Ich habe nicht mitklatschen können bei dieser schamlosen Verschacherung des Verschämtesten, und ein Schweizer, der gleichfühlend mit mir den Saal verließ, bemerkte ganz richtig: »Wir Schwyzer geben auch viel fürs Geld, unsere besten Käse und unser bestes Blut, aber das Alphorn können wir in der Fremde kaum blasen hören, viel weniger es selbst blasen für Geld.«

KAPITEL XII

Tirol ist sehr schön, aber die schönsten Landschaften können uns nicht entzücken, bei trüber Witterung und ähnlicher Gemütsstimmung. Diese ist bei mir immer die Folge von jener, und da es draußen regnete, so war auch in mir schlechtes Wetter. Nur dann und wann durfte ich den Kopf zum Wagen hinausstrecken, und dann schaute ich himmelhohe Berge, die mich ernsthaft ansahen, und mir mit den ungeheuern Häuptern und langen Wolkenbärten eine glückliche Reise zunickten. Hie und da bemerkte ich auch ein fern-blaues Berglein, das sich auf die Fußzehen zu stellen schien, und den anderen Bergen recht neugierig über die Schultern blickte, wahrscheinlich um mich zu sehen. Dabei kreischten überall die Waldbäche, die sich wie toll von den Höhen herabstürzten und in den dunkeln Talstrudeln versammelten. Die Menschen steckten in ihren niedlichen, netten Häuschen, die über die Halde, an den schroffsten Abhängen und bis auf die Bergspitzen zerstreut liegen; niedliche, nette Häuschen, gewöhnlich mit einer langen, balkonartigen Galerie, und diese wieder mit Wäsche, Heiligenbildchen, Blumentöpfen und Mädchengesichtern ausgeschmückt. Auch hübsch bemalt sind die Häuschen, meistens weiß und grün, als trügen sie ebenfalls die Tiroler Landestracht, grüne Hosenträger über dem weißen Hemde. Wenn ich solch Häuschen im einsamen Regen liegen sah, wollte mein Herz oft aussteigen und zu den Menschen gehen, die gewiß trocken und vergnügt da drinnen saßen. Da drinnen, dacht ich, muß sichs recht lieb und innig leben lassen, und die alte Großmutter erzählt gewiß die heimlichsten Geschichten. Während der Wagen unerbittlich vorbeifuhr, schaut ich noch oft zurück, um die bläulichen Rauchsäulen aus den kleinen Schornsteinen steigen zu sehen, und es regnete dann immer stärker, außer mir und in mir, daß mir fast die Tropfen aus den Augen herauskamen.

Oft hob sich auch mein Herz, und trotz des schlechten Wetters klomm es zu den Leuten, die ganz oben auf den Bergen wohnen, und vielleicht kaum einmal im Leben herabkommen, und wenig erfahren von dem, was hier unten geschieht. Sie sind deshalb um nichts minder fromm und glücklich. Von der Politik wissen sie nichts, als daß sie einen Kaiser haben, der einen weißen Rock und rote Hosen trägt; das hat ihnen der alte Ohm erzählt, der es selbst in Innsbruck gehört von dem schwarzen Sepperl, der in Wien gewesen. Als nun die Patrioten zu ihnen hinaufkletterten und ihnen beredsam vorstellten, daß sie jetzt einen Fürsten bekommen, der einen blauen Rock und weiße Hosen trage, da griffen sie zu ihren Büchsen, und küßten Weib und Kind, und stiegen von den Bergen hinab, und ließen sich totschlagen für den weißen Rock und die lieben alten roten Hosen.

Im Grunde ist es auch dasselbe, für was man stirbt, wenn nur für etwas Liebes gestorben wird, und so ein warmer, treuer Tod ist besser, als ein kaltes, treuloses Leben. Schon allein die Lieder von einem solchen Tode, die süßen Reime und lichten Worte erwärmen unser Herz, wenn feuchte Nebelluft und zudringliche Sorgen es betrüben wollen.

Viel solcher Lieder klangen durch mein Herz, als ich über die Berge Tirols dahinfuhr. Die traulichen Tannenwälder rauschten mir so manch vergessenes Liebeswort ins Gedächtnis zurück. Besonders wenn mich die großen blauen Bergseen so unergründlich sehnsüchtig anschauten, dann dachte ich wieder an die beiden Kinder, die sich so lieb gehabt und zusammen gestorben sind. Es ist eine veraltete Geschichte, die auch jetzt niemand mehr glaubt, und die ich selbst nur aus einigen Liederreimen kenne.

»Es waren zwei Königskinder,
Die hatten einander so lieb,
Sie konnten beisammen nicht kommen,
Das Wasser war viel zu tief –«

Diese Worte fingen von selbst wieder an in mir zu klingen, als ich, bei einem von jenen blauen Seen, am jenseitigen Ufer einen kleinen Knaben und am diesseitigen ein kleines Mädchen stehen sah, die beide in der bunten Volkstracht, mit bebänderten, grünen Spitzhütchen auf dem Kopfe, gar wunderlieblich gekleidet waren und sich hinüber und herüber grüßten –

Sie konnten beisammen nicht kommen,
Das Wasser war viel zu tief.

KAPITEL XIII

Im südlichen Tirol klärte sich das Wetter auf, die Sonne von Italien ließ schon ihre Nähe fühlen, die Berge wurden wärmer und glänzender, ich sah schon Weinreben, die sich daran hinaufrankten, und ich konnte mich schon öfter zum Wagen hinauslehnen. Wenn ich mich aber zum Wagen hinauslehne, so lehnt sich mein Herz mit mir hinaus, und mit dem Herzen all seine Liebe, seine Wehmut und seine Torheit. Es ist mir oft geschehen, daß das arme Herz dadurch von den Dornen zerrissen wurde, wenn es sich nach den Rosenbüschen, die am Wege blühten, hinauslehnte, und die Rosen Tirols sind nicht häßlich. Als ich durch Steinach fuhr und den Markt besah, worauf Immermann den Sandwirt Hofer mit seinen Gesellen auftreten läßt, da fand ich, daß der Markt für eine Insurgentenversammlung viel zu klein wäre, aber noch immer groß genug ist, um sich darauf zu verlieben. Es sind da nur ein paar weiße Häuschen, und aus einem kleinen Fenster guckte eine kleine Sandwirtin und zielte und schoß aus ihren großen Augen; – wäre der Wagen nicht schnell vorübergerollt, und hätte sie Zeit gehabt noch einmal zu laden, so wäre ich gewiß geschossen. Ich rief: »Kutscher, fahr zu, mit einer solchen Schön-Elsy ist nicht zu spaßen; die steckt einem das Haus über dem Kopf in Brand.« Als gründlicher Reisender muß ich auch anführen, daß die Frau Wirtin in Sterzing zwar selbst eine alte Frau ist, aber dafür zwei junge Töchterlein hat, die einem das Herz, wenn es ausgestiegen ist, durch ihren Anblick recht wohltätig erwärmen. Aber Dich darf ich nicht vergessen, Du Schönste von allen, Du schöne Spinnerin an den Marken Italiens! O hättest Du mir, wie Ariadne dem Theseus, den Faden Deines Gespinstes gegeben, um mich zu leiten durch das Labyrinth dieses Lebens, jetzt wäre der Minotaurus schon besiegt, und ich würde Dich lieben und küssen und niemals verlassen!

»Es ist ein gutes Zeichen, wenn die Weiber lächeln«, sagt ein chinesischer Schriftsteller, und ein deutscher Schriftsteller war eben dieser Meinung, als er in Südtirol, wo Italien beginnt, einem Berge vorbeikam, an dessen Fuße, auf einem nicht sehr hohen Steindamm, eines von jenen Häuschen stand, die mit ihrer traulichen Galerie und ihren naiven Malereien uns so lieblich ansehen. Auf der einen Seite stand ein großes hölzernes Kruzifix, das einem jungen Weinstock als Stütze diente, so daß es fast schaurig heiter aussah, wie das Leben den Tod, die saftig grünen Reben den blutigen Leib und die gekreuzigten Arme und Beine des Heilands umrankten. Auf der anderen Seite des Häuschens stand ein runder Taubenkofen, dessen gefiedertes Völkchen flog hin und her, und eine ganz besonders anmutig weiße Taube saß auf dem hübschen Spitzdächlein, das, wie die fromme Steinkrone einer Heiligennische, über dem Haupte der schönen Spinnerin hervorragte. Diese saß auf der kleinen Galerie und spann, nicht nach der deutschen Spinnradmethode, sondern nach jener uralten Weise, wo ein flachsumzogener Wocken unter dem Arme gehalten wird, und der abgesponnene Faden an der freihängenden Spindel hinunterläuft. So spannen die Königstöchter in Griechenland, so spinnen noch jetzt die Parzen und alle Italienerinnen. Sie spann und lächelte, unbeweglich saß die Taube über ihrem Haupte, und über dem Hause selbst ragten hinten die hohen Berge, deren Schneegipfel die Sonne beschien, daß sie aussahen wie eine ernste Schutzwache von Riesen mit blanken Helmen auf den Häuptern.

Sie spann und lächelte, und ich glaube, sie hat mein Herz festgesponnen, während der Wagen etwas langsamer vorbeifuhr wegen des breiten Stromes der Eisach, die auf der andern Seite des Wegs dahinschoß. Die lieben Züge kamen mir den ganzen Tag nicht aus dem Gedächtnis, überall sah ich jenes holde Antlitz, das ein griechischer Bildhauer aus dem Dufte einer weißen Rose geformt zu haben schien, ganz so hingehaucht zart, so überselig edel, wie er es vielleicht einst als Jüngling geträumt in einer blühenden Frühlingsnacht. Die Augen freilich hätte kein

Grieche erträumen und noch weniger begreifen können. Ich aber sah sie und begriff sie, diese romantischen Sterne, die so zauberhaft die antike Herrlichkeit beleuchteten. Den ganzen Tag sah ich diese Augen, und ich träumte davon in der folgenden Nacht. Da saß sie wieder und lächelte, die Tauben flatterten hin und her wie Liebesengel, auch die weiße Taube über ihrem Haupte bewegte mystisch die Flügel, hinter ihr hoben sich immer gewaltiger die behelmten Wächter, vor ihr hin jagte der Bach, immer stürmischer und wilder, die Weinreben umrankten mit ängstlicher Hast das gekreuzigte Holzbild, das sich schmerzlich regte und die leidenden Augen öffnete und aus den Wunden blutete – sie aber spann und lächelte, und an dem Faden ihres Wockens, gleich einer tanzenden Spindel, hing mein eigenes Herz.

KAPITEL XIV

Während die Sonne immer schöner und herrlicher aus dem Himmel hervorblühte, und Berg und Burgen mit Goldschleiern umkleidete, wurde es auch in meinem Herzen immer heißer und leuchtender, ich hatte wieder die ganze Brust voll Blumen, und diese sproßten hervor und wuchsen mir gewaltig über den Kopf, und durch die eignen Herzblumen hindurch lächelte wieder himmlisch die schöne Spinnerin. Befangen in solchen Träumen, selbst ein Traum, kam ich nach Italien, und da ich während der Reise schon ziemlich vergessen hatte, daß ich dorthin reiste, so erschrak ich fast, als mich all die großen italienischen Augen plötzlich ansahen, und das buntverwirrte italienische Leben mir leibhaftig, heiß und summend, entgegenströmte.

Es geschah dieses aber in der Stadt Trient, wo ich an einem schönen Sonntag des Nachmittags ankam, zur Zeit, wo die Hitze sich legt und die Italiener aufstehen und in den Straßen auf und ab spazieren. Diese Stadt liegt alt und gebrochen in einem weiten Kreise von blühend grünen Bergen, die, wie ewig junge Götter, auf das morsche Menschenwerk herabsehen. Gebrochen und morsch liegt daneben auch die hohe Burg, die einst die Stadt beherrschte, ein abenteuerlicher Bau aus abenteuerlicher Zeit, mit Spitzen, Vorsprüngen, Zinnen und mit einem breitrunden Turm, worin nur noch Eulen und östreichische Invaliden hausen. Auch die Stadt selbst ist abenteuerlich gebaut, und wundersam wird einem zu Sinn beim ersten Anblick dieser uraltertümlichen Häuser mit ihren verblichenen Freskos, mit ihren zerbröckelten Heiligenbildern, mit ihren Türmchen, Erkern, Gitterfensterchen, und jenen hervorstehenden Giebeln, die estradenartig auf grauen alterschwachen Pfeilern ruhen, welche selbst einer Stütze bedürften. Solcher Anblick wäre allzu wehmütig, wenn nicht die Natur diese abgestorbenen Steine mit neuem Leben erfrischte, wenn nicht süße Weinreben jene gebrechlichen Pfeiler, wie die Jugend das Alter, innig und zärtlich umrankten, und wenn nicht noch süßere Mädchengesichter aus jenen trüben Bogenfenstern hervorguckten, und über den deutschen Fremdling lächelten, der, wie ein schlafwandelnder Träumer, durch die blühenden Ruinen einherschwankt.

Ich war wirklich wie im Traum, wie in einem Traume, wo man sich auf irgend etwas besinnen will, was man ebenfalls einmal geträumt hat. Ich betrachtete abwechselnd die Häuser und die Menschen, und ich meinte fast, diese Häuser hätte ich einst in ihren besseren Tagen gesehen, als ihre hübschen Malereien noch farbig glänzten, als die goldenen Zieraten an den Fensterfriesen noch nicht so geschwärzt waren, und als die marmorne Madonna, die das Kind auf dem Arme trägt, noch ihren wunderschönen Kopf aufhatte, den jetzt die bilderstürmende Zeit so pöbelhaft abgebrochen. Auch die Gesichter der alten Frauen schienen mir so bekannt, es kam mir vor, als wären sie herausgeschnitten aus jenen altitalienischen Gemälden, die ich einst als Knabe in der Düsseldorfer Galerie gesehen habe. Ebenfalls die alten Männer schienen mir so längst vergessen wohlbekannt, und sie schauten mich an mit ernsten Augen, wie aus der Tiefe eines Jahrtausends. Sogar die kecken jungen Mädchen hatten so etwas jahrtausendlich Verstorbenes und doch wieder blühend Aufgelebtes, daß mich fast ein Grauen anwandelte, ein süßes Grauen, wie ich es einst gefühlt, als ich in der einsamen Mitternacht meine Lippen preßte auf die Lippen Marias, einer wunderschönen Frau, die damals gar keinen Fehler hatte, außer daß sie tot war. Dann aber mußte ich wieder über mich selbst lächeln, und es wollte mich bedünken, als sei die ganze Stadt nichts anderes als eine hübsche Novelle, die ich einst einmal gelesen, ja, die ich selbst gedichtet, und ich sei jetzt in mein eigenes Gedicht hineingezaubert worden, und erschräke vor den Gebilden meiner eigenen Schöpfung. Vielleicht auch, dacht ich, ist das Ganze wirklich nur ein Traum, und ich hätte herzlich gern einen Taler für eine einzige Ohrfeige gegeben, bloß um dadurch zu erfahren, ob ich wachte oder schlief.

Wenig fehlte, und ich hätte diesen Artikel noch wohlfeiler eingehandelt, als ich an der Ecke des Marktes über die dicke Obstfrau hinstolperte. Sie begnügte sich aber damit, mir einige wirkliche Feigen an die Ohren zu werfen, und ich gewann dadurch die Überzeugung, daß ich mich in der wirklichsten Wirklichkeit befand, mitten auf dem Marktplatz von Trient, neben dem großen Brunnen, aus dessen kupfernen Tritonen und Delphinen die silberklaren Wasser gar lieblich ermunternd emporsprangen. Links stand ein alter Palazzo, dessen Wände mit buntallegorischen Figuren bemalt waren, und auf dessen Terrasse einige grau-östreichische Soldaten zum Heldentume abgerichtet wurden. Rechts stand ein gotisch-lombardisch kapriziöses Häuslein, in dessen Innerm eine süße, flatterhafte Mädchenstimme so keck und lustig trillerte, daß die verwitterten Mauern vor Vergnügen oder Baufälligkeit zitterten, während oben aus dem Spitzfenster eine schwarze labyrinthisch gekräuselte, komödienhafte Frisur herausguckte, worunter ein scharfgezeichnetes, dünnes Gesicht hervortrat, das nur auf der linken Wange geschminkt war, und daher aussah wie ein Pfannkuchen, der erst auf einer Seite gebacken ist. Vor mir aber, in der Mitte, stand der uralte Dom, nicht groß, nicht düster, sondern wie ein heiterer Greis, recht bejahrt zutraulich und einladend.

KAPITEL XV

Als ich den grünseidenen Vorhang, der den Eingang des Doms bedeckte, zurückschob und eintrat in das Gotteshaus, wurde mir Leib und Herz angenehm erfrischt von der lieblichen Luft, die dort wehte, und von dem besänftigend magischen Lichte, das durch die buntbemalten Fenster auf die betende Versammlung herabfloß. Es waren meistens Frauenzimmer, in lange Reihen hingestreckt auf den niedrigen Betbänken. Sie beteten bloß mit leiser Lippenbewegung, und fächerten sich dabei beständig mit großen grünen Fächern, so daß man nichts hörte als ein unaufhörlich heimliches Wispern, und nichts sah als Fächerschlag und wehende Schleier. Der knarrende Tritt meiner Stiefel störte manche schöne Andacht, und große katholische Augen sahen mich an, halb neugierig, halb liebwillig, und mochten mir wohl raten, mich ebenfalls hinzustrecken und Seelensieste zu halten.

Wahrlich, ein solcher Dom mit seinem gedämpften Lichte und seiner wehenden Kühle ist ein angenehmer Aufenthalt, wenn draußen greller Sonnenschein und drückende Hitze. Davon hat man gar keinen Begriff in unserem protestantischen Norddeutschland, wo die Kirchen nicht so komfortabel gebaut sind, und das Licht so frech durch die unbemalten Vernunftscheiben hineinschießt, und selbst die kühlen Predigten vor der Hitze nicht genug schützen. Man mag sagen, was man will, der Katholizismus ist eine gute Sommerreligion. Es läßt sich gut liegen auf den Bänken dieser alten Dome, man genießt dort die kühle Andacht, ein heiliges Dolce far niente, man betet und träumt und sündigt in Gedanken, die Madonnen nicken so verzeihend aus ihren Nischen, weiblich gesinnt verzeihen sie sogar, wenn man ihre eignen holden Züge in die sündigen Gedanken verflochten hat, und zum Überfluß steht noch in jeder Ecke ein brauner Notstuhl des Gewissens, wo man sich seiner Sünden entledigen kann.

In einem solchen Stuhle saß ein junger Mönch mit ernster Miene, das Gesicht der Dame, die ihm ihre Sünden beichtete, war mir aber teils durch ihren weißen Schleier, teils durch das Seitenbrett des Beichtstuhls verborgen. Doch kam außerhalb desselben eine Hand zum Vorschein, die mich gleichsam festhielt. Ich konnte nicht aufhören diese Hand zu betrachten; das bläuliche Geäder und der vornehme Glanz der weißen Finger war mir so befremdlich wohlbekannt, und alle Traumgewalt meiner Seele kam in Bewegung, um ein Gesicht zu bilden, das zu dieser Hand gehören konnte. Es war eine schöne Hand, und nicht wie man sie bei jungen Mädchen findet, die halb Lamm, halb Rose, nur gedankenlose, vegetabil animalische Hände haben, sie hatte vielmehr so etwas Geistiges, so etwas geschichtlich Reizendes, wie die Hände von schönen Menschen, die sehr gebildet sind oder viel gelitten haben. Diese Hand hatte dabei auch so etwas rührend Unschuldiges, daß es schien, als ob sie nicht mitzubeichten brauche, und auch nicht hören wolle was ihre Eigentümerin beichtete, und gleichsam draußen warte, bis diese fertig sei. Das dauerte aber lange; die Dame mußte viele Sünden zu erzählen haben. Ich konnte nicht länger warten, meine Seele drückte einen unsichtbaren Abschiedskuß auf die schöne Hand, diese zuckte in demselben Momente, und zwar so eigentümlich, wie die Hand der toten Maria zu zucken pflegte, wenn ich sie berührte. Um Gotteswillen, dacht ich, was tut die tote Maria in Trient? – und ich eilte aus dem Dome.

KAPITEL XVI

Als ich wieder über den Marktplatz ging, grüßte mich an der Ecke die bereits erwähnte Obstfrau recht freundlich und recht zutraulich, als wären wir alte Bekannte. Gleichviel, dacht ich, wie man eine Bekanntschaft macht, wenn man nur miteinander bekannt wird. Ein paar an die Ohren geworfene Feigen sind zwar nicht immer die beste Introduktion; aber ich und die Obstfrau sahen uns jetzt doch so freundlich an, als hätten wir uns wechselseitig die besten Empfehlungsschreiben überreicht. Die Frau hatte auch keineswegs ein übles Aussehn. Sie war freilich schon etwas in jenem Alter, wo die Zeit unsere Dienstjahre mit fatalen Chevets auf die Stirne anzeichnet; jedoch dafür war sie auch desto korpulenter, und was sie an Jugend eingebüßt, das hatte sie an Gewicht gewonnen. Dazu trug ihr Gesicht noch immer die Spuren großer Schönheit, und wie auf alten Töpfen stand darauf geschrieben: »Lieben und geliebt zu werden, ist das größte Glück auf Erden.« Was ihr aber den köstlichsten Reiz verlieh, das war die Frisur, die gekräuselten Locken, kreideweiß gepudert, mit Pomade reichlich gedüngt, und idyllisch mit weißen Glockenblumen durchschlungen. Ich betrachtete diese Frau mit derselben Aufmerksamkeit, wie irgendein Antiquar seine ausgegrabenen Marmortorsos betrachtet, ich konnte an jener lebenden Menschenruine noch viel mehr studieren, ich konnte die Spuren aller Zivilisationen Italiens an ihr nachweisen, der etruskischen, römischen, gotischen, lombardischen, bis herab auf die gepudert moderne, und recht interessant war mir das zivilisierte Wesen dieser Frau im Kontrast mit Gewerb und leidenschaftlicher Gewöhnung. Nicht minder interessant waren mir die Gegenstände ihres Gewerbes, die frischen Mandeln, die ich noch nie in ihrer ursprünglich grünen Schale gesehn, und die duftig frischen Feigen, die hochaufgeschüttet lagen, wie bei uns die Birnen. Auch die großen Körbe mit frischen Zitronen und Orangen ergötzten mich; und wunderlieblicher Anblick! in einem leeren Korbe daneben lag ein bildschöner Knabe, der ein kleines Glöckchen in den Händen hielt, und, während jetzt die große Domglocke läutete, zwischen jedem Schlag derselben mit seinem kleinen Glöckchen klingelte, und dabei so weltvergessen selig in den blauen Himmel hineinlächelte, daß mir selbst wieder die drolligste Kinderlaune im Gemüte aufstieg, und ich mich, wie ein Kind, vor die lachenden Körbe hinstellte und naschte und mit der Obstfrau diskurierte.

Wegen meines gebrochenen Italienischsprechens hielt

sie mich im Anfang für einen Engländer; aber ich gestand ihr, daß ich nur ein Deutscher sei. Sie machte sogleich viele geographische, ökonomische, hortologische, klimatische Fragen über Deutschland, und wunderte sich, als ich ihr ebenfalls gestand, daß bei uns keine Zitronen wachsen, daß wir die wenigen Zitronen, die wir aus Italien bekommen, sehr pressen müssen, wenn wir Punsch machen, und daß wir dann aus Verzweiflung desto mehr Rum zugießen. »Ach liebe Frau!« sagte ich ihr, »in unserem Lande ist es sehr frostig und feucht, unser Sommer ist nur ein grün angestrichener Winter, sogar die Sonne muß bei uns eine Jacke von Flanell tragen, wenn sie sich nicht erkälten will; bei diesem gelben Flanellsonnenschein können unsere Früchte nimmermehr gedeihen, sie sehen verdrießlich und grün aus, und unter uns gesagt, das einzige reife Obst, das wir haben, sind gebratene Äpfel. Was die Feigen betrifft, so müssen wir sie ebenfalls, wie die Zitronen und Orangen, aus fremden Ländern beziehen, und durch das lange Reisen werden sie dumm und mehlig; nur die schlechteste Sorte können wir frisch aus der ersten Hand bekommen, und diese ist so bitter, daß, wer sie umsonst bekommt, noch obendrein eine Realinjurienklage anstellt. Von den Mandeln haben wir bloß die geschwollenen. Kurz, uns fehlt alles edle Obst, und wir haben nichts als Stachelbeeren, Birnen, Haselnüsse, Zwetschen und dergleichen Pöbel.«

KAPITEL XVII

Ich freute mich wirklich, schon gleich bei meiner Ankunft in Italien eine gute Bekanntschaft gemacht zu haben, und hätten mich nicht wichtige Gefühle nach Süden gezogen, so wäre ich vorderhand in Trient geblieben, bei der guten

Obstfrau, bei den guten Feigen und Mandeln, bei dem kleinen Glöckner, und soll ich die Wahrheit sagen, bei den schönen Mädchen, die rudelweise vorbeiströmten. Ich weiß nicht, ob andere Reisende hier das Beiwort »schön« billigen werden; mir aber gefielen die Trienterinnen ganz ausnehmend gut. Es war just die Sorte, die ich liebe: – und ich liebe diese blassen, elegischen Gesichter, wo die großen, schwarzen Augen so liebeskrank herausstrahlen; ich liebe auch den dunkeln Teint jener stolzen Hälse, die schon Phöbos geliebt und braun geküßt hat; ich liebe sogar jene überreife Nacken, worin purpurne Pünktchen, als hätten lüsterne Vögel daran gepickt; vor allem aber liebe ich jenen genialen Gang, jene stumme Musik des Leibes, jene Glieder, die sich in den süßesten Rhythmen bewegen, üppig, schmiegsam, göttlich liederlich, sterbefaul, dann wieder ätherisch erhaben, und immer hochpoetisch. Ich liebe dergleichen, wie ich die Poesie selbst liebe, und diese melodisch bewegten Gestalten, dieses wunderbare

Menschenkonzert, das an mir vorüberrauschte, fand sein Echo in meinem Herzen und weckte darin die verwandten Töne.

Es war jetzt nicht mehr die Zaubermacht der ersten Überraschung, die Märchenhaftigkeit der wildfremden Erscheinung, es war schon der ruhige Geist, der, wie ein wahrer Kritiker ein Gedicht liest, jene Frauenbilder mit entzückt besonnenem Auge betrachtete. Und bei solcher Betrachtung entdeckt man viel, viel Trübes, den Reichtum der Vergangenheit, die Armut der Gegenwart und den zurückgebliebenen Stolz. Gern möchten die Töchter Trients sich noch schmücken wie zu den Zeiten des Konziliums, wo die Stadt blühte in Samt und Seide; aber das Konzilium hat wenig ausgerichtet, der Samt ist abgeschabt, die Seide zerfetzt, und den armen Kindern blieb nichts als kümmerlicher Flitterstaat, den sie in der Woche ängstlich schonen, und womit sie sich nur noch des Sonntags putzen. Manche aber entbehren auch dieser Reste eines verschollenen Luxus, und müssen sich mit allerlei ordinären und wohlfeilen Fabrikaten unsers Zeitalters behelfen. Da gibt es nun gar rührende Kontraste zwischen Leib und Kleid; der feingeschnittene Mund scheint fürstlich gebieten zu dürfen, und wird höhnisch überschattet von einem armseligen Basthut mit zerknitterten Papierblumen, der stolzeste Busen wogt in einer Krause von plump falschen Garnspitzen, und die geistreichsten Hüften umschließt der dümmste Kattun. Wehmut, dein Name ist Kattun, und zwar braungestreifter Kattun! Denn ach! nie hat mich etwas wehmütiger gestimmt, als der Anblick einer Trienterin, die an Gestalt und Gesichtsfarbe einer marmornen Göttin glich, und auf diesen antik edlen Leib ein Kleid von braungestreiftem Kattun trug, so daß es aussah, als sei die steinerne Niobe plötzlich lustig geworden, und habe sich maskiert in unsere moderne Kleintracht, und schreite bettelstolz und grandios unbeholfen durch die Straßen Trients.

KAPITEL XVIII

Als ich nach der Lokanda dell' Grande Europa zurückkehrte, wo ich mir ein gutes Pranzo bestellt hatte, war mir wirklich so wehmütig zu Sinn, daß ich nicht essen konnte, und das will viel sagen. Ich setzte mich vor die Türe der nachbarlichen Bottega, erfrischte mich mit Sorbet und sprach in mich hinein:

»Grillenhaftes Herz! jetzt bist du ja in Italien – warum tirilierst du nicht? Sind vielleicht die alten deutschen Schmerzen, die kleinen Schlangen, die sich tief in dir verkrochen, jetzt mit nach Italien gekommen, und sie freuen sich jetzt, und eben ihr gemeinschaftlicher Jubel erregt nun in der Brust jenes pittoreske Weh, das darin so seltsam sticht und hüpft und pfeift? Und warum sollten sich die alten Schmerzen nicht auch einmal freuen? Hier in Italien ist es ja so schön, das Leiden selbst ist hier so schön, in diesen gebrochenen Marmorpalazzos klingen die Seufzer viel romantischer, als in unseren netten Ziegelhäuschen, unter jenen Lorbeerbäumen läßt sich viel wollüstiger weinen als unter unseren mürrisch zackigen Tannen, und nach den idealischen Wolkenbildern des himmelblauen Italiens läßt sich viel süßer hinaufschmachten als nach dem aschgrau deutschen Werkeltagshimmel, wo sogar die Wolken nur ehrliche Spießbürgerfratzen schneiden und langweilig herabgähnen! Bleibt nur in meiner Brust, Ihr Schmerzen! Ihr findet nirgends ein besseres Unterkommen. Ihr seid mir lieb und wert, und keiner weiß Euch besser zu hegen und zu pflegen als ich, und ich gestehe Euch, Ihr macht mir Vergnügen. Und überhaupt, was ist denn Vergnügen? Vergnügen ist nichts als ein höchst angenehmer Schmerz.«

Ich glaube, die Musik, die, ohne daß ich darauf achtete, vor der Bottega erklang, und einen Kreis von Zuschauern schon um sich gezogen, hatte melodramatisch diesen Monolog begleitet. Es war ein wunderliches Trio, bestehend aus zwei Männern und einem jungen Mädchen, das die Harfe spielte. Der eine von jenen beiden, winterlich gekleidet in einen weißen Flausrock, war ein stämmiger Mann, mit einem dickroten Banditengesicht, das aus den schwarzen Haupt- und Barthaaren, wie ein drohender Komet, hervorbrannte, und zwischen den Beinen hielt er eine ungeheure Baßgeige, die er so wütend strich, als habe er in den Abruzzen einen armen Reisenden niedergeworfen und wolle ihm geschwinde die Gurgel abfiedeln; der andre war ein langer, hagerer Greis, dessen morsche Gebeine in einem abgelebt schwarzen Anzuge schlotterten, und dessen schneeweiße Haare mit seinem Buffogesang und seinen närrischen Kapriolen gar kläglich kontrastierten. Ist es schon betrübend, wenn ein alter Mann die Ehrfurcht, die man seinen Jahren schuldig ist, aus Not verkaufen, und sich zur Possenreißerei hergeben muß; wieviel trübseliger ist es noch, wenn er solches in Gegenwart oder gar in Gesellschaft seines Kindes tut! und jenes Mädchen war die Tochter des alten Buffo, und sie akkompagnierte mit der Harfe die unwürdigsten Späße des greisen Vaters, oder stellte auch die Harfe beiseite und sang mit ihm ein komisches Duett, wo er einen verliebten alten Gecken, und sie seine junge neckische Amante vorstellte. Obendrein schien das Mädchen kaum aus den Kinderjahren getreten zu sein, ja es schien, als habe man das Kind, ehe es noch zur Jungfräulichkeit gelangt war, gleich zum Weibe gemacht, und zwar zu keinem züchtigen Weibe. Daher das bleichsüchtige Welken und der zuckende Mißmut des schönen Gesichtes, dessen stolzgeschwungene Formen jedes ahnende Mitleid gleichsam verhöhnten; daher die verborgene Kümmerlichkeit der Augen, die unter ihren schwarzen Triumphbogen so herausfordernd leuchteten; daher der tiefe Schmerzenston, der so unheimlich kontrastierte mit den lachend schönen Lippen, denen er entschlüpfte; daher die Krankhaftigkeit der überzarten Glieder, die ein kurzes, ängstlich violettes Seidenkleidchen so tief als möglich umflatterte. Dabei flaggten grellbunte Atlasbänder auf dem verjährten Strohhut und die Brust zierte gar sinnbildlich eine offne Rosenknospe, die mehr gewaltsam aufgerissen als in eigener Entfaltung aus der grünen Hülle hervorgeblüht zu sein schien. Indessen, über dem unglücklichen Mädchen, diesem Frühling, den der Tod schon verderblich angehaucht, lag eine unbeschreibliche Anmut, eine Grazie, die sich in jeder Miene, in jeder Bewegung, in jedem Tone kundgab, und selbst dann nicht ganz sich verleugnete, wenn sie mit vorgeworfenem Leibchen und ironischer Lüsternheit dem alten Vater entgegentänzelte, der ebenso unsittsam, mit vorgestrecktem Bauchgerippe zu ihr heranwackelte. Je frecher sie sich gebärdete, desto tieferes Mitleid flößte sie mir ein, und wenn ihr Gesang dann weich und wunderbar aus ihrer Brust hervorstieg und gleichsam um Verzeihung bat, dann jauchzten in meiner Brust die kleinen Schlangen, und bissen sich vor Vergnügen in den Schwanz. Auch die Rose schien mich dann wie bittend anzusehen, einmal sah ich sie sogar zittern, erbleichen – aber in demselben Augenblick schlugen die Triller des Mädchens um so lachender in die Höhe, der Alte meckerte noch verliebter, und das rote

Kometgesicht marterte seine Bratsche so grimmig, daß sie die entsetzlich drolligsten Töne von sich gab und die Zuhörer noch toller jubelten.

KAPITEL XIX

Es war ein echt italienisches Musikstück, aus irgendeiner beliebten Opera Buffa, jener wundersamen Gattung, die dem Humor den freiesten Spielraum gewährt, und worin er sich all seiner springenden Lust, seiner tollen Empfindelei, seiner lachenden Wehmut, und seiner lebenssüchtigen Todesbegeisterung überlassen kann. Es war ganz Rossinische Weise, wie sie sich im »Barbier von Sevilla« am lieblichsten offenbart. Die Verächter italienischer Musik, die auch dieser Gattung den Stab brechen, werden einst in der Hölle ihrer wohlverdienten Strafe nicht entgehen, und sind vielleicht verdammt, die lange Ewigkeit hindurch nichts anderes zu hören, als Fugen von Sebastian Bach. Leid ist es mir um so manchen meiner Kollegen, z. B. um Rellstab, der ebenfalls dieser Verdammnis nicht entgehen wird, wenn er sich nicht vor seinem Tode zu Rossini bekehrt. Rossini, divino Maestro, Helios von Italien, der du deine klingenden Strahlen über die Welt verbreitest! verzeih meinen armen Landsleuten, die dich lästern auf Schreibpapier und auf Löschpapier! Ich aber erfreue mich deiner goldenen Töne, deiner melodischen Lichter, deiner funkelnden Schmetterlingsträume, die mich so lieblich umgaukeln, und mir das Herz küssen wie mit Lippen der Grazien! Divino Maestro, verzeih meinen armen Landsleuten, die deine Tiefe nicht sehen, weil du sie mit Rosen bedeckst, und denen du nicht gedankenschwer und gründlich genug bist, weil du so leicht flatterst, so gottbeflügelt!

– Freilich, um die heutige italienische Musik zu lieben und durch die Liebe zu verstehn, muß man das Volk selbst vor Augen haben, seinen Himmel, seinen Charakter, seine Mienen, seine Leiden, seine Freuden, kurz seine ganze Geschichte, von Romulus, der das heilige römische Reich gestiftet, bis auf die neueste Zeit, wo es zugrunde ging, unter Romulus Augustulus II. Dem armen geknechteten Italien ist ja das Sprechen verboten, und es darf nur durch Musik die Gefühle seines Herzens kundgeben. All sein Groll gegen fremde Herrschaft, seine Begeisterung für die Freiheit, sein Wahnsinn über das Gefühl der Ohnmacht, seine Wehmut bei der Erinnerung an vergangene Herrlichkeit, dabei sein leises Hoffen, sein Lauschen, sein Lechzen nach Hülfe, alles dieses verkappt sich in jene Melodien, die von grotesker Lebenstrunkenheit zu elegischer Weichheit herabgleiten, und in jene Pantomimen, die von schmeichelnden Karessen zu drohendem Ingrimm überschnappen.

Das ist der esoterische Sinn der Opera Buffa. Die exoterische Schildwache, in deren Gegenwart sie gesungen und dargestellt wird, ahnt nimmermehr die Bedeutung dieser heiteren Liebesgeschichten, Liebesnöte und Liebesneckereien, worunter der Italiener seine tödlichsten Befreiungsgedanken verbirgt, wie Harmodius und Aristogiton ihren Dolch verbargen in einem Kranze von Myrten. Das ist halt närrisches Zeug, sagt die exoterische Schildwache, und es ist gut, daß sie nichts merkt. Denn sonst würde der Impresario mitsamt der Prima Donna und dem Primo Uomo bald jene Bretter betreten, die eine Festung bedeuten; es würde eine Untersuchungskommission niedergesetzt werden, alle staatsgefährliche Triller und revolutionärrische Koloraturen kämen zu Protokoll, man würde eine Menge Arlekine, die in weiteren Verzweigungen verbrecherischer

Umtriebe verwickelt sind, auch den Tartaglia, den Brighella, sogar den alten bedächtigen Pantalon arretieren, dem Dottore von Bologna würde man die Papiere versiegeln, er selbst würde sich in noch größeren Verdacht hineinschnattern, und Columbine müßte sich, über dieses Familienunglück, die Augen rot weinen. Ich denke aber, daß solches Unglück noch nicht über diese guten Leute hereinbrechen wird, indem die italienischen Demagogen pfiffiger sind als die armen Deutschen, die, Ähnliches beabsichtigend, sich als schwarze Narren mit schwarzen Narrenkappen vermummt hatten, aber so auffallend trübselig aussahen und bei ihren gründlichen Narrensprüngen, die sie Turnen nannten, sich so gefährlich anstellten und so ernsthafte Gesichter schnitten, daß die Regierungen endlich aufmerksam werden und sie einstecken mußten.

KAPITEL XX

Die kleine Harfenistin mußte wohl bemerkt haben, daß ich, während sie sang und spielte, oft nach ihrer Busenrose hinblickte, und als ich nachher auf den zinnernen Teller, womit sie ihr Honorar einsammelte, ein Geldstück warf, das nicht allzu klein war, da lächelte sie schlau, und frug heimlich: ob ich ihre Rose haben wolle?

Nun bin ich aber der höflichste Mensch von der Welt, und um die Welt! möchte ich nicht eine Rose beleidigen, und sei es auch eine Rose, die sich schon ein bißchen verduftet hat. Und wenn sie auch nicht mehr, so dacht ich, ganz frisch riecht, und nicht mehr im Geruche der Tugend ist, wie etwa die Rose von Saron, was kümmert es mich, der ich ja doch den Stockschnupfen habe! Und nur die Menschen nehmens so genau. Der Schmetterling fragt nicht die Blume: hat schon ein anderer dich geküßt? Und diese fragt nicht: hast du schon eine andere umflattert? Dazu kam noch, daß die Nacht hereinbrach, und des Nachts, dacht ich, sind alle Blumen grau, die sündigste Rose ebenso gut wie die tugendhafteste Petersilie. Kurz und gut, ohne allzu langes Zögern sagte ich zu der kleinen Harfenistin: »Si Signora« – – –

Denk nur nichts Böses, lieber Leser. Es war dunkel geworden, und die Sterne sahen so klar und fromm herab in mein Herz. Im Herzen selbst aber zitterte die Erinnerung an die tote Maria. Ich dachte wieder an jene Nacht, als ich vor dem Bette stand, worauf der schöne, blasse Leib lag mit sanften stillen Lippen – Ich dachte wieder an den sonderbaren Blick, den mir die alte Frau zuwarf, die bei der Leiche wachen sollte und mir ihr Amt auf einige Stunden überließ – Ich dachte wieder an die Nachtviole, die im Glase auf dem Tische stand und so seltsam duftete – Auch durchschauerte mich wieder der Zweifel: ob es wirklich ein Windzug war, wovon die Lampe erlosch? Ob wirklich kein Dritter im Zimmer war?

KAPITEL XXI

Ich ging bald zu Bette, schlief bald ein und verwickelte mich in närrische Träume. Ich träumte mich nämlich wieder einige Stunden zurück, ich kam wieder an in Trient, ich staunte wieder wie vorher, und jetzt um so mehr, da lauter Blumen statt Menschen in den Straßen spazieren gingen.

Da wandelten glühende Nelken, die sich wollüstig fächerten, kokettierende Balsaminen, Hyazinthen mit hübschen leeren Glockenköpfchen, hinterher ein Troß von schnurrbärtigen Narzissen und tölpelhaften Rittersporen. An der Ecke zankten sich zwei Maßliebchen. Aus dem Fenster eines alten Hauses von krankhaftem Aussehen guckte eine gesprenkelte Levkoje, gar närrisch bunt geputzt, und hinter ihr erklang eine niedlich duftende Veilchenstimme. Auf dem Balkon des großen Palazzos am Markte war der ganze Adel versammelt, die hohe Noblesse, nämlich jene Lilien, die nicht arbeiten und nicht spinnen und sich doch ebenso prächtig dünken wie König Salomon in all seiner Herrlichkeit. Auch die dicke Obstfrau glaubte ich dort zu sehen, doch als ich genauer hinblickte, war es nur eine verwinterte Ranunkel, die gleich auf mich loskeifte: »Was wollen Sie unreife Blite? Sie saure Jurke? Sie ordinäre Blume mit man eenen Stoobfaden? Ich will Ihnen schon begießen!« Vor Angst eilte ich in den Dom, und überrannte fast ein altes hinkendes Stiefmütterchen, das sich von einem Gänseblümchen das Gebetbuch nachtragen ließ. Im Dome aber war es wieder recht angenehm; in langen Reihen saßen da Tulpen von allen Farben und bewegten andächtig die Köpfe. Im Beichtstuhl saß ein schwarzer Rettich, und vor ihm kniete eine Blume, deren Gesicht nicht zum Vorschein kam. Doch sie duftete so wohlbekannt schauerlich, daß ich seltsamerweise wieder an die Nachtviole dachte, die im Zimmer stand, wo die tote Maria lag.

Als ich wieder aus dem Dome trat, begegnete mir ein Leichenzug von lauter Rosen mit schwarzen Flören und weißen Taschentüchern, und ach! auf der Bahre lag die frühzerrissene Rose, die ich am Busen der kleinen Harfenistin kennengelernt. Sie sah jetzt noch viel anmutiger aus, aber ganz kreideblaß, eine weiße Rosenleiche. Bei einer kleinen Kapelle wurde der Sarg niedergesetzt; da gab es nichts als Weinen und Schluchzen, und endlich trat eine alte Klatschrose hervor und hielt eine lange Leichenpredigt, worin sie viel schwatzte von den Tugenden der Hingeschiedenen, von einem irdischen Katzenjammertal, von einem besseren Sein, von Liebe, Hoffnung und Glaube, alles in einem näselnd singenden Tone, eine breitgewässerte Rede, und so lang und langweilig, daß ich davon erwachte.

KAPITEL XXII

Mein Vetturin hatte früher denn Helios seine Gäule angeschirrt, und schon um Mittagszeit erreichten wir Ala. Hier pflegen die Vetturine einige Stunden zu halten, um ihre Wagen zu wechseln.

Ala ist schon ein recht italienisches Nest. Die Lage ist pittoresk, an einem Berghang, ein Fluß rauscht vorbei, heitergrüne Weinreben umranken hie und da die übereinanderstolpernden, zusammengeflickten Bettlerpaläste. An der Ecke des windschiefen Marktes, der so klein ist wie ein Hühnerhof, steht mit großmächtigen, gigantischen Buchstaben: Piazza di San Marco. Auf dem steinernen Bruchstück eines großen, altadligen Wappenschilds saß dort ein kleiner Knabe und notdürftelte. Die blanke Sonne beschien seine naive Rückseite, und in den Händen hielt er ein papiernes Heiligenbild, das er vorher inbrünstig küßte. Ein kleines, bildschönes Mädchen stand betrachtungsvoll daneben, und blies zuweilen akkompagnierend in eine hölzerne Kindertrompete.

Das Wirtshaus, wo ich einkehrte und zu Mittag speiste, war ebenfalls schon von echt italienischer Art. Oben, auf dem ersten Stockwerk, eine freie Estrade mit der Aussicht nach dem Hofe, wo zerschlagene Wagen und sehnsüchtige Misthaufen lagen, Truthähne mit närrisch roten Schnabellappen und bettelstolze Pfauen einherspazierten, und ein halb Dutzend zerlumpter, sonnverbrannter Buben sich nach der Bell- und Lancasterschen Methode lausten. Auf jener Estrade, längs dem gebrochenen Eisengeländer, gelangt man in ein weites, hallendes Zimmer. Fußboden von Marmor, in der Mitte ein breites Bett, worauf die Flöhe Hochzeit halten; überall großartiger Schmutz. Der Wirt sprang hin und her, um meine Wünsche zu vernehmen. Er trug einen hastig grünen Leibrock und ein vielfältig bewegtes Gesicht, worin eine lange höckerige Nase, mit einer haarigen roten Warze, die mitten darauf saß wie ein rotjäckiger Affe auf dem Rücken eines Kamels. Er sprang hin und her, und es war dann, als ob das rote Äffchen auf seiner Nase ebenfalls hin und her spränge. Es dauerte aber eine Stunde, ehe er das mindeste brachte, und wenn ich deshalb schalt, so beteuerte er, daß ich schon sehr gut italienisch spreche.

Ich mußte mich lange mit dem lieblichen Bratenduft begnügen, der mir entgegenwogte aus der türlosen Küche gegenüber, wo Mutter und Tochter nebeneinander saßen und sangen und Hühner rupften. Erstere war remarkabel korpulent; Brüste, die sich überreichlich hervorbäumten, die jedoch noch immer klein waren im Vergleich mit dem kolossalen Hintergestell, so daß jene erst die Institutionen zu sein schienen, dieses aber ihre erweiterte Ausführung als Pandekten. Die Tochter, eine nicht sehr große, aber stark geformte Person, schien sich ebenfalls zur Korpulenz hinzuneigen; aber ihr blühendes Fett war keineswegs mit dem alten Talg der Mutter zu vergleichen. Ihre Gesichtszüge waren nicht sanft, nicht jugendlich liebreizend, jedoch schön gemessen, edel, antik; Locken und Augen brennend schwarz. Die Mutter hingegen hatte flache, stumpfe Gesichtszüge, eine rosenrote Nase, blaue Augen, wie Veilchen in Milch gekocht, und liljenweiß gepuderte Haare. Dann und wann kam der Wirt, il Signor Padre, herangesprungen, und fragte nach irgendeinem Geschirr oder Geräte, und im Rezitativ bekam er die ruhige Weisung, es selbst zu suchen. Dann schnalzte er mit der Zunge, kramte in den Schränken, kostete aus den kochenden Töpfen, verbrannte sich das Maul und sprang wieder fort, und mit ihm sein Nasenkamel und das rote Äffchen. Hinter ihnen drein schlugen dann die lustigsten Triller, wie liebreiche Verhöhnung und Familienneckerei. Aber diese gemütliche, fast idyllische Wirtschaft unterbrach plötzlich ein Donnerwetter; ein vierschrötiger Kerl mit einem brüllenden Mordgesicht stürzte herein, und schrie etwas, das ich nicht verstand. Als beide Frauenzimmer verneinend die Köpfe schüttelten, geriet er in die tollste Wut und spie Feuer und Flamme, wie ein kleiner Vesuv, der sich ärgert. Die Wirtin schien in Angst zu geraten, und flüsterte begütigende Worte, die aber eine entgegengesetzte Wirkung hervorbrachten, so daß der rasende Mensch eine eiserne Schaufel ergriff, einige unglückliche Teller und Flaschen zerschlug, und auch die arme Frau geschlagen haben würde, hätte nicht die Tochter ein langes Küchenmesser erfaßt und ihn niederzustechen gedroht, im Fall er nicht sogleich abzöge.

Es war ein schöner Anblick, das Mädchen stand da blaßgelb und vor Zorn erstarrend, wie ein Marmorbild, die Lippen ebenfalls bleich, die Augen tief und tödlich, eine blaugeschwollene Ader quer über der Stirn, die schwarzen Locken wie flatternde Schlangen, in den Händen ihr blutiges Messer – Ich schauerte vor Lust, denn leibhaftig sah ich vor mir das Bild der Medea, wie ich es oft geträumt in meinen Jugendnächten, wenn ich entschlummert war an dem lieben Herzen Melpomenes, der finster schönen Göttin.

Während dieser Szene kam der Signor Padre nicht im mindesten aus dem Geleise, mit geschäftiger Seelenruhe raffte er die Scherben vom Boden auf, suchte die Teller zusammen, die noch am Leben geblieben, brachte mir darauf: Zuppa mit Parmesankäse, einen Braten derb und fest wie deutsche Treue, Krebse rot wie Liebe, grünen Spinat wie Hoffnung mit Eier, und zum Dessert gestovte Zwiebeln, die mir Tränen der Rührung aus den Augen lockten. »Das hat nichts zu bedeuten, das ist nun mal Pietros Methode«, sprach er, als ich verwundert nach der Küche zeigte; und wirklich, nachdem der Urheber des Zanks sich entfernt hatte, schien es, als ob dort gar nichts vorgefallen sei, Mutter und Tochter saßen wieder ruhig nach wie vor, und sangen und rupften Hühner.

Die Rechnung überzeugte mich, daß auch der Signor Padre sich aufs Rupfen verstand, und als ich ihm dennoch,

VINO

außer der Zahlung, etwas für die gute Hand gab, da nieste er so vergnügt stark, daß das Äffchen beinah von seinem Sitze herabgefallen wäre. Hierauf winkte ich freundlich hinüber nach der Küche, freundlich war der Gegengruß, bald saß ich in dem eingetauschten Wagen, fuhr rasch hinab in die lombardische Ebene, und erreichte gegen Abend die uralte, weltberühmte Stadt Verona.

KAPITEL XXIII

Die bunte Gewalt der neuen Erscheinungen bewegte mich in Trient nur dämmernd und ahndungsvoll, wie Märchenschauer; in Verona aber erfaßte sie mich wie ein mächtiger Fiebertraum voll heißer Farben, scharfbestimmter Formen, gespenstischer Trompetenklänge und fernen Waffengeräusches. Da war manch verwitterter Palast, der mich so stier ansah, als wollte er mir ein altes Geheimnis anvertrauen, und er scheute sich nur vor dem Gewühl der zudringlichen Tagesmenschen, und bäte mich, zur Nachtzeit wiederzukommen. Jedoch trotz dem Gelärm des Volkes und trotz der wilden Sonne, die ihr rotes Licht hineingoß, hat doch hie und da ein alter dunkler Turm mir ein bedeutendes Wort zugeworfen, hie und da vernahm ich das Geflüster zerbrochener Bildsäulen, und als ich gar über eine kleine Treppe ging, die nach der Piazza de' Signori führte, da erzählten mir die Steine eine furchtbar blutige Geschichte, und ich las an der Ecke die Worte: Scala Mazzanti.

Verona, die uralte, weltberühmte Stadt, gelegen auf beiden Seiten der Etsch, war immer gleichsam die erste Station für die germanischen Wandervölker, die ihre kaltnordischen Wälder verließen und über die Alpen stiegen, um sich im güldenen Sonnenschein des lieblichen Italiens zu erlustigen. Einige zogen weiter hinab, anderen gefiel es schon gut genug am Orte selbst, und sie machten es sich heimatlich bequem, und zogen seidne Hausgewänder an, und ergingen sich friedlich unter Blumen und Zypressen, bis neue Ankömmlinge, die noch ihre frischen Eisenkleider anhatten, aus dem Norden kamen und sie verdrängten, – eine Geschichte, die sich oft wiederholte, und von den Historikern die Völkerwanderung genannt wird. Wandelt man jetzt durch das Weichbild Veronas, so findet man überall die abenteuerlichen Spuren jener Tage, so wie auch die Spuren der älteren und der späteren Zeiten. An die Römer mahnt besonders das Amphitheater und der Triumphbogen; an die Zeit des Theoderichs, des Dietrichs von Bern, von dem die Deutschen noch singen und sagen, erinnern die fabelhaften Reste so mancher byzantinisch vorgotischen Bauwerke; tolle Trümmer erinnern an König Alboin und seine wütenden Longobarden; sagenreiche Denkmale mahnen an Carolum Magnum, dessen Paladine an der Pforte des Doms ebenso fränkisch roh gemeißelt sind, wie sie gewiß im Leben gewesen – es will uns bedünken, als sei die Stadt eine große Völkerherberge, und gleich wie man in Wirtshäusern seinen Namen auf Wand und Fenster zu schreiben pflegt, so habe dort jedes Volk die Spuren seiner Anwesenheit zurückgelassen, freilich oft nicht in der leserlichsten Schrift, da mancher deutsche Stamm noch nicht schreiben konnte, und sich damit behelfen mußte, zum Andenken etwas zu zertrümmern, welches auch hinreichend war, da diese Trümmer noch deutlicher sprechen, als zierliche Buchstaben. Die Barbaren, welche jetzt die alte Herberge bezogen haben, werden nicht ermangeln, eben solche Denkmäler ihrer holden Gegenwart zu hinterlassen, da es ihnen an Bildhauern und Dichtern fehlt, um sich durch mildere Mittel im Andenken der Menschen zu erhalten.

Ich blieb nur einen Tag in Verona, in beständiger Verwunderung ob des nie Gesehenen, anstarrend jetzt die altertümlichen Gebäude, dann die Menschen, die in geheimnisvoller Hast dazwischen wimmelten, und endlich wieder den gottblauen Himmel, der das seltsame Ganze wie ein kostbarer Rahmen umschloß, und dadurch gleichsam zu einem Gemälde erhob. Es ist aber eigen, wenn man in dem Gemälde, das man eben betrachtet hat, selbst steckt, und hie und da von den Figuren desselben angelächelt wird, und gar von den weiblichen, wies mir auf der Piazza delle Erbe so lieblich geschah. Das ist nämlich der Gemüsemarkt, und da gab es vollauf ergötzliche Gestalten, Frauen und Mädchen, schmachtend großäugige Gesichter, süße wöhnliche Leiber, reizend gelb, naiv schmutzig, geschaffen viel mehr für die Nacht als für den Tag. Der weiße oder schwarze Schleier, den die Stadtfrauen auf dem Haupte tragen, war so listig um den Busen geschlagen, daß er die schönen Formen mehr verriet als verbarg. Die Mägde trugen Chignons, durchstochen mit einem oder mehreren goldenen Pfeilen, auch wohl mit einem eichelköpfigen Silberstäbchen. Die Bäuerinnen hatten meist kleine, tellerartige Strohhütchen mit kokettierenden Blumen an die eine Seite des Kopfes gebunden. Die Tracht der Männer war minder abweichend von der unsrigen, und nur die ungeheuern schwarzen Backenbärte, die aus der Krawatte hervorbuschten, waren mir hier, wo ich diese Mode zuerst bemerkte, etwas auffallend.

Betrachtete man aber genauer diese Menschen, die Männer wie die Frauen, so entdeckte man, in ihren Gesichtern und in ihrem ganzen Wesen, die Spuren einer Zivilisation, die sich von der unsrigen insofern unterscheidet, daß sie nicht aus der Mittelalter-Barbarei hervorgegangen, sondern noch aus der Römerzeit herrührt, nie ganz vertilgt worden ist, und sich nur nach dem jedesmaligen Charakter der Landesherrscher modifiziert hat. Die Zivilisation hat bei diesen Menschen keine so auffallend neue Politur wie bei uns, wo die Eichenstämme erst gestern gehobelt worden sind, und alles noch nach Firnis riecht. Es scheint uns, als habe dieses Menschengewühl auf der Piazza delle Erbe im Laufe der Zeiten nur allmählich Röcke und Redensarten gewechselt, und der Geist der Gesittung habe sich dort wenig verändert. Die Gebäude aber, die diesen Platz umgeben, mögen nicht so leicht imstande gewesen sein, mit der Zeit fortzuschreiten; doch schauen sie darum nicht minder anmutig, und ihr Anblick bewegt wunderbar unsre Seele. Da stehen hohe Paläste im venezianisch-lombardischen Stil, mit unzähligen Balkonen und lachenden Freskobildern; in der Mitte erhebt sich eine einzelne Denksäule, ein Springbrunnen und eine steinerne Heilige; hier schaut man den launig rot- und weißgestreiften Podesta, der hinter einem mächtigen Pfeilertor emporragt; dort wieder erblickt man einen altviereckigen Kirchturm, woran oben der Zeiger und das Zifferblatt der Uhr zur Hälfte zerstört ist, so daß es aussieht, als wolle die Zeit sich selber vernichten – über dem ganzen Platz liegt derselbe romantische Zauber, der uns so lieblich anweht aus den phantastischen Dichtungen des Ludovico Ariosto oder des Ludovico Tieck.

Nahe bei diesem Platze steht ein Haus, das man wegen eines Hutes, der über dem inneren Tor in Stein gemeißelt ist, für den Palast der Capulets hält. Es ist jetzt eine schmutzige Kneipe für Fuhrleute und Kutscher, und als Herbergeschild hängt davor ein roter, durchlöcherter Blechhut. Unfern, in einer Kirche, zeigt man auch die

Kapelle, worin, der Sage nach, das unglückliche Liebespaar getraut worden. Ein Dichter besucht gern solche Orte, wenn er auch selbst lächelt über die Leichtgläubigkeit seines Herzens. Ich fand in dieser Kapelle ein einsames Frauenzimmer, ein kümmerlich verblichenes Wesen, das, nach langem Knien und Beten, seufzend aufstand, aus kranken, stillen Augen mich befremdet ansah, und endlich, wie mit gebrochenen Gliedern, fortschwankte.

Auch die Grabmäler der Scaliger sind unfern der Piazza delle Erbe. Sie sind so wundersam prächtig wie dieses stolze Geschlecht selbst, und es ist schade, daß sie in einem engen Winkel stehen, wo sie sich gleichsam zusammendrängen müssen, um so wenig Raum als möglich einzunehmen, und wo auch dem Beschauer nicht viel Platz bleibt, um sie ordentlich zu betrachten. Es ist, als sähen wir hier die geschichtliche Erscheinung dieses Geschlechtes vergleichnist; diese füllt ebenfalls nur einen kleinen Winkel in der allgemeinen italienischen Geschichte, aber dieser Winkel ist gedrängt voll von Tatenglanz, Gesinnungspracht und Übermutsherrlichkeit. Wie in der Geschichte, so sieht man sie auch auf ihren Monumenten, stolze, eiserne Ritter auf eisernen Rossen, vor allen herrlich Can Grande, der Oheim, und Mastino, der Neffe.

KAPITEL XXIV

Über das Amphitheater von Verona haben viele gesprochen; man hat dort Platz genug zu Betrachtungen, und es gibt keine Betrachtungen, die sich nicht in den Kreis dieses berühmten Bauwerks einfangen ließen. Es ist ganz in jenem ernsten, tatsächlichen Stil gebaut, dessen Schönheit in der vollendeten Solidität besteht und, wie alle öffentlichen Gebäude der Römer, einen Geist ausspricht, der nichts anders ist als der Geist von Rom selbst. Und Rom? Wer ist so gesund unwissend, daß nicht heimlich bei diesem Namen sein Herz erbebte, und nicht wenigstens eine traditionelle Furcht seine Denkkraft aufrüttelte? Was mich betrifft, so gestehe ich, daß mein Gefühl mehr Angst als Freude enthielt, wenn ich daran dachte, bald umherzuwandeln auf dem Boden der alten Roma. Die alte Roma ist ja jetzt tot, beschwichtigte ich die zagende Seele, und du hast die Freude, ihre schöne Leiche ganz ohne Gefahr zu betrachten. Aber dann stieg wieder das Falstaffsche Bedenken in mir auf: wenn sie aber doch nicht ganz tot wäre, und sich nur verstellt hätte, und sie stände plötzlich wieder auf – es wäre entsetzlich!

Als ich das Amphitheater besuchte, wurde just Komödie darin gespielt; eine kleine Holzbude war nämlich in der Mitte errichtet, darauf ward eine italienische Posse aufgeführt, und die Zuschauer saßen unter freiem Himmel, teils auf kleinen Stühlchen, teils auf den hohen Steinbänken des alten Amphitheaters. Da saß ich nun und sah Brighellas und Tartaglias Spiegelfechtereien auf derselben Stelle, wo der Römer einst saß und seinen Gladiatoren und Tierhetzen zusah. Der Himmel über mir, die blaue Kristallschale, war noch derselbe wie damals. Es dunkelte allmählich, die Sterne schimmerten hervor, Truffaldino lachte, Smeraldina jammerte, endlich kam Pantalone und legte ihre Hände ineinander. Das Volk klatschte Beifall und zog jubelnd von dannen. Das ganze Spiel hatte keinen Tropfen Blut gekostet. Es war aber nur ein Spiel. Die Spiele der Römer hingegen waren keine Spiele, diese Männer konnten sich nimmermehr am bloßen Schein ergötzen, es fehlte ihnen dazu die kindliche Seelenheiterkeit, und ernsthaft wie sie waren, zeigte sich auch in ihren Spielen der barste, blutigste Ernst. Sie waren keine große Menschen, aber durch ihre Stellung waren sie größer als andre Erdenkinder, denn sie standen auf Rom. Sowie sie von den sieben Hügeln herabstiegen, waren sie klein. Daher die Kleinlichkeit, die wir da entdecken, wo ihr Privatleben sich ausspricht; und Herkulanum und Pompeji, jene Palimpsesten der Natur, wo jetzt wieder der alte Steintext hervorgegraben wird, zeigen dem Reisenden das römische Privatleben in kleinen Häuschen mit winzigen Stübchen, welche so auffallend kontrastieren gegen jene kolossalen Bauwerke, die das öffentliche Leben aussprachen, jene Theater, Wasserleitungen, Brunnen, Landstraßen, Brücken, deren Ruinen noch jetzt unser Staunen erregen. Aber das ist es ja eben; wie der Grieche groß ist durch die Idee der Kunst, der Hebräer durch die Idee eines heiligsten Gottes, so sind die Römer groß durch die Idee ihrer ewigen Roma, groß überall wo sie in der Begeisterung dieser Idee gefochten, geschrieben und gebaut haben. Je größer Rom wurde, je mehr erweiterte sich diese Idee, der einzelne verlor sich darin, die Großen, die noch hervorragen, sind nur getragen von dieser Idee, und sie macht die Kleinheit der Kleinen noch bemerkbarer. Die Römer sind deshalb zugleich die größten Helden und die größten Satiriker gewesen, Helden wenn sie handelten, während sie an Rom dachten, Satiriker wenn sie an Rom dachten, während sie die Handlungen ihrer Genossen beurteilten. Gemessen mit solchem ungeheuren Maßstab der Idee Rom, mußte selbst die größte Persönlichkeit zwerghaft erscheinen und somit der Spottsucht anheimfallen. Tacitus ist der grausamste Meister in dieser Satire, eben weil er die Größe Roms und die Kleinheit der Menschen am tiefsten fühlte. Recht in seinem Elemente ist er jedesmal, wenn er berichten kann, was die maliziösen Zungen auf dem Forum über irgendeine imperiale Schandtat räsonierten; recht ingrimmig glücklich ist er, wenn er irgendeine senatorische Blamage, etwa eine verfehlte Schmeichelei, zu erzählen hat.

Ich ging noch lange umher spazieren auf den höheren Bänken des Amphitheaters, zurücksinnend in die Vergangenheit. Wie alle Gebäude im Abendlichte ihren inwohnenden Geist am anschaulichsten offenbaren, so sprachen auch diese Mauern zu mir, in ihrem fragmentarischen Lapidarstil, tiefernste Dinge; sie sprachen von den Männern des alten Roms, und mir war dabei, als sähe ich sie selber umherwandeln, weiße Schatten unter mir im dunkeln Zirkus. Mir war, als sähe ich die Gracchen mit ihren begeisterten Märtyreraugen. »Tiberius Sempronius«, rief ich hinab, »ich werde mit dir stimmen für das agrarische Gesetz!« Auch Cäsar sah ich, Arm in Arm wandelte er mit Marcus Brutus. – »Seid Ihr wieder versöhnt?« rief ich. »Wir glaubten beide recht zu haben«, lachte Cäsar zu mir herauf, »ich wußte nicht, daß es noch einen Römer gab, und hielt mich deshalb für berechtigt, Rom in die Tasche zu stecken, und weil mein Sohn Marcus eben dieser Römer war, so glaubte er sich berechtigt, mich deshalb umzubringen.« Hinter diesen beiden schlich Tiberius Nero mit Nebelbeinen und unbestimmten Mienen. Auch Weiber sah ich dort wandeln, darunter Agrippina mit ihrem schönen herrschsüchtigen Gesichte, das wundersam rührend anzusehen war, wie ein altes Marmorbild, in dessen Zügen der Schmerz wie versteinert erscheint. »Wen suchst du, Tochter des Germanicus?« Schon hörte ich sie klagen – da plötzlich erscholl das dumpfsinnige Geläute einer Betglocke und das fatale Getrommel des Zapfenstreichs. Die stolzen römischen Geister verschwanden, und ich war wieder ganz in der christlich östreichischen Gegenwart.

KAPITEL XXV

Auf dem Platze La Bra spaziert, sobald es dunkel wird, die schöne Welt von Verona, oder sitzt dort auf kleinen Stühlchen vor den Kaffeebuden, und schlürft Sorbet und Abendkühle und Musik. Da läßt sich gut sitzen, das träumende Herz wiegt sich auf süßen Tönen und erklingt im Widerhall. Manchmal, wie schlaftrunken, taumelt es auf wenn die Trompeten erschallen und es stimmt ein mit vollem Orchester. Dann ist der Geist wieder sonnig ermuntert, großblumige Gefühle und Erinnerungen mit tiefen schwarzen Augen blühen hervor, und darüber hin ziehen die Gedanken, wie Wolkenzüge, stolz und langsam und ewig. Ich wandelte noch bis spät nach Mitternacht durch die Straßen Veronas, die allmählich menschenleer wurden und wunderbar widerhallten. Im halben Mondlichte dämmerten die Gebäude und ihre Bildwerke, und bleich und schmerzhaft sah mich an manch marmornes Gesicht. Ich eilte schnell den Grabmälern der Scaliger vorüber; denn mir schien, als wolle Can Grande, artig wie er immer gegen Dichter war, von seinem Rosse herabsteigen und mich als Wegweiser begleiten. »Bleib du nur sitzen«, rief ich ihm zu, »ich bedarf deiner nicht, mein Herz ist der beste Cicerone und erzählt mir überall die Geschichten, die in den Häusern passiert sind, und bis auf Namen und Jahrzahl erzählt es sie treu genug.«

Als ich an den römischen Triumphbogen kam, huschte eben ein schwarzer Mönch hindurch, und fernher erscholl ein deutsch brummendes Werda? »Gut Freund!« greinte ein vergnügter Diskant.

Welchem Weibe aber gehörte die Stimme, die mir so süß unheimlich in die Seele drang, als ich über die Scala Mazzanti stieg? Es war Gesang wie aus der Brust einer sterbenden Nachtigall, totzärtlich, und wie hülferufend an den steinernen Häusern widerhallend. Auf dieser Stelle hatte Antonio della Scala seinen Bruder Bartolomeo umgebracht, als dieser eben zur Geliebten gehen wollte. Mein Herz sagte mir, sie säße noch immer in ihrer Kammer, und erwarte den Geliebten, und sänge nur, um ihre ahnende Angst zu überstimmen. Aber bald schienen mir Lied und Stimme so wohlbekannt, ich hatte diese seidnen, schaurigen, verblutenden Töne schon früher gehört, sie umstrickten mich wie weiche flehende Erinnerungen, und – »O du dummes Herz«, sprach ich zu mir selber, »kennst du denn nicht mehr das Lied vom kranken Mohrenkönig, das die tote Maria so oft gesungen? Und die Stimme selbst – kennst du denn nicht mehr die Stimme der toten Maria?«

Die langen Töne verfolgten mich durch alle Straßen, bis zum Gasthof Due Torre, bis ins Schlafgemach, bis in den Traum – Und da sah ich wieder mein süßes gestorbenes Leben schön und regungslos liegen, die alte Wachfrau entfernte sich wieder mit rätselhaftem Seitenblick, die Nachtviole duftete, ich küßte wieder die lieblichen Lippen, und die holde Leiche erhob sich langsam, um mir den Gegenkuß zu bieten.

Wüßte ich nur wer das Licht ausgelöscht hat.

KAPITEL XXVI

»Kennst Du das Land, wo die Zitronen blühen?«

Kennst du das Lied? Ganz Italien ist darin geschildert, aber mit den seufzenden Farben der Sehnsucht. In der »Italienischen Reise« hat es Goethe etwas ausführlicher besungen, und wo er malt, hat er das Original immer vor

Augen, und man kann sich auf die Treue der Umrisse und der Farbengebung ganz verlassen. Ich finde es daher bequem, hier ein für allemal auf Goethes »Italienische Reise« hinzudeuten, um so mehr da er, bis Verona, dieselbe Tour, durch Tirol, gemacht hat. Ich habe schon früherhin über jenes Buch gesprochen, ehe ich den Stoff, den es behandelt, gekannt habe, und ich finde jetzt mein ahnendes Urteil vollauf bestätigt. Wir schauen nämlich darin überall tatsächliche Auffassung und die Ruhe der Natur. Goethe hält ihr den Spiegel vor, oder, besser gesagt, er ist selbst der Spiegel der Natur. Die Natur wollte wissen, wie sie aussieht, und sie erschuf Goethe. Sogar die Gedanken, die Intentionen der Natur vermag er uns widerzuspiegeln, und es ist einem hitzigen Goethianer, zumal in den Hundstagen, nicht zu verargen, wenn er über die Identität der Spiegelbilder mit den Objekten selbst so sehr erstaunt, daß er dem Spiegel sogar Schöpfungskraft, die Kraft, ähnliche Objekte zu erschaffen, zutraut. Ein Herr Eckermann hat mal ein Buch über Goethe geschrieben, worin er ganz ernsthaft versichert: hätte der liebe Gott bei Erschaffung der Welt zu Goethe gesagt: »Lieber Goethe, ich bin jetzt gottlob fertig, ich habe jetzt alles erschaffen, bis auf die Vögel und die Bäume, und du tätest mir eine Liebe, wenn du statt meiner diese Bagatellen noch erschaffen wolltest« – so würde Goethe, ebenso gut wie der liebe Gott, diese Tiere und Gewächse ganz im Geiste der übrigen Schöpfung, nämlich die Vögel mit Federn, und die Bäume grün erschaffen haben. Es liegt Wahrheit in diesen Worten, und ich bin sogar der Meinung, daß Goethe manchmal seine Sache noch besser gemacht hätte, als der liebe Gott selbst, und daß er z. B. den Herrn Eckermann viel richtiger, ebenfalls mit Federn und grün erschaffen hätte. Es ist wirklich ein Schöpfungsfehler, daß auf dem Kopfe des

Herrn Eckermann keine grüne Federn wachsen, und Goethe hat diesem Mangel wenigstens dadurch abzuhelfen gesucht, daß er ihm einen Doktorhut aus Jena verschrieben und eigenhändig aufgesetzt hat.

Nächst Goethes »Italienischer Reise« ist Frau von Morgans »Italien« und Frau von Staëls »Corinna« zu empfehlen. Was diesen Frauen an Talent fehlt, um neben Goethe nicht unbedeutend zu erscheinen, das ersetzen sie durch männliche Gesinnungen, die jenem mangeln. Denn Frau v. Morgan hat wie ein Mann gesprochen, sie sprach Skorpionen in die Herzen frecher Söldner, und mutig und süß waren die Triller dieser flatternden Nachtigall der Freiheit. Ebenso, wie männiglich bekannt ist, war Frau v. Staël eine liebenswürdige Marketenderin im Heer der Liberalen, und lief mutig durch die Reihen der Kämpfenden mit ihrem Enthusiasmusfäßchen, und stärkte die Müden, und focht selber mit, besser als die Besten.

Was überhaupt italienische Reisebeschreibungen betrifft, so hat W. Müller vor geraumer Zeit im »Hermes« eine Übersicht derselben gegeben. Ihre Zahl ist Legion. Unter den ältern deutschen Schriftstellern in diesem Fache sind, durch Geist oder Eigentümlichkeit, am ausgezeichnetsten: Moritz, Archenholz, Bartels, der brave Seume, Arndt, Meyer, Benkowitz und Rehfus. Die neueren kenne ich weniger, und nur wenige davon haben mir Vergnügen und Belehrung gewährt. Unter diesen nenne ich des allzu früh verstorbenen W. Müllers »Rom, Römer und Römerinnen« – ach, er war ein deutscher Dichter! – dann die Reise von Kephalides, die ein bißchen trocken ist, ferner Leßmanns »Cisalpinische Blätter«, die etwas zu flüssig sind, und endlich die »Reisen in Italien seit 1822, von Friedrich Thiersch, Lud. Schorn, Eduard Gerhardt und Leo v. Klenze«; von diesem Werke ist erst ein Teil erschienen, und er enthält meistens Mitteilungen von meinem lieben, edlen Thiersch, dessen humanes Auge aus jeder Zeile hervorblickt.

KAPITEL XXVII

Kennst Du das Land, wo die Zitronen blühn?
Im dunkeln Laub die Goldorangen glühn,
Ein sanfter Wind vom blauen Himmel weht,
Die Myrte still und hoch der Lorbeer steht,
Kennst Du es wohl?
                    Dahin! dahin
Möcht ich mit Dir, o mein Geliebter, ziehn.

– Aber reise nur nicht im Anfang August, wo man des Tags von der Sonne gebraten, und des Nachts von den Flöhen verzehrt wird. Auch rate ich dir, mein lieber Leser, von Verona nach Mailand nicht mit dem Postwagen zu fahren.

Ich fuhr, in Gesellschaft von sechs Banditen, in einer schwerfälligen Carrozza, die, wegen des allzugewaltigen Staubes, von allen Seiten so sorgfältig verschlossen wurde, daß ich von der Schönheit der Gegend wenig bemerken konnte. Nur zweimal, ehe wir Brescia erreichten, lüftete mein Nachbar das Seitenleder, um hinauszuspucken. Das eine Mal sah ich nichts als einige schwitzende Tannen, die in ihren grünen Winterröcken von der schwülen Sonnenhitze sehr zu leiden schienen; das andere Mal sah ich ein Stück von einem wunderklaren blauen See, worin die Sonne und ein magerer Grenadier sich spiegelten. Letzterer, ein östreichischer Narziß, bewunderte mit kindischer Freude, wie sein Spiegelbild ihm alles getreu nachmachte, wenn er das Gewehr präsentierte oder schulterte, oder zum Schießen auslegte.

Von Brescia selbst weiß ich ebenfalls wenig zu erzählen, indem ich die Zeit meines dortigen Aufenthalts dazu benutzte, ein gutes Pranzo einzunehmen. Man kann es einem armen Reisenden nicht verdenken, wenn er den Hunger des Leibes früher stillt als den des Geistes. Doch war ich gewissenhaft genug, ehe ich wieder in den Wagen stieg, einige Notizen über Brescia vom Cameriere zu erfragen; und da erfuhr ich unter anderen: die Stadt habe 40 000 Einwohner, ein Rathaus, 21 Kaffeehäuser, 20 katholische Kirchen, ein Tollhaus, eine Synagoge, eine Menagerie, ein Zuchthaus, ein Krankenhaus, ein ebenso gutes Theater und einen Galgen für Diebe, die unter 100 000 Taler stehlen.

Um Mitternacht arrivierte ich in Mailand, und kehrte ein bei Herrn Reichmann, einem Deutschen, der sein Hotel ganz nach deutscher Weise eingerichtet. Es sei das beste Wirtshaus in ganz Italien, sagten mir einige Bekannte, die ich dort wiederfand, und die über italienische Gastwirte und Flöhe sehr schlecht zu sprechen waren. Da hörte ich nichts als ärgerliche Histörchen von italienischen Prellereien, und besonders Sir William fluchte und versicherte: wenn Europa der Kopf der Welt sei, so sei Italien das Diebesorgan dieses Kopfes. Der arme Baronet hat in der Locanda Croce bianca zu Padua nicht weniger als zwölf Francs für ein mageres Frühstück bezahlen müssen, und zu Vicenza hat ihm jemand ein Trinkgeld abgefordert, als er ihm einen Handschuh aufhob, den er beim Einsteigen in den Wagen fallen lassen. Sein Vetter Tom sagte: alle Italiener seien Spitzbuben bis auf den einzigen Umstand, daß sie nicht stehlen. Hätte er liebenswürdiger ausgesehen, so würde er auch die Bemerkung gemacht haben, daß alle

Italienerinnen Spitzbübinnen sind. Der Dritte im Bunde war ein Mister Liver, den ich in Brighton als ein junges Kalb verlassen hatte, und jetzt in Mailand als einen bœuf à la mode wiederfand. Er war ganz als Dandy gekleidet, und ich habe nie einen Menschen gesehen, der es besser verstanden hätte, mit seiner Figur lauter Ecken hervorzubringen. Wenn er die Daumen in die Ärmelausschnitte der Weste einkrempte, machte er auch mit der Handwurzel und mit jedem Finger einige Ecken; ja sein Maul war sogar viereckig aufgesperrt. Dazu kommt ein eckiger Kopf, hinten schmal, oben spitz, mit kurzer Stirn und sehr langem Kinn. Unter den englischen Bekannten, die ich in Mailand wiedersah, war auch Livers dicke Tante; gleich einer Fettlawine war sie von den Alpen herabgekommen, in Gesellschaft zweier schneeweißen, schneekalten Schneegänschen, Miß Polly und Miß Molly.

Beschuldige mich nicht der Anglomanie, lieber Leser, wenn ich in diesem Buche sehr häufig von Engländern spreche; sie sind jetzt in Italien zu zahlreich, um sie übersehen zu können, sie durchziehen dieses Land in ganzen Schwärmen, lagern in allen Wirtshäusern, laufen überall umher, um alles zu sehen, und man kann sich keinen italienischen Zitronenbaum mehr denken, ohne eine Engländerin, die daran riecht, und keine Galerie ohne ein Schock Engländer, die, mit ihrem Guide in der Hand, darin umherrennen, und nachsehen, ob noch alles vorhanden, was in dem Buche als merkwürdig erwähnt ist. Wenn man jenes blonde, rotbäckige Volk mit seinen blanken Kutschen, bunten Lakaien, wiehernden Rennpferden, grünverschleierten Kammerjungfern und sonstig kostbaren Geschirren, neugierig und geputzt, über die Alpen ziehen und Italien durchwandern sieht, glaubt man eine elegante Völkerwanderung zu sehen. Und in der Tat, der

Sohn Albions, obgleich er weiße Wäsche trägt und alles bar bezahlt, ist doch ein zivilisierter Barbar, in Vergleichung mit dem Italiener, der vielmehr eine in Barbarei übergehende Zivilisation bekundet. Jener zeigt in seinen Sitten eine zurückgehaltene Roheit, dieser eine ausgelassene Feinheit. Und gar die blassen italienischen Gesichter, in den Augen das leidende Weiß, die Lippen krankhaft zärtlich, wie heimlich vornehm sind sie gegen die steif britischen Gesichter, mit ihrer pöbelhaft roten Gesundheit! Das ganze italienische Volk ist innerlich krank, und kranke Menschen sind immer wahrhaft vornehmer als gesunde; denn nur der kranke Mensch ist ein Mensch, seine Glieder haben eine Leidensgeschichte, sie sind durchgeistet. Ich glaube sogar, durch Leidenskämpfe könnten die Tiere zu Menschen werden; ich habe mal einen sterbenden Hund gesehen, der in seinen Todesqualen mich fast menschlich ansah.

Der leidende Gesichtsausdruck wird bei den Italienern am sichtbarsten, wenn man mit ihnen vom Unglück ihres Vaterlandes spricht, und dazu gibts in Mailand genug Gelegenheit. Das ist die schmerzlichste Wunde in der Brust der Italiener, und sie zucken zusammen, sobald man diese nur leise berührt. Sie haben alsdann eine Bewegung der Achsel, die uns mit sonderbarem Mitleid erfüllt. Einer meiner Briten hielt die Italiener für politisch indifferent, weil sie gleichgültig zuzuhören schienen, wenn wir Fremde über die katholische Emanzipation und den Türkenkrieg politisierten; und er war ungerecht genug, gegen einen blassen Italiener mit pechschwarzem Barte sich darüber spöttisch zu äußern. Wir hatten den Abend vorher eine neue Oper in der Scala aufführen sehen, und den Mordspektakel gehört, der, wie gebräuchlich, bei solchen Anlässen stattfindet. »Ihr Italiener«, sagte der Brite zu dem

Blassen, »scheint für alles abgestorben zu sein, außer für Musik, und nur noch diese vermag Euch zu begeistern.« »Sie tun uns Unrecht«, sagte der Blasse und bewegte die Achsel. »Ach!« seufzte er hinzu, »Italien sitzt elegisch träumend auf seinen Ruinen, und wenn es dann manchmal bei der Melodie irgendeines Liedes plötzlich erwacht und stürmisch emporspringt, so gilt diese Begeisterung nicht dem Liede selbst, sondern vielmehr den alten Erinnerungen und Gefühlen, die das Lied ebenfalls geweckt hat, die Italien immer im Herzen trug, und die jetzt gewaltig hervorbrausen, – und das ist die Bedeutung des tollen Lärms, den Sie in der Scala gehört haben.«

Vielleicht gewährt dieses Bekenntnis auch einigen Aufschluß über den Enthusiasmus, den jenseits der Alpen Rossinis oder Meyerbeers Opern überall hervorbringen. Habe ich jemals menschliche Raserei gesehen, so war es bei einer Aufführung des »Crociato in Egitto«, wenn die Musik manchmal aus dem weichen, wehmütigen Ton plötzlich in jauchzenden Schmerz übersprang. Jene Raserei heißt in Italien: furore.

KAPITEL XXVIII

Obgleich ich, lieber Leser, jetzt schon Gelegenheit hätte, bei Erwähnung der Brera und Ambrosiana Dir meine Kunsturteile aufzutischen, so will ich doch diesen Kelch an Dir vorübergehen lassen, und mich mit der Bemerkung begnügen, daß ich das spitze Kinn, das den Bildern der lombardischen Schule einen Anstrich von Sentimentalität gibt, auch auf den Straßen von Mailand bei mancher schönen Lombardin gesehen habe. Es war mir immer außerordentlich belehrend, wenn ich mit den Werken einer Schule auch die Originale vergleichen konnte, die ihr als Modelle gedient haben; der Charakter der Schule kam mir dann klarer zur Anschauung. So ist mir auf dem Jahrmarkt zu Rotterdam der Jan Steen in seiner göttlichsten Heiterkeit plötzlich verständlich geworden; so habe ich späterhin am Long-Arno die Formenwahrheit und den tüchtigen Geist der Florentiner, und auf dem San Marco

die Farbenwahrheit und die träumerische Oberflächlichkeit der Venezianer begreifen lernen. Geh nach Rom, liebe Seele, und vielleicht schwingst Du Dich dort hinauf zur Anschauung der Idealität und zum Verständnis des Raphael.

Indessen eine Merkwürdigkeit Mailands, die in jeder Hinsicht die größte ist, kann ich nicht unerwähnt lassen – Das ist der Dom.

In der Ferne scheint es, als sei er aus weißem Postpapier geschnitzelt, und in der Nähe erschrickt man, daß dieses Schnitzwerk aus unwiderlegbarem Marmor besteht. Die unzähligen Heiligenbilder, die das ganze Gebäude bedecken, die überall unter den gotischen Krondächlein hervorgucken, und oben auf allen Spitzen gepflanzt stehen, dieses steinerne Volk verwirrt einem fast die Sinne. Betrachtet man das ganze Werk etwas länger, so findet man es doch recht hübsch, kolossal niedlich, ein Spielzeug für Riesenkinder. Im mitternächtlichen Mondschein gewährt es noch den besten Anblick, dann kommen all die weißen Steinmenschen aus ihrer wimmelnden Höhe herabgestiegen, und gehen mit einem über die Piazza, und flüstern einem alte Geschichten ins Ohr, putzig heilige, ganz geheime Geschichten von Galeazzo Visconti, der den Dombau begonnen, und von Napoleon Bonaparte, der ihn späterhin fortgesetzt.

»Siehst du« – sagte mir ein gar seltsamer Heiliger, der in der neuesten Zeit aus dem neuesten Marmor verfertigt war – »siehst du, meine älteren Kameraden können nicht begreifen, warum der Kaiser Napoleon den Dombau so eifrig betrieben hat. Aber ich weiß es sehr gut, er hat eingesehen, daß dieses große Steinhaus auf jeden Fall ein sehr nützliches Gebäude sein würde, und auch dann noch brauchbar, wenn einst das Christentum vorüber ist.«

Wenn einst das Christentum vorüber ist – Ich war schier erschrocken, als ich hörte, daß es Heilige in Italien gibt, die eine solche Sprache führen, und dazu auf einem Platze, wo östreichische Schildwachen, mit Bärenmützen und Tornistern, auf- und abgehen. Indessen der steinerne Kauz hat gewissermaßen recht, das Innere des Domes ist hübsch kühl im Sommer, und heiter und angenehm, und würde auch bei veränderter Bestimmung seinen Wert behalten.

Die Vollendung des Domes war einer von Napoleons Lieblingsgedanken, und er war nicht weit vom Ziele entfernt, als seine Herrschaft gebrochen wurde. Die Östreicher vollenden jetzt das Werk. Auch an dem berühmten

Triumphbogen, der die Simplonstraße beschließen sollte, wird weitergebaut. Freilich, Napoleons Standbild wird nicht, wie früher bestimmt war, auf die Spitze jenes Bogens gestellt werden. Immerhin, der große Kaiser hat ein Standbild hinterlassen, das viel besser ist und dauerhafter als Marmor, und das kein Östreicher unseren Blicken entziehen kann. Wenn wir anderen längst von der Sense der Zeit niedergemäht und wie Spreu des Feldes verweht sein werden, wird jenes Standbild noch unversehrt dastehen; neue Geschlechter werden aus der Erde hervorwachsen, werden schwindelnd an jenes Bild hinaufsehen und sich wieder in die Erde legen; – und die Zeit, unfähig solch Bild zu zerstören, wird es in sagenhafte Nebel zu hüllen suchen, und seine ungeheure Geschichte wird endlich ein Mythos.

Vielleicht, nach Jahrtausenden, wird ein spitzfindiger Schulmeister, in einer grundgelehrten Dissertation, unumstößlich beweisen: daß der Napoleon Bonaparte ganz identisch sei mit jenem andern Titane, der den Göttern das Licht raubte und für dieses Vergehen auf einem einsamen Felsen, mitten im Meere, angeschmiedet wurde, preisgegeben einem Geier, der täglich sein Herz zerfleischte.

KAPITEL XXIX

Ich bitte Dich, lieber Leser, halte mich nicht für einen unbedingten Bonapartisten; meine Huldigung gilt nicht den Handlungen, sondern nur dem Genius des Mannes. Unbedingt liebe ich ihn nur bis zum achtzehnten Brumaire – da verriet er die Freiheit. Und er tat es nicht aus Notwendigkeit, sondern aus geheimer Vorliebe für Aristokratismus. Napoleon Bonaparte war ein Aristokrat, ein adeliger Feind der bürgerlichen Gleichheit, und es war ein kolossales Mißverständnis, daß die europäische Aristokratie, repräsentiert von England, ihn so todfeindlich bekriegte; denn wenn er auch in dem Personal dieser Aristokratie einige Veränderungen vorzunehmen beabsichtigte, so hätte er doch den größten Teil derselben und ihr eigentliches Prinzip erhalten, er würde diese Aristokratie regeneriert haben, statt daß sie jetzt darniederliegt durch Altersschwäche, Blutverlust und Ermüdung von ihrem letzten, gewiß allerletzten Sieg.

Lieber Leser! wir wollen uns hier ein für allemal verständigen. Ich preise nie die Tat, sondern nur den menschlichen Geist, die Tat ist nur dessen Gewand, und die Geschichte ist nichts anders als die alte Garderobe des menschlichen Geistes. Doch die Liebe liebt zuweilen alte Röcke, und so liebe ich den Mantel von Marengo.

»Wir sind auf dem Schlachtfelde von Marengo.« Wie lachte mein Herz, als der Postillon diese Worte sprach! Ich war in Gesellschaft eines sehr artigen Livländers, der vielmehr den Russen spielte, des Abends von Mailand abgereist, und sah des folgenden Morgens die Sonne aufgehn über das berühmte Schlachtfeld.

Hier tat der General Bonaparte einen so starken Zug aus dem Kelch des Ruhmes, daß er im Rausche Konsul, Kaiser, Welteroberer wurde und sich erst zu St. Helena ernüchtern konnte. Es ist uns selbst nicht viel besser ergangen; wir waren mitberauscht, wir haben alles mitgeträumt, sind ebenfalls erwacht, und im Jammer der Nüchternheit machen wir allerlei verständige Reflexionen. Es will uns da manchmal bedünken, als sei der Kriegsruhm ein veraltetes Vergnügen, die Kriege bekämen eine edlere Bedeutung, und Napoleon sei vielleicht der letzte Eroberer.

Es hat wirklich den Anschein, als ob jetzt mehr geistige Interessen verfochten würden als materielle, und als ob die

Welthistorie nicht mehr eine Räubergeschichte, sondern eine Geistergeschichte sein solle. Der Haupthebel, den ehrgeizige und habsüchtige Fürsten zu ihren Privatzwecken sonst so wirksam in Bewegung zu setzen wußten, nämlich die Nationalität mit ihrer Eitelkeit und ihrem Haß, ist jetzt morsch und abgenutzt; täglich verschwinden mehr und mehr die törichten Nationalvorurteile, alle schroffen Besonderheiten gehen unter in der Allgemeinheit der europäischen Zivilisation, es gibt jetzt in Europa keine Nationen mehr, sondern nur Parteien, und es ist ein wundersamer Anblick, wie diese trotz der mannigfaltigsten Farben sich sehr gut erkennen, und trotz der vielen Sprachverschiedenheiten sich sehr gut verstehen. Wie es eine materielle Staatenpolitik gibt, so gibt es jetzt auch eine geistige Parteipolitik; und wie die Staatenpolitik auch den kleinsten Krieg, der zwischen den zwei unbedeutendsten Mächten ausbräche, gleich zu einem allgemeinen europäischen Krieg machen würde, worin sich alle Staaten, mit mehr oder minderem Eifer, auf jeden Fall mit Interesse, mischen müßten: so kann jetzt in der Welt auch nicht der geringste Kampf vorfallen, bei dem, durch jene Parteipolitik, die allgemein geistigen Bedeutungen nicht sogleich erkannt, und die entferntesten und heterogensten Parteien nicht gezwungen würden, pro oder contra Anteil zu nehmen. Vermöge dieser Parteipolitik, die ich, weil ihre Interessen geistiger und ihre ultimae rationes nicht von Metall sind, eine Geisterpolitik nenne, bilden sich jetzt, ebenso wie vermittelst der Staatenpolitik, zwei große Massen, die feindselig einander gegenüberstehen und mit Reden und Blicken kämpfen. Die Losungsworte und Repräsentanten dieser zwei großen Parteimassen wechseln täglich, es fehlt nicht an Verwirrung, oft entstehen die größten Mißverständnisse, diese werden durch die Diplomaten dieser Geisterpolitik, die Schriftsteller, eher vermehrt als vermindert; doch, wenn auch die Köpfe irren, so fühlen die Gemüter nichtsdestoweniger, was sie wollen, und die Zeit drängt mit ihrer großen Aufgabe.

Was ist aber diese große Aufgabe unserer Zeit?

Es ist die Emanzipation. Nicht bloß die der Irländer, Griechen, Frankfurter Juden, westindischen Schwarzen und dergleichen gedrückten Volkes, sondern es ist die Emanzipation der ganzen Welt, absonderlich Europas, das mündig geworden ist, und sich jetzt losreißt von dem eisernen Gängelbande der Bevorrechteten, der Aristokratie. Mögen immerhin einige philosophische Renegaten der Freiheit die feinsten Kettenschlüsse schmieden, um uns zu beweisen, daß Millionen Menschen geschaffen sind als Lasttiere einiger tausend privilegierter Ritter; sie werden uns dennoch nicht davon überzeugen können, solange sie uns, wie Voltaire sagt, nicht nachweisen, daß jene mit Sätteln auf dem Rücken und diese mit Sporen an den Füßen zur Welt gekommen sind.

Jede Zeit hat ihre Aufgabe und durch die Lösung derselben rückt die Menschheit weiter. Die frühere Ungleichheit, durch das Feudalsystem in Europa gestiftet, war vielleicht notwendig, oder notwendige Bedingung zu den Fortschritten der Zivilisation; jetzt aber hemmt sie diese, empört sie die zivilisierten Herzen. Die Franzosen, das Volk der Gesellschaft, hat diese Ungleichheit, die mit dem Prinzip der Gesellschaft am unleidlichsten kollidiert, notwendigerweise am tiefsten erbittert, sie haben die Gleichheit zu erzwingen gesucht, indem sie die Häupter derjenigen, die duchaus hervorragen wollten, gelinde abschnitten, und die Revolution ward ein Signal für den Befreiungskrieg der Menschheit.

Laßt uns die Franzosen preisen! sie sorgten für die zwei größten Bedürfnisse der menschlichen Gesellschaft, für gutes Essen und bürgerliche Gleichheit; in der Kochkunst und in der Freiheit haben sie die größten Fortschritte gemacht, und wenn wir einst alle, als gleiche Gäste, das große Versöhnungsmahl halten, und guter Dinge sind, – denn was gäbe es Besseres als eine Gesellschaft von Pairs an einem gutbesetzten Tische? – dann wollen wir den Franzosen den ersten Toast darbringen. Es wird freilich noch einige Zeit dauern, bis dieses Fest gefeiert werden kann, bis die Emanzipation durchgesetzt sein wird; aber sie wird doch endlich kommen, diese Zeit, wir werden, versöhnt und allgleich, um denselben Tisch sitzen; wir sind dann vereinigt, und kämpfen vereinigt gegen andere Weltübel, vielleicht am Ende gar gegen den Tod – dessen ernstes Gleichheitssystem uns wenigstens nicht so sehr beleidigt, wie die lachende Ungleichheitslehre des Aristokratismus.

Lächle nicht, später Leser. Jede Zeit glaubt, ihr Kampf sei vor allen der wichtigste, dieses ist der eigentliche Glaube der Zeit, in diesem lebt sie und stirbt sie, und auch wir wollen leben und sterben in dieser Freiheitsreligion, die vielleicht mehr den Namen Religion verdient, als das hohle ausgestorbene Seelengespenst, das wir noch so zu benennen pflegen – unser heiliger Kampf dünkt uns der wichtigste, wofür jemals auf dieser Erde gekämpft worden, obgleich historische Ahnung uns sagt, daß einst unsre Enkel auf diesen Kampf herabsehen werden, vielleicht mit demselben Gleichgültigkeitsgefühl, womit wir herabsehen auf den Kampf der ersten Menschen, die gegen ebenso gierige Ungetüme, Lindwürmer und Raubriesen, zu kämpfen hatten.

KAPITEL XXX

Auf dem Schlachfelde von Marengo kommen einem die Betrachtungen so scharenweis angeflogen, daß man glauben sollte, es wären dieselben, die dort so mancher plötzlich aufgeben mußte, und die nun, wie herrenlose Hunde, umherirren. Ich liebe Schlachtfelder, denn so furchtbar auch der Krieg ist, so bekundet er doch die geistige Größe des Menschen, der seinem mächtigsten Erbfeinde, dem Tode, zu trotzen vermag. Und gar dieses Schlachtfeld wo die Freiheit auf Blutrosen tanzte, den üppigen Brauttanz! Frankreich war damals Bräutigam, hatte die ganze Welt zur Hochzeit geladen, und, wie es im Liede heißt,

Heida! am Polterabend,
Zerschlug man statt der Töpfe
Aristokratenköpfe.

Aber ach! jeder Zoll, den die Menschheit weiterrückt, kostet Ströme Blutes; und ist das nicht etwas zu teuer? Ist das Leben des Individuums nicht vielleicht ebenso viel wert wie das des ganzen Geschlechtes? Denn jeder einzelne

Mensch ist schon eine Welt, die mit ihm geboren wird und mit ihm stirbt, unter jedem Grabstein liegt eine Weltgeschichte – Still davon, so würden die Toten sprechen, die hier gefallen sind, wir aber leben und wollen weiterkämpfen im heiligen Befreiungskriege der Menschheit.

»Wer denkt jetzt noch an Marengo!« – sagte mein Reisegefährte, der livländische Russe, als wir über das Brachfeld fuhren – »jetzt sind alle Augen gerichtet nach dem Balkan, wo mein Landsmann Diebitsch den Türken die Turbane zurechtsetzt, und wir werden noch dieses Jahr Konstantinopel einnehmen. Sind Sie gut russisch?«

Das war eine Frage, die ich überall lieber beantwortet hätte als auf dem Schlachtfeld von Marengo – Ich sah im Morgennebel den Mann mit dem dreieckigen Hütchen und dem grauen Schlachtmantel, er jagte dahin wie ein Gedanke, geisterschnell, in der Ferne erscholl es wie ein schaurig süßes »Allons enfans de la patrie« – Und dennoch antwortete ich: »Ja, ich bin gut russisch.«

Und in der Tat, bei dem wunderlichen Wechsel der Losungsworte und Repräsentanten in dem großen Kampfe, hat es sich jetzt so gefügt, daß der glühendste Freund der Revolution nur im Siege Rußlands das Heil der Welt sieht, und den Kaiser Nikolas als den Gonfaloniere der Freiheit betrachten muß. Seltsamer Wechsel! noch vor zwei Jahren bekleideten wir mit diesem Amte einen englischen Minister, das Geheul des hochtoryschen Hasses gegen George Canning leitete damals unsere Wahl, in den adlig unedlen Kränkungen, die er erlitt, sahen wir die Garantien seiner Treue, und als er des Märtyrertodes starb, da legten wir Trauer an, und der achte August wurde ein heiliger Tag im Kalender der Freiheit. Die Fahne aber nahmen wir wieder fort von Downingstreet, und pflanzten sie auf die Petersburg, und wählten zu ihrem Träger den

Kaiser Nikolas, den Ritter von Europa, der die griechischen Witwen und Waisen schützte gegen asiatische Barbaren, und in solchem guten Kampfe seine Sporen verdiente. Wieder hatten sich die Feinde der Freiheit zu sehr verraten, und wir benutzten wieder den Scharfsinn ihres Hasses, um unser eignes Beste zu erkennen. Wieder zeigte sich diesmal die gewöhnliche Erscheinung, daß wir unsre Repräsentanten vielmehr der Stimmenmehrheit unserer Feinde als der eignen Wahl verdanken, und indem wir die wunderlich zusammengesetzte Gemeinde betrachteten, die für das Heil der Türkei und den Untergang Rußlands ihre frommen Wünsche gen Himmel sandte, so merkten wir bald, wer unser Freund oder vielmehr der Schrecken unserer Feinde ist. Wie mußte der liebe Gott im Himmel lachen, als er zu gleicher Zeit Wellington, den Großmufti, den Papst, Rothschild I., Metternich, und einen ganzen Troß von Ritterlingen, Stockjobbern, Pfaffen und Türken, für dieselbe Sache, für das Heil des Halbmonds, beten hörte!

Was die Alarmisten bisher über die Gefahr gefabelt, der wir durch die Übergröße Rußlands ausgesetzt sind, ist töricht. Wenigstens wir Deutsche haben nichts zu riskieren, etwas mehr oder weniger Knechtlichkeit, darauf darf es uns nicht ankommen, wo das Höchste, die Befreiung von den Resten des Feudalismus und Klerikalismus, zu gewinnen ist. Man droht uns mit der Herrschaft der Knute, aber ich will gern etwas Knute aushalten, wenn ich sicher weiß, daß unsre Feinde sie mitbekommen. Ich wette aber, sie werden, wie sie immer getan, der neuen Macht entgegenwedeln, und graziöse lächeln, und zu den schandbarsten Diensten sich darbieten, und sich dafür, da doch einmal geknutet werden muß, das Privilegium einer Ehrenknute ausbedingen, so wie der Adlige in Siam, der, wenn er bestraft werden soll, in einen seidenen Sack gesteckt und mit parfümierten Stöcken geprügelt wird, statt daß der straffällige Bürgerliche nur einen leinenen Sack und keine so wohlriechende Prügel bekömmt. Nun, dieses Privilegium, da es das einzige ist, wollen wir ihnen gönnen, wenn sie nur Prügel bekommen, besonders die englische Nobility. Mag man noch so eifrig erinnern, daß es eben diese Nobility sei, die dem Despotismus die Magna Charta abgezwungen, und daß England, bei aller Aufrechterhaltung der bürgerlichen Standesungleichheit, doch die persönliche Freiheit gesichert, daß England der Zufluchtsort für freie Geister war, wenn der Despotismus den ganzen Kontinent unterdrückte; – das sind tempi passati! England mit seinen Aristokraten gehe jetzt immerhin zu Grunde, freie Geister haben jetzt im Notfall einen noch bessern Zufluchtsort; würde auch ganz Europa ein einziger Kerker, so gäbe es jetzt noch immer ein anderes Loch zum Entschlüpfen, das ist Amerika, und gottlob! das Loch ist noch größer als der Kerker selbst.

Aber das sind alles lächerliche Grillen; vergleicht man in freiheitlicher Hinsicht England mit Rußland, so bleibt auch dem Besorglichsten kein Zweifel übrig, welche Partei zu erfassen sei. Die Freiheit ist in England aus historischen Begebenheiten, in Rußland aus Prinzipien hervorgegangen. Wie jene Begebenheiten selbst, so tragen auch ihre geistigen Resultate das Gepräge des Mittelalters, ganz England ist erstarrt in unverjüngbaren mittelalterlichen Institutionen, wohinter sich die Aristokratie verschanzt und den Todeskampf erwartet. Jene Prinzipien aber, woraus die russische Freiheit entstanden ist, oder vielmehr täglich sich weiter entfaltet, sind die liberalen Ideen unserer neuesten Zeit; die russische Regierung ist durchdrungen von diesen Ideen, ihr unumschränkter Absolutismus ist vielmehr Diktatur, um jene Ideen unmittelbar ins Leben treten zu lassen; diese Regierung hat nicht ihre Wurzel im Feudalismus und Klerikalismus, sie ist der Adel- und Kirchengewalt direkt entgegenstrebend; schon Katharina hat die Kirche eingeschränkt und der russische Adel entsteht durch Staatsdienste; Rußland ist ein demokratischer Staat, ich möchte es sogar einen christlichen Staat nennen, wenn ich dieses oft mißbrauchte Wort in seinem süßesten, weltbürgerlichsten Sinne anwenden wollte: denn die Russen werden schon durch den Umfang ihres Reichs von der Engherzigkeit eines heidnischen Nationalsinnes befreit, sie sind Kosmopoliten, oder wenigstens Sechstel-Kosmopoliten, da Rußland fast den sechsten Teil der bewohnten Welt ausmacht –

Und wahrlich, wenn irgendein Deutschrusse, wie mein livländischer Reisegefährte, prahlerisch patriotisch tut, und von unserem Rußland und unserem Diebitsch spricht, so ist mir, als hörte ich einen Hering, der das Weltmeer für sein Vaterland und den Walfisch für seinen Landsmann ausgibt.

KAPITEL XXXI

»Ich bin gut russisch« – sagte ich auf dem Schlachtfelde von Marengo, und stieg für einige Minuten aus dem Wagen, um meine Morgenandacht zu halten.

Wie unter einem Triumphbogen von kolossalen Wolkenmassen zog die Sonne herauf, siegreich, heiter, sicher, einen schönen Tag verheißend. Mir aber war zu Mute wie dem armen Monde, der verbleichend noch am Himmel stand. Er hatte seine einsame Laufbahn durchwandelt in öder Nachtzeit, wo das Glück schlief und nur Gespenster,

Eulen und Sünder ihr Wesen trieben; und jetzt, wo der junge Tag hervorstieg, mit jubelnden Strahlen und flatterndem Morgenrot, jetzt mußte er von dannen – noch ein wehmütiger Blick nach dem großen Weltlicht, und er verschwand wie duftiger Nebel.

»Es wird ein schöner Tag werden!« rief mein Reisegefährte aus dem Wagen mir zu. Ja, es wird ein schöner Tag werden, wiederholte leise mein betendes Herz, und zitterte vor Wehmut und Freude. Ja, es wird ein schöner Tag werden, die Freiheitssonne wird die Erde glücklicher wärmen, als die Aristokratie sämtlicher Sterne; emporblühen wird ein neues Geschlecht, das erzeugt worden in freier Wahlumarmung, nicht im Zwangsbette und unter der Kontrolle geistlicher Zöllner; mit der freien Geburt werden auch in den Menschen freie Gedanken und Gefühle zur Welt kommen, wovon wir geborenen Knechte keine Ahnung haben – O! sie werden ebenso wenig ahnen, wie entsetzlich die Nacht war, in deren Dunkel wir leben mußten, und wie grauenhaft wir zu kämpfen hatten, mit häßlichen Gespenstern, dumpfen Eulen und scheinheiligen Sündern! O wir armen Kämpfer! die wir unsre Lebenszeit in solchem Kampfe vergeuden mußten, und müde und bleich sind, wenn der Siegestag hervorstrahlt! Die Glut des Sonnenaufgangs wird unsre Wangen nicht mehr röten und unsre Herzen nicht mehr wärmen können, wir sterben dahin wie der scheidende Mond – allzu kurz gemessen ist des Menschen Wanderbahn, an deren Ende das unerbittliche Grab.

Ich weiß wirklich nicht, ob ich es verdiene, daß man mir einst mit einem Lorbeerkranze den Sarg verziere. Die Poesie, wie sehr ich sie auch liebte, war mir immer nur heiliges Spielzeug, oder geweihtes Mittel für himmlische Zwecke. Ich habe nie großen Wert gelegt auf Dichter-

Ruhm, und ob man meine Lieder preiset oder tadelt, es kümmert mich wenig. Aber ein Schwert sollt Ihr mir auf den Sarg legen; denn ich war ein braver Soldat im Befreiungskriege der Menschheit.

KAPITEL XXXII

Während der Mittagshitze suchten wir Obdach in einem Franziskanerkloster, das auf einer bedeutenden Anhöhe lag, und mit seinen düstern Zypressen und weißen Mönchen, wie ein Jagdschloß des Glaubens, hinabschaute in die heiter grünen Täler des Apennins. Es war ein schöner Bau, wie ich denn, außer der Kartause zu Monza, die ich nur von außen sah, noch sehr merkwürdigen Klöstern und Kirchen vorbeigekommen bin. Ich wußte oft nicht, sollte ich mehr die Schönheit der Gegend bewundern, oder die Größe der alten Kirchen, oder die ebenso große, steinfeste Gesinnung ihrer Erbauer, die wohl voraussehen konnten, daß erst späte Urenkel imstande sein würden, solch ein Bauwerk zu vollenden, und die dessen ohngeachtet ganz ruhig den Grundstein legten, und Stein auf Stein trugen, bis der Tod sie von der Arbeit abrief, und andere Baumeister das Werk fortsetzten und sich nachher ebenfalls zur Ruhe begaben – alle im festen Glauben an die Ewigkeit der katholischen Religion und im festen Vertrauen auf die gleiche Denkweise der folgenden Geschlechter, die weiterbauen würden wo die Vorfahren aufgehört.

Es war der Glaube der Zeit, und die alten Baumeister lebten und entschliefen in diesem Glauben. Da liegen sie nun vor den Türen jener alten Kirchen, und es ist zu wünschen, daß ihr Schlaf recht fest sei, und das Lachen der neuen Zeit sie nicht erwecke. Absonderlich für solche, die vor einem von den alten Domen liegen, die nicht fertig geworden sind, für solche wäre es sehr schlimm, wenn sie des Nachts plötzlich erwachten, und im schmerzlichen Mondschein ihr unvollendetes Tagewerk sähen, und bald merkten, daß die Zeit des Weiterbauens aufgehört hat und daß ihr ganzes Leben nutzlos war und dumm.

So spricht die jetzige neue Zeit, die eine andere Aufgabe hat, einen anderen Glauben.

Ich hörte einst in Köln, wie ein kleiner Bube seine Mutter frug: warum man die halben Dome nicht fertig baue? Es war ein schöner Bube, und ich küßte ihm die klugen Augen, und da die Mutter ihm keine rechte Antwort geben konnte, so sagte ich ihm: daß jetzt die Menschen ganz etwas anderes zu tun hätten.

Unfern von Genua, auf der Spitze der Apenninen, sieht man das Meer, zwischen den grünen Gebirgsgipfeln kommt die blaue Flut zum Vorschein, und Schiffe, die man hie und da erblickt, scheinen mit vollen Segeln über die Berge zu fahren. Hat man aber diesen Anblick zur Zeit der Dämmerung, wo die letzten Sonnenlichter mit den ersten Abendschatten ihr wunderliches Spiel beginnen, und alle Farben und Formen sich nebelhaft verweben: dann wird einem ordentlich märchenhaft zu Mute, der Wagen rasselt bergab, die schläfrig süßesten Bilder der Seele werden aufgerüttelt und nicken wieder ein, und es träumt einem endlich, man sei in Genua.

KAPITEL XXXIII

Diese Stadt ist alt ohne Altertümlichkeit, eng ohne Traulichkeit, und häßlich über alle Maßen. Sie ist auf einem Felsen gebaut, am Fuße von amphitheatralischen Bergen, die den schönsten Meerbusen gleichsam umarmen. Die Genueser erhielten daher von der Natur den besten und sichersten Hafen. Da, wie gesagt, die ganze Stadt auf einem einzigen Felsen steht, so mußten, der Raum-Ersparnis wegen, die Häuser sehr hoch und die Straßen sehr eng gebaut werden, so daß diese fast alle dunkel sind, und nur auf zweien derselben ein Wagen fahren kann. Aber die Häuser dienen hier den Einwohnern, die meistens Kaufleute sind, fast nur zu Warenlagern, und des Nachts zu Schlafstellen; den schachernden Tag über laufen sie umher in der Stadt oder sitzen vor ihrer Haustüre, oder vielmehr in der Haustüre, denn sonst würden sich die Gegenüberwohnenden einander mit den Knien berühren.

Von der Seeseite, besonders gegen Abend, gewährt die

Stadt einen bessern Anblick. Da liegt sie am Meere, wie das gebleichte Skelett eines ausgeworfenen Riesentiers, dunkle Ameisen, die sich Genueser nennen, kriechen darin herum, die blauen Meereswellen bespülen es plätschernd wie ein Ammenlied, der Mond, das blasse Auge der Nacht, schaut mit Wehmut darauf hinab.

Im Garten des Palazzo Doria steht der alte Seeheld als Neptun in einem großen Wasserbassin. Aber die Statue ist verwittert und verstümmelt, das Wasser ausgetrocknet, und die Möwen nisten in den schwarzen Zypressen. Wie ein Knabe, der immer seine Komödien im Kopf hat, dachte ich bei dem Namen Doria gleich an Friedrich Schiller, den edelsten, wenn auch nicht größten Dichter der Deutschen.

Obgleich meistens im Verfall, sind die Paläste der ehemaligen Machthaber von Genua, der Nobili, dennoch sehr schön, und mit Pracht überladen. Sie stehen meistens auf den zwei großen Straßen, genannt Strada nuova und Balbi. Der Palast Durazzo ist der merkwürdigste. Hier sind gute Bilder und darunter Paul Veroneses Christus, dem Magdalena die gewaschenen Füße abtrocknet. Diese ist so schön, daß man fürchten sollte, sie werde gewiß noch einmal verführt werden. Ich stand lange vor ihr – ach, sie schaute nicht auf! – Christus steht da wie ein Religionshamlet: go to a nunnery. Hier fand ich auch einige Holländer und vorzügliche Bilder von Rubens; letztere ganz durchdrungen von der kolossalen Heiterkeit dieses niederländischen Titanen, dessen Geistesflügel so stark waren, daß er bis zur Sonne emporflog, obgleich hundert Zentner holländischer Käse an seinen Beinen hingen. Ich kann an dem kleinsten Bilde dieses großen Malers nicht vorübergehen ohne den Zoll meiner Bewundrung zu entrichten. Um so mehr, da es jetzt Mode wird, ihn, ob seines Mangels an Idealität, nur mit Achselzucken zu betrachten. Die historische Schule zu

München zeigt sich besonders groß in solcher Betrachtung. Man sehe nur, mit welcher vornehmen Geringschätzung der langhaarige Cornelianer durch den Rubenssaal wandelt! Vielleicht aber ist der Irrtum der Jünger erklärlich, wenn man den großen Gegensatz betrachtet, den Peter Cornelius zu Peter Paul Rubens bildet. Es läßt sich fast kein größerer Gegensatz ersinnen – und nichtsdestoweniger ist mir bisweilen zu Sinn, als hätten beide dennoch Ähnlichkeiten, die ich mehr ahnen als anschauen könne. Vielleicht sind landsmannschaftliche Eigenheiten in ihnen verborgen, die den dritten Landsmann, nämlich mich, wie leise heimische Laute ansprechen. Diese geheime Verwandtschaft besteht aber nimmermehr in der niederländischen Heiterkeit und Farbenlust, die uns aus allen Bildern des Rubens entgegenlacht, so daß man meinen sollte, er habe sie im freudigen Rheinweinrausch gemalt, während tanzende Kirmesmusik um ihn her jubelte. Wahrlich die Bilder des Cornelius scheinen eher am Karfreitage gemalt zu sein, während die schwermütigen Leidenslieder der Prozession durch die Straßen zogen und im Atelier und Herzen des Malers widerhallten. In der Produktivität, in der Schöpfungskühnheit, in der genialen Ursprünglichkeit, sind sich beide ähnlicher, beide sind geborne Maler, und gehören zu dem Zyklus großer Meister, die größtenteils zur Zeit des Raphael blühten, einer Zeit, die auf Rubens noch ihren unmittelbaren Einfluß üben konnte, die aber von der unsrigen so abgeschieden ist, daß wir ob der Erscheinung des Peter Cornelius fast erschrecken, daß er uns manchmal vorkommt wie der Geist eines jener großen Maler aus raphaelscher Zeit, der aus dem Grabe hervorsteige, um noch einige Bilder zu malen, ein toter Schöpfer, selbstbeschworen durch das mitbegrabene, inwohnende Lebenswort. Betrachten wir seine Bilder, so

sehen sie uns an, wie mit Augen des funfzehnten Jahrhunderts, gespenstisch sind die Gewänder, als rauschten sie uns vorbei um Mitternacht, zauberkräftig sind die Leiber, traumrichtig gezeichnet, gewaltsam wahr, nur das Blut fehlt ihnen, das pulsierende Leben, die Farbe. Ja, Cornelius ist ein Schöpfer, doch betrachten wir seine Geschöpfe, so will es uns bedünken, als könnten sie alle nicht lange leben, als seien sie alle eine Stunde vor ihrem Tode gemalt, als trügen sie alle die wehmütige Ahnung des Sterbens. Trotz ihrer Heiterkeit erregen die Gestalten des Rubens ein ähnliches Gefühl in unserer Seele, diese scheinen ebenfalls den Todeskeim in sich zu tragen, und es ist uns, als müßten sie eben durch ihre Lebensüberfülle, durch ihre rote Vollblütigkeit, plötzlich vom Schlage gerührt werden. Das ist sie vielleicht, die geheime Verwandtschaft, die wir in der Vergleichung beider Meister so wundersam ahnen. Die höchste Lust in einigen Bildern des Rubens und der tiefste Trübsinn in denen des Cornelius erregen in uns vielleicht dasselbe Gefühl. Woher aber dieser Trübsinn bei einem Niederländer? Es ist vielleicht eben das schaurige Bewußtsein, daß er einer längst verklungenen Zeit angehört und sein Leben eine mystische Nachsendung ist – denn ach! er ist nicht bloß der einzige große Maler, der jetzt lebt, sondern vielleicht auch der letzte, der auf dieser Erde malen wird; vor ihm, bis zur Zeit der Caraccis, ist ein langes Dunkel, und hinter ihm schlagen wieder die Schatten zusammen, seine Hand ist eine lichte, einsame Geisterhand in der Nacht der Kunst, und die Bilder, die sie malt, tragen die unheimliche Trauer solcher ernsten, schroffen Abgeschiedenheit. Ich habe diese letzte Malerhand nie ohne geheimen Schauer betrachten können, wenn ich den Mann selbst sah, den kleinen scharfen Mann mit den heißen Augen; und doch wieder erregte diese Hand in mir das Gefühl der traulichsten Pietät, da ich mich erinnerte, daß sie mir einst liebreich auf den kleinen Fingern lag, und mir einige Gesichtskonturen ziehen half, als ich, ein kleines Bübchen, auf der Akademie zu Düsseldorf zeichnen lernte.

KAPITEL XXXIV

Die Sammlung von Porträts schöner Genueserinnen, die im Palast Durazzo gezeigt wird, darf ich nimmermehr unerwähnt lassen. Nichts auf der Welt kann unsre Seele trauriger stimmen, als solcher Anblick von Porträts schöner Frauen, die schon seit einigen Jahrhunderten tot sind. Melancholisch überkriecht uns der Gedanke: daß von den Originalen jener Bilder, von all jenen Schönen, die so lieblich, so kokett, so witzig, so schalkhaft und so schwärmerisch waren, von all jenen Maiköpfchen mit Aprillaunen, von jenem ganzen Frauenfrühling nichts übriggeblieben ist, als diese bunten Schatten, die ein Maler, der gleich ihnen längst vermodert ist, auf ein morsch Stückchen Leinwand gepinselt hat, das ebenfalls mit der Zeit in Staub zerfällt und verweht. So geht alles Leben, das Schöne ebenso wie das Häßliche, spurlos vorüber, der Tod, der dürre Pedant, verschont die Rose ebenso wenig wie die Distel, er vergißt auch nicht das einsame Hälmchen in der fernsten Wildnis, er zerstört gründlich und unaufhörlich, überall sehen wir, wie er Pflanzen und Tiere, die Menschen und ihre Werke, zu Staub zerstampft, und selbst jene ägyptischen Pyramiden, die seiner Zerstörungswut zu trotzen scheinen, sie sind nur Trophäen seiner Macht, Denkmäler der Vergänglichkeit, uralte Königsgräber.

Aber noch schlimmer als dieses Gefühl eines ewigen Sterbens, einer öden gähnenden Vernichtung, ergreift uns der Gedanke, daß wir nicht einmal als Originale dahinsterben, sondern als Kopien von längst verschollenen Menschen, die geistig und körperlich uns gleich waren, und daß nach uns wieder Menschen geboren werden, die wieder ganz aussehen und fühlen und denken werden wie wir, und die der Tod ebenfalls wieder vernichten wird – ein trostlos ewiges Wiederholungsspiel, wobei die zeugende Erde beständig hervorbringen und mehr hervorbringen muß, als der Tod zu zerstören vermag, so daß sie, in solcher Not, mehr für die Erhaltung der Gattungen als für die Originalität der Individuen sorgen kann.

Wunderbar erfaßten mich die mystischen Schauer dieses Gedankens, als ich im Palast Durazzo die Porträts der schönen Genueserinnen sah, und unter diesen ein Bild, das in meiner Seele einen süßen Sturm erregte, wovon mir noch jetzt, wenn ich daran denke, die Augenwimpern zittern – Es war das Bild der toten Maria.

Der Aufseher der Galerie meinte zwar, das Bild stelle eine Herzogin von Genua vor, und im ciceronischen Tone setzte er hinzu: es ist gemalt von Giorgio Barbarelli da Castelfranco nel Trevigiano, genannt Giorgione, er war einer der größten Maler der venezianischen Schule, wurde geboren im Jahre 1477 und starb im Jahr 1511.

»Lassen Sie das gut sein, Signor Custode. Das Bild ist gut getroffen, mag es immerhin ein paar Jahrhunderte im voraus gemalt sein, das ist kein Fehler. Zeichnung richtig, Farbengebung vorzüglich, Faltenwurf des Brustgewandes ganz vortrefflich. Haben Sie doch die Güte, das Bild für einige Augenblicke von der Wand herabzunehmen, ich will nur den Staub von den Lippen abblasen und auch die Spinne, die in der Ecke des Rahmens sitzt, fortscheuchen – Maria hatte immer einen Abscheu vor Spinnen.«

»Excellenza scheinen ein Kenner zu sein.«

»Daß ich nicht wüßte, Signor Custode. Ich habe das Talent, bei manchen Bildern sehr gerührt zu werden, und es wird mir dann etwas feucht in den Augen. Aber was sehe ich! von wem ist das Porträt des Mannes im schwarzen Mantel, das dort hängt?«

»Es ist ebenfalls von Giorgione, ein Meisterstück.«

»Ich bitte Sie, Signor, haben Sie doch die Güte, es ebenfalls von der Wand herabzunehmen und einen Augenblick hier neben dem Spiegel zu halten, damit ich vergleichen kann, ob ich dem Bilde ähnlich sehe.«

»Excellenza sind nicht so blaß. Das Bild ist ein Meisterstück von Giorgione; er war Rival des Tiziano, wurde geboren im Jahre 1477 und starb im Jahr 1511.«

Lieber Leser, der Giorgione ist mir weit lieber als der Tiziano, und ich bin ihm besonders Dank schuldig, daß er mir die Maria gemalt. Du wirst gewiß ebenso gut wie ich einsehen, daß Giorgione für mich das Bild gemalt hat, und nicht für irgendeinen alten Genueser. Und es ist sehr gut getroffen, totschweigend getroffen, es fehtl nicht einmal der Schmerz im Auge, ein Schmerz, der mehr einem geträumten als einem erlebten Leide galt, und sehr schwer zu malen war. Das ganze Bild ist wie hingeseufzt auf die Leinwand. Auch der Mann im schwarzen Mantel ist gut gemalt, und die maliziös sentimentalen Lippen sind gut getroffen, sprechend getroffen, als wollten sie eben eine Geschichte erzählen – es ist die Geschichte von dem Ritter, der seine Geliebte aus dem Tode aufküssen wollte, und als das Licht erlosch – –

II

Die Bäder von Lucca

Ich bin wie Weib dem Manne – –
Graf August v. Platen-Hallermünde

Will der Herr Graf ein Tänzchen wagen,
So mag ers sagen,
Ich spiel ihm auf.
Figaro

Karl Immermann,
dem Dichter,
widmet diese Blätter,
als ein Zeichen freudigster Verehrung,
der Verfasser

KAPITEL I

Als ich zu Mathilden ins Zimmer trat, hatte sie den letzten Knopf des grünen Reitkleides zugeknöpft, und wollte eben einen Hut mit weißen Federn aufsetzen. Sie warf ihn rasch von sich, sobald sie mich erblickte, mit ihren wallend goldenen Locken stürzte sie mir entgegen – »Doktor des Himmels und der Erde!« rief sie, und nach alter Gewohnheit ergriff sie meine beiden Ohrlappen und küßte mich mit der drolligsten Herzlichkeit.

»Wie gehts, Wahnsinnigster der Sterblichen! Wie glücklich bin ich Sie wiederzusehen! Denn ich werde nirgends auf dieser weiten Welt einen verrückteren Menschen finden. Narren und Dummköpfe gibt es genug, und man erzeigt ihnen oft die Ehre, sie für verrückt zu halten; aber die wahre Verrücktheit ist so selten wie die wahre Weisheit, sie ist vielleicht gar nichts anderes als Weisheit, die sich geärgert hat, daß sie alles weiß, alle Schändlichkeiten dieser Welt, und die deshalb den weisen Entschluß gefaßt hat, verrückt zu werden. Die Orientalen sind ein gescheutes Volk, sie verehren einen Verrückten wie einen Propheten, wir aber halten jeden Propheten für verrückt.«

»Aber, Mylady, warum haben Sie mir nicht geschrieben?«

»Gewiß, Doktor, ich schrieb Ihnen einen langen Brief, und bemerkte auf der Adresse: abzugeben in Neu-Bedlam. Da Sie aber, gegen alle Vermutung, nicht dort waren, so schickte man den Brief nach St. Luze, und da Sie auch hier nicht waren, so ging er weiter nach einer ähnlichen Anstalt, und so machte er die Runde durch alle Tollhäuser Englands, Schottlands und Irlands, bis man ihn mir zurückschickte mit der Bemerkung, daß der Gentleman, den die Adresse bezeichne, noch nicht eingefangen sei. Und in

der Tat, wie haben Sie es angefangen, daß Sie immer noch auf freien Füßen sind?«

»Habs pfiffig angefangen, Mylady. Überall, wohin ich kam, wußt ich mich um die Tollhäuser herumzuschleichen, und ich denke, es wird mir auch in Italien gelinge.«

»O, Freund, hier sind Sie ganz sicher; denn erstens ist gar kein Tollhaus in der Nähe, und zweitens haben wir hier die Oberhand.«

»Wir? Mylady! Sie zählen sich also zu den Unseren? Erlauben Sie, daß ich Ihnen den Bruderkuß auf die Stirne drücke.«

»Ach! ich meine wir Badegäste, worunter ich wahrlich noch die Vernünftigste bin – Und nun machen Sie sich leicht einen Begriff von der Verrücktesten, nämlich von Julie Maxfield, die beständig behauptet, grüne Augen bedeuten den Frühling der Seele; dann haben wir noch zwei junge Schönheiten –«

»Gewiß englische Schönheiten, Mylady –«

»Doktor, was bedeutet dieser spöttische Ton? Die gelbfettigen Makkaronigesichter in Italien müssen Ihnen so gut schmecken, daß Sie keinen Sinn mehr haben für britische –«

»Plumpuddings mit Rosinenaugen, Roastbeefbusen festoniert mit weißen Meerrettich-Streifen, stolze Pasteten –«

»Es gab eine Zeit, Doktor, wo Sie jedesmal in Verzückung gerieten, wenn Sie eine schöne Engländerin sahen –«

»Ja, das war damals! Ich bin noch immer nicht abgeneigt Ihren Landsmänninnen zu huldigen; sie sind schön wie Sonnen, aber Sonnen von Eis, sie sind weiß wie Marmor, aber auch marmorkalt – auf ihren kalten Herzen erfrieren die armen –«

»Oho! ich kenne einen – der dort nicht erfroren ist, und frisch und gesund übers Meer gesprungen, und es war ein großer, deutscher, impertinenter –«

»Er hat sich wenigstens an den britisch frostigen Herzen so stark erkältet, daß er noch jetzt davon den Schnupfen hat.«

Mylady schien pikiert über diese Antwort, sie ergriff die Reitgerte, die zwischen den Blättern eines Romans, als Lesezeichen, lag, schwang sie um die Ohren ihres weißen Jagdhundes, der leise knurrte, hob hastig ihren Hut von der Erde, setzte ihn keck aufs Lockenhaupt, sah ein paarmal wohlgefällig in den Spiegel, und sprach stolz: »Ich bin noch schön!« Aber plötzlich, wie von einem dunkeln Schmerzgefühl durchschauert, blieb sie sinnend stehen, streifte langsam ihren weißen Handschuh von der Hand, reichte sie mir, und meine Gedanken pfeilschnell ertappend, sprach sie: »Nicht wahr, diese Hand ist nicht mehr so schön, wie in Ramsgate? Mathilde hat unterdessen viel gelitten!«

Lieber Leser, man kann es den Glocken selten ansehen, wo sie einen Riß haben, und nur an ihrem Tone merkt man ihn. Hättest du nun den Klang der Stimme gehört, womit obige Worte gesprochen wurden, so wüßtest du gleich, Myladys Herz ist eine Glocke vom besten Metall, aber ein verborgener Riß dämpft wunderbar ihre heitersten Töne, und umschleiert sie gleichsam mit heimlicher Trauer. Doch ich liebe solche Glocken, sie finden immer ein gutes Echo in meiner eignen Brust; und ich küßte Myladys Hand fast inniger als ehemals, obgleich sie minder vollblühend war und einige Adern, etwas allzu blau hervortretend, mir ebenfalls zu sagen schienen: Mathilde hat unterdessen viel gelitten.

Ihr Auge sah mich an wie ein wehmütig einsamer Stern

am herbstlichen Himmel, und weich und innig sprach sie: »Sie scheinen mich wenig mehr zu lieben, Doktor! Denn nur mitleidig fiel eben Ihre Träne auf meine Hand, fast wie ein Almosen.«

»Wer heißt Sie die stumme Sprache meiner Tränen so dürftig ausdeuten? Ich wette, der weiße Jagdhund, der sich jetzt an Sie schmiegt, versteht mich besser; er schaut mich an, und dann wieder Sie, und scheint sich zu wundern, daß die Menschen, die stolzen Herren der Schöpfung, innerlich so tief elend sind. Ach, Mylady, nur der verwandte Schmerz entlockt uns die Träne, und jeder weint eigentlich für sich selbst.«

»Genug, genug, Doktor. Es ist wenigstens gut, daß wir Zeitgenossen sind und in demselben Erdwinkel uns gefunden mit unseren närrischen Tränen. Ach des Unglücks! wenn Sie vielleicht zweihundert Jahre früher gelebt hätten, wie es mir mit meinem Freunde Michael de Cervantes Saavedra begegnet, oder gar wenn Sie hundert Jahre später auf die Welt gekommen wären, als ich, wie ein anderer intimer Freund von mir, dessen Namen ich nicht einmal weiß, eben weil er ihn erst bei seiner Geburt, Anno 1900, erhalten wird! Aber, erzählen Sie doch, wie haben Sie gelebt, seit wir uns nicht gesehen?«

»Ich trieb mein gewöhnliches Geschäft, Mylady; ich rollte wieder den großen Stein. Wenn ich ihn bis zur Hälfte des Berges gebracht, dann rollte er plötzlich hinunter, und ich mußte wieder suchen ihn hinaufzurollen – und dieses Bergauf- und Bergabrollen wird sich so lange wiederholen, bis ich selbst unter dem großen Steine liegen bleibe, und Meister Steinmetz mit großen Buchstaben darauf schreibt: Hier ruht in Gott –«

»Beileibe, Doktor, ich lasse Ihnen noch keine Ruhe – Sein Sie nur nicht melancholisch! Lachen Sie, oder ich –«

»Nein, kitzeln Sie nicht; ich will lieber von selbst lachen.«

»So recht. Sie gefallen mir noch ebenso gut wie in Ramsgate, wo wir uns zuerst nahekamen –«

»Und endlich noch näher als nah. Ja; ich will lustig sein. Es ist gut, daß wir uns wiedergefunden, und der große deutsche – wird sich wieder ein Vergnügen daraus machen, sein Leben bei Ihnen zu wagen.«

Myladys Augen lachten wie Sonnenschein nach leisem Regenschauer, und ihre gute Laune brach wieder leuchtend hervor, als John hereintrat, und mit dem steifsten Lakaienpathos Seine Exzellenz den Marchese Christophoro die Gumpelino anmeldete.

»Er sei willkommen! Und Sie, Doktor, werden einen Pair unseres Narrenreichs kennenlernen. Stoßen Sie sich nicht an sein Äußeres, besonders nicht an seine Nase. Der Mann besitzt vortreffliche Eigenschaften, z. B. viel Geld, gesunden Verstand, und die Sucht alle Narrheiten der Zeit in sich aufzunehmen; dazu ist er in meine grünäugige Freundin Julie Maxfield verliebt und nennt sie seine Julia und sich ihren Romeo, und deklamiert und seufzt – und Lord Maxfield, der Schwager, dem die treue Julia von ihrem Manne anvertraut worden, ist ein Argus –«

Schon wollte ich bemerken, daß Argus eine Kuh bewachte, als die Türe sich weit öffnete und, zu meinem höchsten Erstaunen, mein alter Freund, der Bankier Christian Gumpel, mit seinem wohlhabenden Lächeln und gottgefälligem Bauche, hereinwatschelte. Nachdem seine glänzenden breiten Lippen sich an Myladys Hand genugsam gescheuert und übliche Gesundheitsfragen hervorgebrockt hatten, erkannte er auch mich – und in die Arme sanken sich die Freunde.

KAPITEL II

Mathildens Warnung, daß ich mich an die Nase des Mannes nicht stoßen solle, war hinlänglich gegründet, und wenig fehlte, so hätte er mir wirklich ein Auge damit ausgestochen. Ich will nichts Schlimmes von dieser Nase sagen; im Gegenteil, sie war von der edelsten Form, und sie eben berechtigte meinen Freund, sich wenigstens einen Marchese-Titel beizulegen. Man konnte es ihm nämlich an der Nase ansehen, daß er von gutem Adel war, daß er von einer uralten Weltfamilie abstammte, womit sich sogar einst der liebe Gott, ohne Furcht vor Mesallianz, verschwägert hat. Seitdem ist diese Familie freilich etwas heruntergekommen, so daß sie seit Karl dem Großen, meistens durch den Handel mit alten Hosen und Hamburger Lotteriezetteln, ihre Subsistenz erwerben mußte, ohne jedoch im mindesten von ihrem Ahnenstolze abzulassen oder jemals die Hoffnung aufzugeben, einst wieder ihre alten Güter, oder wenigstens hinreichende Emigranten-Entschädigung zu erhalten, wenn ihr alter legitimer Souverän sein Restaurationsversprechen erfüllt, ein Versprechen, womit er sie schon zwei Jahrtausende an der Nase herumgeführt. Sind vielleicht ihre Nasen eben durch dieses lange an der Nase Herumgeführtwerden so lang geworden? Oder sind diese langen Nasen eine Art Uniform, woran der Gottkönig Jehova seine alten Leibgardisten erkennt, selbst wenn sie desertiert sind? Der Marchese Gumpelino war ein solcher Deserteur, aber er trug noch immer seine Uniform, und sie war sehr brillant, besät mit Kreuzchen und Sternchen von Rubinen, einem Roten Adlerorden in Miniatur, und anderen Dekorationen.

»Sehen Sie«, sagte Mylady, »das ist meine Lieblingsnase, und ich kenne keine schönere Blume auf dieser Erde.«

»Diese Blume«, schmunzlächelte Gumpelino, »kann ich Ihnen nicht an den schönen Busen legen, ohne daß ich mein blühendes Antlitz hinzulege, und diese Beilage würde Sie vielleicht in der heutigen Hitze etwas genieren. Aber ich bringe Ihnen eine nicht minder köstliche Blume, die hier selten ist –«

Bei diesen Worten öffnete der Marchese die fließpapierne Tüte, die er mitgebracht, und mit langsamer Sorgfalt zog er daraus hervor eine wunderschöne Tulpe.

Kaum erblickte Mylady diese Blume, so schrie sie aus vollem Halse: »Morden! morden! wollen Sie mich morden? Fort, fort mit dem schrecklichen Anblick!« Dabei gebärdete sie sich, als wolle man sie umbringen, hielt sich die Hände vor die Augen, rannte unsinnig im Zimmer umher, verwünschte Gumpelinos Nase und Tulpe, klingelte, stampfte den Boden, schlug den Hund mit der Reitgerte, daß er laut aufbellte, und als John hereintrat, rief sie, wie Kean als König Richard:

Ein Pferd! ein Pferd!
Ein Königtum für ein Pferd!

und stürmte, wie ein Wirbelwind, von dannen.

»Eine kuriose Frau!« sprach Gumpelino, vor Erstaunen bewegungslos und noch immer die Tulpe in der Hand haltend, so daß er einem jener Götzenbilder glich, die, mit Lotosblumen in den Händen, auf altindischen Denkmälern zu schauen sind.

Ich aber kannte die Dame und ihre Idiosynkrasie weit besser, mich ergötzte dieses Schauspiel über alle Maßen, ich öffnete das Fenster und rief: »Mylady, was soll ich von

Ihnen denken? Ist das Vernunft, Sitte – besonders ist das Liebe?«

Da lachte herauf die wilde Antwort:

Wenn ich zu Pferde bin, so will ich schwören:
Ich liebe Dich unendlich.

KAPITEL III

»Eine kuriose Frau!« wiederholte Gumpelino, als wir uns auf den Weg machten, seine beiden Freundinnen, Signora Lätizia und Signora Franscheska, deren Bekanntschaft er mir verschaffen wollte, zu besuchen. Da die Wohnung dieser Damen auf einer etwas entfernten Anhöhe lag, so erkannte ich um so dankbarer die Güte meines wohlbeleibten Freundes, der das Bergsteigen etwas beschwerlich fand, und auf jedem Hügel atemschöpfend stehenblieb, und »O Jesu!« seufzte.

Die Wohnungen in den Bädern von Lucca nämlich sind entweder unten in einem Dorfe, das von hohen Bergen umschlossen ist, oder sie liegen auf einem dieser Berge selbst, unfern der Hauptquelle, wo eine pittoreske Häusergruppe in das reizende Tal hinabschaut. Einige liegen aber auch einzeln zerstreut an den Bergesabhängen, und man muß mühsam hinaufklimmen durch Weinreben, Myrtengesträuch, Geißblatt, Lorbeerbüsche, Oleander, Geranikum und andre vornehme Blumen und Pflanzen, ein wildes Paradies. Ich habe nie ein reizenderes Tal gesehen, besonders wenn man von der Terrasse des oberen Bades, wo die ernstgrünen Zypressen stehen, ins Dorf hinabschaut. Man sieht dort die Brücke, die über ein Flüßchen führt, welches Lima heißt, und das Dorf in zwei Teile durchschneidend, an beiden Enden in mäßigen Wasserfällen über Felsenstücke dahinstürzt, und ein Geräusch hervorbringt, als wolle es die angenehmsten Dinge sagen und könne vor dem allseitig plaudernden Echo nicht zu Worten kommen.

Der Hauptzauber dieses Tals liegt aber gewiß in dem Umstand, daß es nicht zu groß ist und nicht zu klein, daß die Seele des Beschauers nicht gewaltsam erweitert wird, vielmehr sich ebenmäßig mit dem herrlichen Anblick füllt, daß die Häupter der Berge selbst, wie die Apenninen überall, nicht abenteuerlich gotisch erhaben mißgestaltet sind, gleich den Bergkarikaturen, die wir ebensowohl wie die Menschenkarikaturen in germanischen Ländern finden: sondern, daß ihre edelgeründeten, heiter grünen Formen fast eine Kunstzivilisation aussprechen, und gar melodisch mit dem blaßblauen Himmel zusammenklingen.

»O Jesu!« ächzte Gumpelino, als wir, mühsamen Steigens und von der Morgensonne schon etwas stark gewärmt, oberwähnte Zypressenhöhe erreichten, und, ins Dorf hinabschauend, unsere englische Freundin, hoch zu Roß, wie ein romantisches Märchenbild, über die Brücke jagen, und ebenso traumschnell wieder verschwinden sahen. »O Jesu! welch eine kuriose Frau«, wiederholte einigemal der Marchese. »In meinem gemeinen Leben ist mir noch keine solche Frau vorgekommen. Nur in Komödien findet man dergleichen, und ich glaube, z. B. die Holzbecher würde die Rolle gut spielen. Sie hat etwas von einer Nixe. Was denken Sie?«

»Ich denke, Sie haben Recht, Gumpelino. Als ich mit ihr von London nach Rotterdam fuhr, sagte der Schiffskapitän, sie gliche einer mit Pfeffer bestreuten Rose. Zum Dank, für diese pikante Vergleichung, schüttete sie eine ganze Pfefferbüchse auf seinen Kopf aus, als sie ihn einmal in der Kajüte eingeschlummert fand, und man konnte sich dem Manne nicht mehr nähern, ohne zu niesen.«

»Eine kuriose Frau!« sprach wieder Gumpelino. »So zart wie weiße Seide und ebenso stark, und sitzt zu Pferde ebenso gut wie ich. Wenn sie nur nicht ihre Gesundheit zugrunde reitet. Sahen Sie nicht eben den langen, magern

Engländer, der auf seinem magern Gaul hinter ihr herjagte wie die galoppierende Schwindsucht? Das Volk reitet zu leidenschaftlich, gibt alles Geld in der Welt für Pferde aus. Lady Maxfields Schimmel kostet dreihundert goldne, lebendige Louisdore – ach! und die Louisdore stehen so hoch und steigen noch täglich.«

»Ja, die Louisdor werden noch so hoch steigen, daß ein armer Gelehrter, wie unsereiner, sie gar nicht mehr wird erreichen können.«

»Sie haben keinen Begriff davon, Herr Doktor, wieviel

Geld ich ausgeben muß, und dabei behelfe ich mich mit einem einzigen Bedienten, und nur wenn ich in Rom bin, halte ich mir einen Kapellan für meine Hauskapelle. Sehen Sie, da kommt mein Hyazinth.«

Die kleine Gestalt, die in diesem Augenblick bei der Windung eines Hügels zum Vorschein kam, hätte vielmehr den Namen einer Feuerlilie verdient. Es war ein schlotternd weiter Scharlachrock, überladen mit Goldtressen, die im Sonnenglanze strahlten, und aus dieser roten Pracht schwitzte ein Köpfchen hervor, das mir sehr wohlbekannt zunickte. Und wirklich, als ich das bläßlich besorgliche Gesichtchen und die geschäftig zwinkenden Äuglein näher betrachtete, kannte ich jemanden, den ich eher auf dem Berg Sinai als auf den Apenninen erwartet hätte, und das war kein anderer als Herr Hirsch, Schutzbürger in Hamburg, ein Mann, der nicht bloß immer ein sehr ehrlicher Lotteriekollekteur gewesen, sondern sich auch auf Hühneraugen und Juwelen versteht, dergestalt, daß er erstere von letzteren nicht bloß zu unterscheiden weiß, sondern auch die Hühneraugen ganz geschickt auszuschneiden und die Juwelen ganz genau zu taxieren weiß.

»Ich bin guter Hoffnung«, sprach er, als er mir näher kam, »daß Sie mich noch kennen, obgleich ich nicht mehr Hirsch heiße. Ich heiße jetzt Hyazinth und bin der Kammerdiener des Herrn Gumpel.«

»Hyazinth!« rief dieser in staunender Aufwallung über die Indiskretion des Dieners.

»Sein Sie nur ruhig, Herr Gumpel, oder Herr Gumpelino, oder Herr Marchese, oder Eure Exzellenza, wir brauchen uns gar nicht vor diesem Herrn zu genieren, der kennt mich, hat manches Los bei mir gespielt, und ich möcht sogar drauf schwören, er ist mir von der letzten

Renovierung noch sieben Mark neun Schilling schuldig – Ich freue mich wirklich, Herr Doktor, Sie hier wiederzusehen. Haben Sie hier ebenfalls Vergnügungs-Geschäfte? Was sollte man sonst hier tun in dieser Hitze, und wo man noch dazu bergauf und bergab steigen muß. Ich bin hier des Abends so müde, als wäre ich zwanzigmal vom Altonaer Tore nach dem Steintor gelaufen, ohne was dabei verdient zu haben.«

»O Jesu!« rief der Marchese, »schweig, schweig! Ich schaffe mir einen andern Bedienten an.«

»Warum schweigen?« versetzte Hirsch Hyazinthos. »Ist es mir doch lieb, wenn ich mal wieder gutes Deutsch sprechen kann mit einem Gesichte, das ich schon einmal in Hamburg gesehen, und denke ich an Hamburg –«

Hier, bei der Erinnerung an sein kleines Stiefvaterländchen, wurden des Mannes Äuglein flimmernd feucht, und seufzend sprach er: »Was ist der Mensch! Man geht vergnügt vor dem Altonaer Tore, auf dem Hamburger Berg, spazieren, und besieht dort die Merkwürdigkeiten, die Löwen, die Gevögel, die Papagoyim, die Affen, die ausgezeichneten Menschen, und man läßt sich Karussell fahren oder elektrisieren, und man denkt, was würde ich erst für Vergnügen haben an einem Orte, der noch zweihundert Meilen von Hamburg weiter entfernt ist, in dem Lande wo die Zitronen und Orangen wachsen, in Italien! Was ist der Mensch! Ist er vor dem Altonaer Tore, so möchte er gern in Italien sein, und ist er in Italien, so möchte er wieder vor dem Altonaer Tore sein! Ach stände ich dort wieder und sähe wieder den Michaelisturm, und oben daran die Uhr mit den großen goldnen Zahlen auf dem Zifferblatt, die großen goldnen Zahlen, die ich so oft des Nachmittags betrachtete, wenn sie so freundlich in der Sonne glänzten – ich hätte sie oft küssen mögen. Ach, ich bin jetzt in

Italien, wo die Zitronen und Orangen wachsen; wenn ich aber die Zitronen und Orangen wachsen sehe, so denk ich an den Steinweg zu Hamburg, wo sie, ganzer Karren voll, gemächlich aufgestapelt liegen, und wo man sie ruhig genießen kann, ohne daß man nötig hat, so viele Gefahr-Berge zu besteigen und so viel Hitzwärme auszustehen. So wahr mir Gott helfe, Herr Marchese, wenn ich es nicht der Ehre wegen getan hätte und wegen der Bildung, so wäre ich Ihnen nicht hierher gefolgt. Aber das muß man Ihnen nachsagen, man hat Ehre bei Ihnen und bildet sich.«

»Hyazinth!« sprach jetzt Gumpelino, der durch diese Schmeichelei etwas besänftigt worden, »Hyazinth, geh jetzt zu –«

»Ich weiß schon –«

»Du weißt nicht, sage ich dir, Hyazinth –«

»Ich sag Ihnen, Herr Gumpel, ich weiß. Ew. Exzellenz schicken mich jetzt zu der Lady Maxfield – Mir braucht man gar nichts zu sagen. Ich weiß Ihre Gedanken, die Sie noch gar nicht gedacht, und vielleicht Ihr Lebtag gar nicht denken werden. Einen Bedienten wie mich bekommen Sie nicht so leicht – und ich tu es der Ehre wegen, und der Bildung wegen, und wirklich, man hat Ehre bei Ihnen und bildet sich –« Bei diesem Worte putzte er sich die Nase mit einem sehr weißen Taschentuche.

»Hyazinth«, sprach der Marchese, »du gehst jetzt zu der Lady Julie Maxfield, zu meiner Julia, und bringst ihr diese Tulpe – nimm sie in acht, denn sie kostet fünf Paoli – und sagst ihr –«

»Ich weiß schon –«

»Du weißt nichts. Sag ihr: die Tulpe ist unter den Blumen –«

»Ich weiß schon, Sie wollen ihr etwas durch die Blume

sagen. Ich habe für so manches Lotterielos in meiner Kollekte selbst eine Devise gemacht –«

»Ich sage dir, Hyazinth, ich will keine Devise von dir. Bringe diese Blume an Lady Maxfield, und sage ihr:

Die Tulpe ist unter den Blumen
Was unter den Käsen der Stracchino;
Doch mehr als Blumen und Käse
Verehrt Dich Gumpelino!«

»So wahr mir Gott alles Guts gebe, das ist gut!« rief Hyazinth. »Winken Sie mir nicht, Herr Marchese, was Sie wissen, das weiß ich, und was ich weiß, das wissen Sie. Und Sie, Herr Doktor, leben Sie wohl! Um die Kleinigkeit

mahne ich Sie nicht.« – Bei diesen Worten stieg er den Hügel wieder hinab, und murmelte beständig: »Gumpelino Stracchino – Stracchino Gumpelino« –

»Es ist ein treuer Mensch« – sagte der Marchese – »sonst hätte ich ihn längst abgeschafft, wegen seines Mangels an Etikette. Vor Ihnen hat das nichts zu bedeuten. Sie verstehen mich. Wie gefällt Ihnen seine Livree? Es sind noch für vierzig Taler mehr Tressen dran als an der Livree von Rothschilds Bedienten. Ich habe innerlich mein Vergnügen, wie sich der Mensch bei mir perfektioniert. Dann und wann gebe ich ihm selbst Unterricht in der Bildung. Ich sage ihm oft: Was ist Geld? Geld ist rund und rollt weg; aber Bildung bleibt. Ja, Herr Doktor, wenn ich, was Gott verhüte, mein Geld verliere, so bin ich doch noch immer ein großer Kunstkenner, ein Kenner von Malerei, Musik und Poesie. Sie sollen mir die Augen zubinden und mich in der Galerie zu Florenz herumführen, und bei jedem Gemälde, vor welches Sie mich hinstellen, will ich Ihnen den Maler nennen, der es gemalt hat, oder wenigstens die Schule, wozu dieser Maler gehört. Musik? Verstopfen Sie mir die Ohren und ich höre doch jede falsche Note. Poesie? Ich kenne alle Schauspielerinnen Deutschlands und die Dichter weiß ich auswendig. Und gar Natur! Ich bin zweihundert Meilen gereist, Tag und Nacht durch, um in Schottland einen einzigen Berg zu sehen. Italien aber geht über alles. Wie gefällt Ihnen hier diese Naturgegend? Welche Schöpfung! Sehen Sie mal die Bäume, die Berge, den Himmel, da unten das Wasser – ist nicht alles wie gemalt? Haben Sie es je im Theater schöner gesehen? Man wird sozusagen ein Dichter! Verse kommen einem in den Sinn und man weiß nicht woher: –

Schweigend, in der Abenddämmrung Schleier
Ruht die Flur, das Lied der Haine stirbt;
Nur daß hier, im alternden Gemäuer
Melancholisch noch ein Heimchen zirpt.«

Diese erhabenen Worte deklamierte der Marchese mit überschwellender Rührung, indem er, wie verklärt, in das lachende, morgenhelle Tal hinabschaute.

KAPITEL IV

Als ich einst an einem schönen Frühlingstage unter den Berliner Linden spazierenging, wandelten vor mir zwei Frauenzimmer, die lange schwiegen, bis endlich die eine schmachtend aufseufzte: »Ach, die jrine Beeme!« Worauf die andre, ein junges Ding, mit naiver Verwundrung fragte: »Mutter, was gehn Ihnen die jrine Beeme an?«

Ich kann nicht umhin zu bemerken, daß beide Personen zwar nicht in Seide gekleidet gingen, jedoch keineswegs zum Pöbel gehörten, wie es denn überhaupt in Berlin keinen Pöbel gibt, außer etwa in den höchsten Ständen. Was aber jene naive Frage selbst betrifft, so kommt sie mir nie aus dem Gedächtnisse. Überall, wo ich unwahre Naturempfindung und dergleichen grüne Lügen ertappe, lacht sie mir ergötzlich durch den Sinn. Auch bei der Deklamation des Marchese wurde sie in mir laut, und den Spott auf meinen Lippen erratend, rief er verdrießlich: »Stören Sie mich nicht – Sie haben keinen Sinn für reine Natürlichkeit – Sie sind ein zerrissener Mensch, ein zerrissenes Gemüt, sozusagen, ein Byron.«

Lieber Leser, gehörst Du vielleicht zu jenen frommen

Vögeln, die da einstimmen in das Lied von byronischer Zerrissenheit, das mir schon seit zehn Jahren, in allen Weisen, vorgepfiffen und vorgezwitschert worden, und sogar im Schädel des Marchese, wie Du oben gehört hast, sein Echo gefunden? Ach, teurer Leser, wenn Du über jene Zerrissenheit klagen willst, so beklage lieber, daß die Welt selbst mitten entzweigerissen ist. Denn da das Herz des Dichters der Mittelpunkt der Welt ist, so mußte es wohl in jetziger Zeit jämmerlich zerrissen werden. Wer von seinem Herzen rühmt, es sei ganz geblieben, der gesteht nur, daß er ein prosaisches weitabgelegenes Winkelherz hat. Durch das meinige ging aber der große Weltriß, und eben deswegen weiß ich, daß die großen Götter mich vor vielen anderen hoch begnadigt und des Dichtermärtyrtums würdig geachtet haben.

Einst war die Welt ganz, im Altertum und im Mittelalter, trotz der äußeren Kämpfe gabs doch noch immer eine Welteinheit, und es gab ganze Dichter. Wir wollen diese Dichter ehren und uns an ihnen erfreuen; aber jede Nachahmung ihrer Ganzheit ist eine Lüge, eine Lüge, die jedes gesunde Auge durchschaut, und die dem Hohne dann nicht entgeht. Jüngst, mit vieler Mühe, verschaffte ich mir in Berlin die Gedichte eines jener Ganzheitdichter, der über meine byronische Zerrissenheit so sehr geklagt, und bei den erlogenen Grünlichkeiten, den zarten Naturgefühlen, die mir da, wie frisches Heu, entgegendufteten, wäre mein armes Herz, das schon hinlänglich zerrissen ist, fast auch vor Lachen geborsten, und unwillkürlich rief ich: »Mein lieber Herr Intendanturrat Wilhelm Neumann, was gehn Ihnen die jrine Beeme an?«

»Sie sind ein zerrissener Mensch, sozusagen ein Byron« – wiederholte der Marchese, sah noch immer verklärt hinab ins Tal, schnalzte zuweilen mit der Zunge am Gaumen vor andächtiger Bewunderung – »Gott, Gott! Alles wie gemalt!«

Armer Byron! solches ruhige Genießen war Dir versagt! War Dein Herz so verdorben, daß Du die Natur nur sehen, ja sogar schildern, aber nicht von ihr beseligt werden konntest? Oder hat Bishy Shelley recht, wenn er sagt: Du habest die Natur in ihrer keuschen Nacktheit belauscht und wurdest deshalb, wie Aktäon, von ihren Hunden zerrissen!

Genug davon; wir kommen zu einem besseren Gegenstande, nämlich zu Signora Lätizias und Franscheskas Wohnung, einem kleinen weißen Gebäude, das gleichsam noch im Negligé zu sein scheint, und vorn zwei große runde Fenster hat, vor welchen die hochaufgezogenen Weinstöcke ihre langen Ranken herabhängen lassen, daß es aussieht als fielen grüne Haare in lockiger Fülle über die Augen des Hauses. An der Türe schon klingt es uns bunt entgegen, wirbelnde Triller, Gitarrentöne und Gelächter.

KAPITEL V

Signora Lätizia, eine funfzigjährige junge Rose, lag im Bette und trillerte und schwatzte mit ihren beiden Galans, wovon der eine auf einem niedrigen Schemel vor ihr saß und der andre, in einem großen Sessel lehnend, die Gitarre spielte. Im Nebenzimmer flatterten dann und wann ebenfalls die Fetzen eines süßen Liedes oder eines noch wundersüßeren Lachens. Mit einer gewissen wohlfeilen Ironie, die den Marchese zuweilen anwandelte, präsentierte er mich der Signora und den beiden Herren, und bemerkte dabei: ich sei derselbe Johann Heinrich Heine, Doktor juris, der jetzt in der deutschen juristischen Literatur berühmt sei. Zum Unglück war der eine Herr ein Professor aus Bologna, und zwar ein Jurist, obgleich sein wohlgewölbter, runder Bauch ihn eher zu einer Anstellung bei der sphärischen Trigonometrie zu qualifizieren schien. Einigermaßen in Verlegenheit gesetzt, bemerkte ich, daß ich nicht unter meinem eigenen Namen schriebe, sondern unter dem Namen Jarke; und das sagte ich aus Bescheidenheit, indem mir zufällig einer der wehmütigsten Insektennamen unserer juristischen Literatur ins Gedächtnis kam. Der Bologneser beklagte zwar, diesen berühmten Namen noch nicht gehört zu haben – welches auch bei Dir, lieber Leser, der Fall sein wird –, doch zweifelte er nicht, daß er bald seinen Glanz über die ganze Erde verbreiten werde. Dabei lehnte er sich zurück in seinem Sessel, griff einige Akkorde auf der Gitarre und sang aus »Axur«:

O mächtiger Brahma!
Ach laß Dir das Lallen
Der Unschuld gefallen,
Das Lallen, das Lallen –

Wie ein lieblich neckendes Nachtigall-Echo schmetterte im Nebenzimmer eine ähnliche Melodie. Signora Lätizia aber trillerte dazwischen im feinsten Diskant:

Dir allein glüht diese Wange,
Dir nur klopfen diese Pulse;
Voll von süßem Liebesdrange
Hebt mein Herz sich dir allein!

Und mit der fettigsten Prosastimme setzte sie hinzu: »Bartolo, gib mir den Spucknapf.«

Von seinem niedern Bänkchen erhob sich jetzt Bartolo mit seinen dürren hölzernen Beinen, und präsentierte ehrerbietig einen etwas unreinlichen Napf von blauem Porzellan.

Dieser zweite Galan, wie mir Gumpelino auf deutsch zuflüsterte, war ein sehr berühmter Dichter, dessen Lieder, obgleich er sie schon vor zwanzig Jahren gedichtet, noch jetzt in ganz Italien klingen, und mit der süßen Liebesglut, die in ihnen flammt, alt und jung berauschen; – derweilen er selbst jetzt nur ein armer, veralteter Mensch ist, mit blassen Augen im welken Gesichte, dünnen weißen Härchen auf dem schwankenden Kopfe, und kalter Armut im kümmerlichen Herzen. So ein armer, alter Dichter mit seiner kahlen Hölzernheit, gleicht den Weinstöcken, die wir im Winter auf den kalten Bergen stehen sehen, dürr und laublos, im Winde zitternd und von Schnee bedeckt, während der süße Most, der ihnen einst entquoll, in den fernsten Landen gar manches Zecherherz erwärmt und zu ihrem Lobe berauscht. Wer weiß, wenn einst die Kelter der Gedanken, die Druckerpresse, auch mich ausgepreßt hat, und nur noch im Verlagskeller von Hoffmann und Campe der alte, abgezapfte Geist zu finden ist, sitze ich selbst vielleicht ebenso dünn und kümmerlich, wie der arme Bartolo, auf dem Schemel neben dem Bette einer alten Innamorata, und reiche ihr auf Verlangen den Napf des Spuckes.

Signora Lätizia entschuldigte sich bei mir, daß sie zu Bette liege und zwar bäuchlings, indem ein Geschwür an der Legitimität, das sie sich durch vieles Feigenessen zugezogen, sie jetzt hindere, wie es einer ordentlichen Frau zieme, auf dem Rücken zu liegen. Sie lag wirklich ungefähr wie eine Sphinx; ihr hochfrisiertes Haupt stemmte sie auf ihre beiden Arme, und zwischen diesen wogte ihr Busen wie ein rotes Meer.

»Sie sind ein Deutscher?« frug sie mich.

»Ich bin zu ehrlich, es zu leugnen, Signora!« entgegnete meine Wenigkeit.

»Ach, ehrlich genug sind die Deutschen!« – seufzte sie – »aber was hilft es, daß die Leute ehrlich sind, die uns berauben! sie richten Italien zugrunde. Meine besten Freunde sitzen eingekerkert in Milano; nur Sklaverei –«

»Nein, nein«, rief der Marchese, »beklagen Sie sich nicht über die Deutschen, wir sind überwundene Überwinder, besiegte Sieger, sobald wir nach Italien kommen; und Sie sehen, Signora, Sie sehen und Ihnen zu Füßen fallen, ist dasselbe –« Und indem er sein gelbseidenes Taschentuch ausbreitete und darauf niederkniete, setzte er hinzu: »Hier kniee ich und huldige Ihnen im Namen von ganz Deutschland.«

»Christophoro di Gumpelino!« – seufzte Signora tiefgerührt und schmachtend – »stehen Sie auf und umarmen Sie mich!«

Damit aber der holde Schäfer nicht die Frisur und die Schminke seiner Geliebten verdürbe, küßte sie ihn nicht auf die glühenden Lippen, sondern auf die holde Stirne, so daß sein Gesicht tiefer hinabreichte, und das Steuer desselben, die Nase, im roten Meere herumruderte.

»Signor Bartolo!« rief ich, »erlauben Sie mir, daß auch ich mich des Spucknapfes bediene.«

Wehmütig lächelte Signor Bartolo, sprach aber kein einziges Wort, obgleich er, nächst Mezzophante, für den besten Sprachlehrer in Bologna gilt. Wir sprechen nicht gern, wenn Sprechen unsre Profession ist. Er diente der Signora als ein stummer Ritter, und nur dann und wann mußte er das Gedicht rezitieren, das er ihr vor fünfundzwanzig Jahren aufs Theater geworfen, als sie zuerst in Bologna, in der Rolle der Ariadne, auftrat. Er selbst mag zu jener Zeit wohlbelaubt und glühend gewesen sein, vielleicht ähnlich dem heiligen Dionysos selbst, und seine Lätizia-Ariadne stürzte ihm gewiß bacchantisch in die blühenden Arme – Evoe Bacche! Er dichtete damals noch viele Liebesgedichte, die, wie schon erwähnt, sich in der italienischen Literatur erhalten haben, nachdem der Dichter und die Geliebte selbst schon längst zu Makulatur geworden.

Fünfundzwanzig Jahre hat sich seine Treue bereits bewährt, und ich denke, er wird auch bis an sein seliges Ende auf dem Schemel sitzen, und auf Verlangen seine Verse rezitieren oder den Spucknapf reichen. Der Professor der Jurisprudenz schleppt sich fast ebenso lange schon in den Liebesfesseln der Signora, er macht ihr noch immer so eifrig die Cour wie im Anfang dieses Jahrhunderts, er muß noch immer seine akademischen Vorlesungen unbarmherzig vertagen, wenn sie seine Begleitung nach irgendeinem Orte verlangt, und er ist noch immer belastet mit allen Servituten eines echten Patito.

Die treue Ausdauer dieser beiden Anbeter einer längst ruinierten Schönheit, mag vielleicht Gewohnheit sein, vielleicht Pietas gegen frühere Gefühle, vielleicht nur das Gefühl selbst, das sich von der jetzigen Beschaffenheit seines ehemaligen Gegenstandes ganz unabhängig gemacht hat, und diesen nur noch mit den Augen der Erinnerung betrachtet. So sehen wir oft alte Leute an einer Straßenecke, in katholischen Städten, vor einem Madonnenbilde knien, das so verblaßt und verwittert ist, daß nur noch wenige Spuren und Gesichtsumrisse davon übriggeblieben sind, ja, daß man dort vielleicht nichts mehr sieht als die Nische, worin es gemalt stand; und die Lampe, die etwa noch darüber hängt; aber die alten Leute, die, mit dem Rosenkranz in den zitternden Händen, dort so andächtig knien, haben schon seit ihren Jugendjahren dort gekniet, Gewohnheit treibt sie immer, um dieselbe Stunde, zu demselben Fleck, sie merkten nicht das Erlöschen des geliebten Heiligenbildes, und am Ende macht das Alter ja doch so schwachsichtig und blind, daß es ganz gleichgültig sein mag, ob der Gegenstand unserer Anbetung überhaupt noch sichtbar ist oder nicht. Die da glauben ohne zu sehen sind auf jeden Fall glücklicher als die Scharfäugigen, die jede hervorblühende Runzel auf dem Antlitz ihrer Madonnen gleich bemerken. Nichts ist schrecklicher als solche Bemerkungen! Einst freilich, glaubte ich, die Treulosigkeit der Frauen sei das Schrecklichste, und um dann das Schrecklichste zu sagen, nannte ich sie Schlangen. Aber, ach! jetzt weiß ich, das Schrecklichste ist, daß sie nicht ganz Schlangen sind; denn die Schlangen können jedes Jahr die alte Haut von sich abstreifen und neugehäutet sich verjüngen.

Ob einer von den beiden antiken Seladons darüber eifersüchtig war, daß der Marchese, oder vielmehr dessen Nase, oberwähntermaßen in Wonne schwamm, das konnte ich nicht bemerken. Bartolo saß gemütsruhig auf seinem Bänkchen, die Beinstöckchen übereinander geschlagen, und spielte mit Signoras Schoßhündchen, einem jener hübschen Tierchen, die in Bologna zu Hause sind, und die man auch bei uns unter dem namen Bologneser kennt. Der Professor ließ sich durchaus nicht stören in seinem Gesange, den zuweilen die kichernd süßen Töne im Nebenzimmer parodistisch überjubelten; dann und wann unterbrach er auch selbst seinen Singsang, um mich mit juristischen Fragen zu behelligen. Wenn wir in unserem Urteil nicht übereinstimmten, griff er hastige Akkorde und klimperte Beweisstellen. Ich aber unterstützte meine Meinungen immer durch die Autorität meines Lehrers, des großen

Hugo, der in Bologna unter dem namen Ugone, auch Ugolino, sehr berühmt ist.

»Ein großer Mann!« rief der Professor und klimperte dabei und sang:

Seiner Stimme sanfter Ruf
Tönt noch tief in deiner Brust,
Und die Qual, die sie dir schuf,
Ist Entzücken, süße Lust.

Auch Thibaut, den die Italiener Tibaldo nennen, wird in Bologna sehr geehrt; doch kennt man dort nicht sowohl die Schriften jener Männer als vielmehr ihre Hauptansichten und deren Gegensatz. Gans und Savigny fand ich ebenfalls nur dem Namen nach bekannt. Letzteren hielt der Professor für ein gelehrtes Frauenzimmer.

»So, so« – sprach er, als ich ihn aus diesem leicht verzeilichen Irrtum zog – »wirklich kein Frauenzimmer. Man hat mir also falsch berichtet. Man sagte mir sogar, der Signor Gans habe dieses Frauenzimmer einst, auf einem Balle, zum Tanze aufgefordert, habe einen Refüs bekommen, und daraus sei eine literarische Feindschaft entstanden.«

»Man hat Ihnen in der Tat falsch berichtet, der Signor Gans tanzt gar nicht, schon aus dem menschenfreundlichen Grunde, damit nicht ein Erdbeben entstehe. Jene Aufforderung zum Tanze ist wahrscheinlich eine mißverstandene Allegorie. Die historische Schule und die philosophische werden als Tänzer gedacht, und in solchem Sinne denkt man sich vielleicht eine Quadrille von Ugone, Tibaldo, Gans und Savigny. Und vielleicht in solchem Sinne sagt man, daß Signor Ugone, obgleich er der Diable boiteux der Jurisprudenz ist, doch so zierliche Pas tanze wie die Lemiere, und daß Signor Gans in der neuesten Zeit einige große Sprünge versucht, die ihn zum Hoguet der philosophischen Schule gemacht haben.«

»Der Signor Gans« – verbesserte sich der Professor – »tanzt also bloß allegorisch, sozusagen metaphorisch« – Doch plötzlich, statt weiterzusprechen, griff er wieder in die Saiten der Gitarre, und bei dem tollsten Geklimper sang er wie toll:

Es ist wahr, sein teurer Name
Ist die Wonne aller Herzen.
Stürmen laut des Meeres Wogen,
Droht der Himmel schwarz umzogen,
Hört man stets Tarar nur rufen,
Gleich als beugten Erd und Himmel
Vor des Helden Namen sich.

Von Herrn Göschen wußte der Professor nicht einmal, daß er existiere. Dies aber hatte seine natürlichen Gründe, indem der Ruhm des großen Göschen noch nicht bis Bologna gedrungen ist, sondern erst bis Poggio, welches noch vier deutsche Meilen davon entfernt ist, und wo er sich zum Vergnügen noch einige Zeit aufhalten wird. – Göttingen selbst ist in Bologna lange nicht so bekannt, wie man schon, der Dankbarkeit wegen, erwarten dürfte, indem es sich das deutsche Bologna zu nennen pflegt. Ob diese Benennung treffend ist, will ich nicht untersuchen; auf jeden Fall aber unterscheiden sich beide Universitäten durch den einfachen Umstand, daß in Bologna die kleinsten Hunde und die größten Gelehrten, in Göttingen hingegen die kleinsten Gelehrten und die größten Hunde zu finden sind.

KAPITEL VI

Als der Marchese Christophoro di Gumpelino seine Nase hervorzog aus dem roten Meere, wie weiland König Pharao, da glänzte sein Antlitz in schwitzender Selbstwonne. Tief gerührt gab er Signoren das Versprechen, sie, sobald sie wieder sitzen könne, in seinem eignen Wagen nach Bologna zu bringen. Nun wurde verabredet, daß alsdann der Professor vorausreisen, Bartolo hingegen im Wagen des Marchese mitfahren solle, wo er sehr gut auf dem Bock sitzen und das Hündchen im Schoß halten könne, und daß man endlich in vierzehn Tagen zu Florenz eintreffen wolle, wo Signora Franscheska, die mit Mylady nach Pisa reise, unterdessen ebenfalls zurückgekehrt sein würde. Während der Marchese an den Fingern die Kosten berechnete, summte er vor sich hin »di tanti palpiti«. Signora schlug dazwischen die lautesten Triller, und der Professor stürmte in die Saiten der Gitarre und sang dabei so glühende Worte, daß ihm die Schweißtropfen von der Stirne und die Tränen aus den Augen liefen, und sich auf seinem roten Gesichte zu einem einzigen Strome vereinigten. Während dieses Singens und Klingens ward plötzlich die Türe des Nebenzimmers aufgerissen und herein sprang ein Wesen –

Euch, Ihr Musen der alten und der neuen Welt, Euch sogar Ihr noch unentdeckten Musen, die erst ein späteres Geschlecht verehren wird, und die ich schon längst geahnet habe, im Walde und auf dem Meere, Euch beschwör ich, gebt mir Farben, womit ich das Wesen male, das nächst der Tugend das Herrlichste ist auf dieser Welt. Die Tugend, das versteht sich von selbst, ist die erste von allen Herrlichkeiten, der Weltschöpfer schmückte sie mit so vielen Reizen, daß es schien, als ob er nichts ebenso Herrliches mehr hervorbringen könne; da aber nahm er noch einmal alle seine Kräfte zusammen, und in einer guten Stunde schuf er Signora Frascheska, die schöne Tänzerin, das größte Meisterstück, das er nach Erschaffung der Tugend hervorgebracht, und wobei er sich nicht im mindesten wiederholt hat, wie irdische Meister, bei deren späteren Werken die Reize der früheren wieder geborgterweise zum Vorschein kommen – Nein, Signora Franscheska ist ganz Original, sie hat nicht die mindeste Ähnlichkeit mit der Tugend, und es gibt Kenner, die sie für ebenso herrlich halten, und der Tugend, die früher erschaffen worden, nur den Vorrang der Anciennität zuerkennen. Aber ist das ein großer Mangel, wenn eine Tänzerin einige sechstausend Jahre zu jung ist?

Ach, ich sehe sie wieder, wie sie aus der aufgestoßenen Türe bis zur Mitte des Zimmers hervorspringt, in demselben Momente sich unzählige Mal auf einem Fuße herumdreht, sich dann der Länge nach auf das Sofa hinwirft, sich die Augen mit beiden Händen verdeckt hält, und atemlos ausruft: »ach, ich bin so müde vom Schlafen!« Nun naht sich der Marchese und hält eine lange Rede, in seiner ironisch breit ehrerbietigen Manier, die mit seinem kurzabbrechenden Wesen, bei praktischen Geschäftserinnerungen, und mit seiner faden Zerflossenheit bei sentimentaler Anregung, gar rätselhaft konstrastierte. Dennoch war diese Manier nicht unnatürlich, sie hatte sich vielleicht dadurch natürlich in ihm ausgebildet, daß es ihm an Kühnheit fehlte, jene Obmacht, wozu er sich durch Geld und Geist berechtigt glaubte, unumwunden kundzugeben, weshalb er sie feigerweise in die Worte der übertriebensten Demut zu verkappen suchte. Sein breites Lächeln bei solchen Gelegenheiten hatte etwas unangenehm Ergötzliches, und man wußte nicht, ob man ihm Prügel oder Beifall zollen sollte. In solcher Weise hielt er seine Morgenrede vor Signora Franscheska, die, noch halb schläfrig, ihn kaum anhörte, und als er zum Schluß um die Erlaubnis bat, ihr die Füße, wenigstens den linken Fuß, küssen zu dürfen, und zu diesem Geschäfte, mit großer Sorgfalt, sein gelbseidnes Taschentuch über den Fußboden ausbreitete und darauf niederkniete: streckte sie ihm gleichgültig den linken Fuß entgegen, der in einem allerliebsten roten Schuh steckte, im Gegensatz zu dem rechten Fuße, der einen blauen Schuh trug, eine drollige Koketterie, wodurch die zarte niedliche Form der Füße noch bemerklicher werden sollte. Als der Marchese den kleinen Fuß ehrfurchtsvoll geküßt, erhob er sich mit einem ächzenden »O Jesu!« und bat um die Erlaubnis, mich, seinen Freund, vorstellen zu dürfen, welches ihm ebenfalls gähnend gewährt wurde, und wobei er es nicht an Lobsprüchen auf meine Vortrefflichkeit fehlen ließ, und auf Kavalier-Parole beteuerte, daß ich die unglückliche Liebe ganz vortrefflich besungen habe.

Ich bat die Dame ebenfalls um die Vergünstigung, ihr den linken Fuß küssen zu dürfen, und in dem Momente, wo ich dieser Ehre teilhaftig wurde, erwachte sie wie aus einem dämmernden Traume, beugte sich lächelnd zu mir herab, betrachtete mich mit großen, verwunderten Augen, sprang freudig empor bis in die Mitte des Zimmers, und drehte sich wieder unzählige Mal auf einem Fuß herum. Ich fühlte wunderbar, wie mein Herz sich beständig mitdrehte, bis es fast schwindelig wurde. Der Professor aber griff dabei lustig in die Saiten seiner Gitarre und sang:

Eine Opern-Signora erwählte
Zum Gemahl mich, ward meine Vermählte,
Und geschlossen war bald unsre Eh.
Wehe mir Armen! weh!

Bald befreiten von ihr mich Korsaren,
Ich verkaufte sie an die Barbaren,
Ehe sie sich konnte versehn.
Bravo, Biskroma! schön! schön!

Noch einmal betrachtete mich Signora Franscheska scharf und musternd, vom Kopf bis zum Fuße, und mit zufriedener Miene dankte sie dann dem Marchese, als sei ich ein Geschenk, das er ihr aus Artigkeit mitgebracht. Sie fand wenig daran auszusetzen: nur waren ihr meine Haare zu hellbraun, sie hätte sie dunkler gewünscht, wie die Haare des Abbate Cecco, auch meine Augen fand sie zu klein und mehr grün als blau. Zur Vergeltung, lieber Leser, sollte ich jetzt Signora Franscheska ebenso mäkelnd schildern; aber ich habe wahrhaftig an dieser lieblichen, fast leichtsinnig geformten Graziengestalt nichts auszusetzen. Auch das Gesicht war ganz göttermäßig, wie man es bei griechischen Statuen findet, Stirne und Nase gaben nur eine einzige senkrecht gerade Linie, einen süßen rechten Winkel bildete damit die untere Nasenlinie, die wundersam kurz war, ebenso schmal war die Entfernung von der Nase zum Munde, dessen Lippen an beiden Enden kaum ausreichten und von einem träumerischen Lächeln ergänzt wurden; darunter wölbte sich ein liebes volles Kinn, und der Hals – Ach! frommer Leser, ich komme zu weit, und außerdem habe ich bei dieser Inauguralschilderung noch kein Recht, von den zwei schweigenden Blumen zu sprechen, die wie weiße Poesie hervorleuchteten, wenn Signora die silbernen Halsknöpfe ihres schwarzseidnen Kleides enthäkelte – Lieber Leser! laß uns wieder emporsteigen zu der Schilderung des Gesichtes, wovon ich nachträglich noch zu berichten habe, daß es klar und blaßgelb wie Bernstein war, daß es von den schwarzen Haaren, die in glänzend glatten

Ovalen die Schläfe bedeckten, eine kindliche Ründung empfing, und von zwei schwarzen plötzlichen Augen, wie von Zauberlicht, beleuchtet wurde.

Du siehst, lieber Leser, daß ich Dir gern eine gründliche Lokalbeschreibung meines Glückes liefern möchte, und, wie andere Reisende ihren Werken noch besondere Karten von historisch wichtigen oder sonst merkwürdigen Bezirken beifügen, so möchte ich Franscheska in Kupfer stechen lassen. Aber ach! was hilft die tote Kopie der äußern Umrisse bei Formen, deren göttlichster Reiz in der lebendigen Bewegung besteht. Selbst der beste Maler kann uns diesen nicht zur Anschauung bringen; denn die Malerei ist doch nur eine platte Lüge. Eher vermöchte es der Bildhauer; durch wechselnde Beleuchtung können wir bei Statuen uns einigermaßen eine Bewegung der Formen denken, und die Fackel, die ihnen nur äußeres Licht zuwirft, scheint sie auch von innen zu beleben. Ja, es gibt eine Statue, die Dir, lieber Leser, einen marmornen Begriff von Franscheskas Herrlichkeit zu geben vermöchte, und das ist die Venus des großen Canova, die Du in einem der letzten Säle des Palazzo Pitti zu Florenz finden kannst. Ich denke jetzt oft an diese Statue, zuweilen träumt mir, sie läge in meinen Armen, und belebe sich allmählich und flüstere endlich mit der Stimme Franscheskas. Der Ton dieser Stimme war es aber, der jedem ihrer Worte die lieblichste, unendlichste Bedeutung erteilte, und wollte ich Dir ihre Worte mitteilen, so gäbe es bloß ein trocknes Herbarium von Blumen, die nur durch ihren Duft den größten Wert besaßen. Auch sprang sie oft in die Höhe, und tanzte während sie sprach, und vielleicht war eben der Tanz ihre eigentliche Sprache. Mein Herz aber tanzte immer mit und exekutierte die schwierigsten Pas, und zeigte dabei so viel Tanztalent, wie ich ihm nie zugetraut hätte. In solcher

Weise erzählte Franscheska auch die Geschichte von dem Abbate Cecco, einem jungen Burschen, der in sie verliebt war, als sie noch im Arno-Tal Strohhüte strickte, und sie versicherte, daß ich das Glück hätte ihm ähnlich zu sehen. Dabei machte sie die zärtlichsten Pantomimen, drückte ein übers andere Mal die Fingerspitzen ans Herz, schien dann mit gehöhlter Hand die zärtlichsten Gefühle hervorzuschöpfen, warf sich endlich schwebend, mit voller Brust, aufs Sofa, barg das Gesicht in die Kissen, streckte hinter sich ihre Füße in die Höhe und ließ sie wie hölzerne Puppen agieren. Der blaue Fuß sollte den Abbate Cecco und der rote die arme Franscheska vorstellen, und indem sie ihre eigene Geschichte parodierte, ließ sie die beiden verliebten Füße von einander Abschied nehmen, und es war ein rührend närrisches Schauspiel, wie sich beide mit den Spitzen küßten, und die zärtlichsten Dinge sagten – und dabei weinte das tolle Mädchen ergötzlich kichernde Tränen, die aber dann und wann etwas unbewußt tiefer aus der Seele kamen, als die Rolle verlangte. Sie ließ auch, im drolligen Schmerzensübermut den Abbate Cecco eine lange Rede halten, worin er die Schönheit der armen Franscheska mit pedantischen Metaphern rühmte, und die Art, wie sie auch, als arme Franscheska, Antwort gab und ihre eigene Stimme, in der Sentimentalität einer früheren Zeit, kopierte, hatte etwas Puppenspielwehmütiges, das mich wundersam bewegte. Ade Cecco! Ade Franscheska! war der beständige Refrain, die verliebten Füßchen wollten sich nicht verlassen – und ich war endlich froh, als ein unerbittliches Schicksal sie voneinander trennte, indem süße Ahnung mir zuflüsterte, daß es für mich ein Mißgeschick wäre, wenn die beiden Liebenden beständig vereinigt blieben.

Der Professor applaudierte mit possenhaft schwirrenden Gitarrentönen, Signora trillerte, das Hündchen bellte, der Marchese und ich klatschten in die Hände wie rasend, und Signora Franscheska stand auf und verneigte sich dankbar. »Es ist wirklich eine schöne Komödie«, sprach sie zu mir, »aber es ist schon lange her, seit sie zuerst aufgeführt worden, und ich selbst bin schon so alt – raten Sie mal wie alt?«

Sie erwartete jedoch keineswegs meine Antwort, sprach rasch: »achtzehn Jahr« – und drehte sich dabei wohl achtzehnmal auf einem Fuß herum. »Und wie alt sind Sie, Dottore?«

»Ich, Signora, bin in der Neujahrsnacht Achtzehnhundert geboren.«

»Ich habe Ihnen ja schon gesagt«, bemerkte der Marchese, »es ist einer der ersten Männer unseres Jahrhunderts.«

»Und wie alt halten Sie mich?« rief plötzlich Signora Lätizia, und ohne an ihr Eva-Kostüm, das bis jetzt die Bettdecke verborgen hatte, zu denken, erhob sie sich bei dieser Frage so leidenschaftlich in die Höhe, daß nicht nur das rote Meer, sondern auch ganz Arabien, Syrien und Mesopotamien zum Vorschein kam.

Indem ich, ob dieses gräßlichen Anblicks, erschrocken zurückprallte, stammelte ich einige Redensarten über die Schwierigkeiten, eine solche Frage zu lösen, indem ich ja Signora erst zur Hälfte gesehen hätte; doch da sie noch eifriger in mich drang, gestand ich ihr die Wahrheit, nämlich daß ich das Verhältnis der italienischen Jahre zu den deutschen noch nicht zu berechnen wisse.

»Ist der Unterschied groß?« frug Signora Lätizia.

»Das versteht sich«, antwortete ich ihr, »da die Hitze alle Körper ausdehnt, so sind die Jahre in dem warmen Italien viel länger als in dem kalten Deutschland.«

Der Marchese zog sich besser aus der Verlegenheit, indem er galant behauptete, ihre Schönheit habe sich jetzt erst in der üppigsten Reife entfaltet. »Und Signora!« setzte er hinzu, »so wie die Pomeranze, je älter sie wird, auch desto gelber wird, so wird auch Ihre Schönheit mit jedem Jahre desto reifer.«

Die Dame schien mit dieser Vergleichung zufrieden zu sein, und gestand ebenfalls, daß sie sich wirklich reifer fühle als sonst, besonders gegen damals, wo sie noch ein dünnes Ding gewesen und zuerst in Bologna aufgetreten sei, und daß sie noch jetzt nicht begreife, wie sie in solcher Gestalt so viel Furore habe machen können. Und nun erzählte sie ihr Debüt als Ariadne, worauf sie, wie ich später entdeckte, sehr oft zurückkam, bei welcher Gelegenheit auch Signor Bartolo das Gedicht deklamieren mußte, das er ihr damals aufs Theater geworfen. Es war ein gutes Gedicht, voll rührender Trauer über Theseus Treulosigkeit, voll blinder Begeisterung für Bacchus und blühender Verherrlichung Ariadnes. »Bella cosa!« rief Signora Lätizia bei jeder Strophe, und auch ich lobte die Bilder, den Versbau und die ganze Behandlung jener Mythe.

»Ja, sie ist sehr schön«, sagte der Professor, »und es liegt ihr gewiß eine historische Wahrheit zum Grunde, wie denn auch einige Autoren uns ausdrücklich erzählen, daß Oneus, ein Priester des Bacchus, sich mit der trauernden Ariadne vermählt habe, als er sie verlassen auf Naxos angetroffen; und, wie oft geschieht, ist in der Sage, aus dem Priester des Gottes, der Gott selbst gemacht worden.«

Ich konnte dieser Meinung nicht beistimmen, da ich mich in der Mythologie mehr zur philosophischen Ausdeutung hinneige, und ich entgegnete: »In der ganzen Fabel, daß Ariadne, nachdem Theseus sie auf Naxos sitzenlassen, sich dem Bacchus in die Arme geworfen, sehe ich nichts anderes als die Allegorie, daß sie sich, in jenem verlassenen Zustande, dem Trunk ergeben hat, eine Hypothese, die noch mancher Gelehrte meines Vaterlandes mit mir teilt. Sie, Herr Marchese, werden wahrscheinlich wissen, daß der selige Bankier Bethmann, im Sinne dieser Hypothese, seine Ariadne so zu beleuchten wußte, daß sie eine rote Nase zu haben schien.«

»Ja, ja. Bethmann in Frankfurt war ein großer Mann!« rief der Marchese; jedoch im selben Augenblick schien ihm etwas Wichtiges durch den Kopf zu laufen, seufzend sprach er vor sich hin: »Gott, Gott, ich habe vergessen, nach Frankfurt an Rothschild zu schreiben!« Und mit ernstem Geschäftsgesicht, woraus aller parodistische Scherz verschwunden schien, empfahl er sich kurzweg, ohne lange Zeremonien, und versprach gegen Abend wiederzukommen.

Als er fort war und ich im Begriff stand, wie es in der Welt gebräuchlich ist, meine Glossen über eben den Mann zu machen, durch dessen Güte ich die angenehmste Bekanntschaft gewonnen, da fand ich zu meiner Verwunderung, daß alle ihn nicht genug zu rühmen wußten, und daß alle besonders seinen Enthusiasmus für das Schöne, sein adelig feines Betragen, und seine Uneigennützigkeit in den übertriebensten Ausdrücken priesen. Auch Signora Franscheska stimmte ein in diesen Lobgesang, doch gestand sie, seine Nase sei etwas beängstigend und erinnere sie immer an den Turm von Pisa.

Beim Abschied bat ich sie wieder um die Vergünstigung, ihren linken Fuß küssen zu dürfen; worauf sie, mit lächelndem Ernst, den roten Schuh auszog, sowie auch den Strumpf; und indem ich niederkniete, reichte sie mir den weißen, blühenden Lilienfuß, den ich vielleicht gläubiger an die Lippen preßte, als ich es mit dem Fuß des Papstes getan haben möchte. Wie sich von selbst versteht, machte ich auch die Kammerjungfer, und half den Strumpf und den Schuh wieder anziehen.

»Ich bin mit Ihnen zufrieden«, – sagte Signora Franscheska, nach verrichtetem Geschäfte, wobei ich mich nicht zu sehr übereilte, obgleich ich alle zehn Finger in Tätigkeit setzte, – »ich bin mit Ihnen zufrieden, Sie sollen mir noch öfter die Strümpfe anziehen. Heute haben Sie den linken Fuß geküßt, morgen soll Ihnen der rechte zu Gebot stehen. Übermorgen dürfen Sie mir schon die linke Hand küssen, und einen Tag nachher auch die rechte. Führen Sie sich gut auf, so reiche ich Ihnen späterhin den Mund, usw. Sie sehen, ich will Sie gern avancieren lassen, und da Sie jung sind, können Sie es in der Welt noch weit bringen.«

Und ich habe es weit gebracht in dieser Welt! Des seid mir Zeugen, toskanische Nächte, du hellblauer Himmel mit großen silbernen Sternen, Ihr wilden Lorbeerbüsche und heimlichen Myrten, und Ihr, o Nymphen des Apennins, die Ihr mit bräutlichen Tänzen uns umschwebtet, und Euch zurückträumtet in jene besseren Götterzeiten, wo es noch keine gotische Lüge gab, die nur blinde, tappende Genüsse im Verborgenen erlaubt und jedem freien Gefühl ihr heuchlerisches Feigenblättchen vorklebt.

Es bedurfte keiner besonderen Feigenblätter; denn ein ganzer Feigenbaum mit vollen ausgebreiteten Zweigen rauschte über den Häuptern der Glücklichen.

KAPITEL VII

Was Prügel sind, das weiß man schon; was aber die Liebe ist, das hat noch keiner herausgebracht. Einige Naturphilosophen haben behauptet, es sei eine Art Elektrizität. Das ist möglich; denn im Momente des Verliebens ist uns zu Mute, als habe ein elektrischer Strahl aus dem Auge der Geliebten plötzlich in unser Herz eingeschlagen. Ach! diese Blitze sind die verderblichsten, und wer gegen diese einen Ableiter erfindet, den will ich höher achten als Franklin. Gäbe es doch kleine Blitzableiter, die man auf dem Herzen tragen könnte, und woran eine Wetterstange wäre, die das schreckliche Feuer anderswohin zu leiten vermöchte. Ich fürchte aber, dem kleinen Amor kann man seine Pfeile nicht so leicht rauben, wie dem Jupiter seinen Blitz und den Tyrannen ihr Zepter. Außerdem wirkt nicht jede Liebe blitzartig; manchmal lauert sie, wie eine Schlange unter Rosen, und erspäht die erste Herzenslücke, um hineinzuschlüpfen; manchmal ist es nur ein Wort, ein Blick, die Erzählung einer unscheinbaren Handlung, was wie ein lichtes Samenkorn in unser Herz fällt, eine ganze Winterzeit ruhig darin liegt, bis der Frühling kommt, und das kleine Samenkorn aufschießt zu einer flammenden Blume, deren Duft den Kopf betäubt. Dieselbe Sonne, die im Niltal Ägyptens Krokodilleneier ausbrütet, kann zugleich zu Potsdam an der Havel die Liebessaat in einem jungen Herzen zur Vollreife bringen – dann gibt es Tränen in Ägypten und Potsdam. Aber Tränen sind noch lange keine Erklärungen – Was ist die Liebe? Hat keiner ihr Wesen ergründet? hat keiner das Rätsel gelöst? Vielleicht bringt solche Lösung größere Qual als das Rätsel selbst, und das Herz erschrickt und erstarrt darob, wie beim Anblick der Medusa. Schlangen ringeln sich um das schreckliche Wort, das dieses Rätsel auflöst – O, ich will dieses Auflösungswort niemals wissen, das brennende Elend in meinem Herzen ist mir immer noch lieber als kalte Erstarrung. O, sprecht es nicht aus, Ihr gestorbenen Gestalten, die Ihr schmerzlos wie Stein, aber auch gefühllos wie Stein durch die Rosengärten dieser Welt wandelt, und mit bleichen Lippen auf den törichten Gesellen herablächelt, der den Duft der Rosen preist und über Dornen klagt.

Wenn ich Dir aber, lieber Leser, nicht zu sagen vermag, was die Liebe eigentlich ist, so könnte ich Dir doch ganz ausführlich erzählen, wie man sich gebärdet und wie einem zu Mut ist, wenn man sich auf den Apenninen verliebt hat. Man gebärdet sich nämlich wie ein Narr, man tanzt über Hügel und Felsen und glaubt, die ganze Welt tanze mit. Zu Mute ist einem dabei, als sei die Welt erst heute erschaffen worden, und man sei der erste Mensch. »Ach, wie schön ist das alles!« jauchzte ich, als ich Franscheskas Wohnung verlassen hatte. »Wie schön und kostbar ist diese neue Welt!« Es war mir, als müßte ich allen Pflanzen und Tieren einen Namen geben, und ich benannte alles nach seiner innern Natur und nach meinem eignen Gefühl, das mit den Außendingen so wunderbar verschmolz. Meine Brust war eine Quelle von Offenbarung, und ich verstand alle Formen und Gestaltungen, den Duft der Pflanzen, den Gesang der Vögel, das Pfeifen des Windes und das Rauschen der Wasserfälle. Manchmal hörte ich auch die göttliche Stimme: »Adam, wo bist du?« »Hier bin ich, Franscheska«, rief ich dann, »ich bete dich an, denn ich weiß ganz gewiß, du hast Sonne, Mond und Sterne erschaffen und die Erde mit allen ihren Kreaturen!« Dann kicherte es aus den Myrtenbüschen, und heimlich seufzte ich in mich hinein: »O süße Torheit, verlaß mich nicht!«

Späterhin, als die Dämmerungszeit herankam, begann erst recht die verrückte Seligkeit der Liebe. Die Bäume auf den Bergen tanzten nicht mehr einzeln, sondern die Berge selbst tanzten mit schweren Häuptern, die von der scheidenden Sonne so rot bestrahlt wurden, als hätten sie sich mit ihren eignen Weintrauben berauscht. Unten der Bach schoß hastiger von dannen, und rauschte angstvoll, als fürchte er, die entzückt taumelnden Berge würden zu Boden stürzen. Dabei wetterleuchtete es so lieblich, wie lichte Küsse. »Ja«, rief ich, »der lachende Himmel küßt die geliebte Erde – O Franscheska, schöner Himmel, laß mich deine Erde sein! Ich bin so ganz irdisch und sehne mich nach dir, mein Himmel!« So rief ich und streckte die Arme flehend empor, und rannte mit dem Kopfe gegen manchen Baum, den ich dann umarmte statt zu schelten, und meine Seele jauchzte vor Liebestrunkenheit, – als plötzlich ich eine glänzende Scharlachgestalt erblickte, die mich aus allen meinen Träumen gewaltsam herausriß, und der kühlsten Wirklichkeit zurückgab.

KAPITEL VIII

Auf einem Rasenvorsprung, unter einem breiten Lorbeerbaume, saß Hyazinthos, der Diener des Marchese, und neben ihm Apollo, dessen Hund. Letzterer stand vielmehr, indem er die Vorderpfoten auf die Scharlachknie des kleinen Mannes gelegt hatte, und neugierig zusah, wie dieser, eine Schreibtafel in den Händen haltend, dann und wann etwas hineinschrieb, wehmütig vor sich hinlächelte, das Köpfchen schüttelte, tief seufzte und sich dann vergnügt die Nase putzte.

»Was Henker«, rief ich ihm entgegen, »Hirsch Hyazinthos! machst du Gedichte? Nun, die Zeichen sind günstig, Apollo steht dir zur Seite und Lorbeer hängt schon über deinem Haupte!«

Aber ich tat dem armen Schelme Unrecht. Liebreich antwortete er: »Gedichte? Nein, ich bin ein Freund von Gedichten, aber ich schreibe doch keine. Was sollte ich schreiben? Ich hatte eben nichts zu tun, und zu meinem Vergnügen machte ich mir eine Liste von den Namen derjenigen Freunde, die einst in meiner Kollekte gespielt haben. Einige davon sind mir sogar noch etwas schuldig – Glauben Sie nur nicht, Herr Doktor, ich wollte Sie mahnen – das hat Zeit, Sie sind mir gut. Hätten Sie nur zuletzt 1365 statt 1364 gespielt, so wären Sie jetzt ein Mann von hunderttausend Mark Banko, und brauchten nicht hier herumzulaufen, und könnten ruhig in Hamburg sitzen, ruhig und vergnügt, und könnten sich auf dem Sofa erzählen lassen, wie es in Italien aussieht. So wahr mir Gott helfe! ich wäre nicht hergereist, hätte ich es nicht Herrn Gumpel zuliebe getan. Ach, wieviel Hitz und Gefahr und Müdigkeit muß ich ausstehen, und wo nur eine Überspannung ist oder eine Schwärmerei, ist auch Herr Gumpel dabei, und ich muß alles mitmachen. Ich wäre schon längst von ihm gegangen, wenn er mich missen könnte. Denn wer soll nachher zu Hause erzählen, wieviel Ehre und Bildung er in der Fremde genossen? Und soll ich die Wahrheit sagen, ich selbst fang an, viel auf Bildung zu geben. In Hamburg hab ich sie gottlob nicht nötig; aber man kann nicht wissen, man kommt einmal nach einem anderen Ort. Es ist eine ganz andere Welt jetzt. Und man hat recht; so ein bißchen Bildung ziert den ganzen Menschen. Und welche Ehre hat man davon! Lady Maxfield zum Beispiel, wie hat sie mich diesen Morgen aufgenommen und honoriert! Ganz parallel wie ihresgleichen. Und sie gab mir einen Franceskoni

Trinkgeld, obschon die Blume nur fünf Paoli gekostet hatte. Außerdem ist es auch ein Vergnügen, wenn man den kleinen, weißen Fuß von schönen Damenpersonen in Händen hat.«

Ich war nicht wenig betreten über diese letzte Bemerkung, und dachte gleich: ist das Stichelei? Wie konnte aber der Lump schon Kenntnis haben von dem Glücke, das mir erst denselben Tag begegnet, zu derselben Zeit, als er auf der entgegengesetzten Seite des Bergs war? Gabs dort etwa eine ähnliche Szene und offenbarte sich darin die Ironie des großen Weltbühnendichters da droben, daß er vielleicht noch tausend solcher Szenen, die gleichzeitig eine die andere parodieren, zum Vergnügen der himmlischen Heerscharen aufführen ließ? Indessen beide Vermutungen waren unbegründet, denn nach langen wiederholten Fragen, und nachdem ich das Versprechen geleistet, dem Marchese nichts zu verraten, gestand mir der arme Mensch: Lady Maxfield habe noch zu Bette gelegen, als er ihr die Tulpe überreicht, in dem Augenblick, wo er seine schöne Anrede halten wollen, sei einer ihrer Füße nackt zum Vorschein gekommen, und da er Hühneraugen daran bemerkt, habe er gleich um die Erlaubnis gebeten, sie ausschneiden zu dürfen, welches auch gestattet und nachher, zugleich für die Überreichung der Tulpe, mit einem Franceskoni belohnt worden sei.

»Es ist mir aber immer nur um die Ehre zu tun« – setzte Hyazinth hinzu – »und das habe ich auch dem Baron Rothschild gesagt, als ich die Ehre hatte, ihm die Hühneraugen zu schneiden. Es geschah in seinem Kabinett; er saß dabei auf seinem grünen Sessel, wie auf einem Thron, sprach wie ein König, um ihn herum standen seine Courtiers, und er gab seine Ordres, und schickte Stafetten an alle Könige; und wie ich ihm währenddessen die Hühneraugen schnitt, dacht ich im Herzen: du hast jetzt in den Händen den Fuß des Mannes, der selbst jetzt die ganze Welt in Händen hat, du bist jetzt ebenfalls ein wichtiger Mensch, schneidest du ihn unten ein bißchen zu scharf, so wird er verdrießlich, und schneidet oben die größten Könige noch ärger. – Es war der glücklichste Moment meines Lebens!«

»Ich kann mir dieses schöne Gefühl vorstellen, Herr Hyazinth. Welchen aber von der Rothschildschen Dynastie haben Sie solchermaßen amputiert? War es etwa der hochherzige Brite, der Mann in Lombardstreet, der ein Leihhaus für Kaiser und Könige errichtet hat?«

»Versteht sich, Herr Doktor, ich meine den großen Rothschild, den großen Nathan Rothschild, Nathan den Weisen, bei dem der Kaiser von Brasilien seine diamantene Krone versetzt hat. Aber ich habe auch die Ehre gehabt, den Baron Salomon Rothschild in Frankfurt kennenzulernen, und wenn ich mich auch nicht seines intimen Fußes zu erfreuen hatte, so wußte er mich doch zu schätzen. Als der Herr Marchese zu ihm sagte, ich sei einmal Lotteriekollekteur gewesen, sagte der Baron sehr witzig: ›Ich bin ja selbst so etwas, ich bin ja der Oberkollekteur der rothschildschen Lose, und mein Kollege darf beileibe nicht mit den Bedienten essen, er soll neben mir bei Tische sitzen‹ – Und so wahr wie mir Gott alles Guts geben soll, Herr Doktor, ich saß neben Salomon Rothschild, und er behandelte mich ganz wie seinesgleichen, ganz famillionär. Ich war auch bei ihm auf dem berühmten Kinderball, der in der Zeitung gestanden. So viel Pracht bekomme ich mein Lebtag nicht mehr zu sehn. Ich bin doch auch in Hamburg auf einem Ball gewesen, der 1500 Mark und 8 Schilling kostete, aber das war doch nur wie ein Hühnerdreckchen gegen einen Misthaufen. Wieviel Gold und Silber und

Diamanten habe ich dort gesehen! Wieviel Sterne und Orden! Den Falkenorden, das Goldne Vlies, den Löwenorden, den Adlerorden – sogar ein ganz klein Kind, ich sage Ihnen, ein ganz klein Kind trug einen Elefantenorden. Die Kinder waren gar schön maskiert und spielten Anleihe, und waren angezogen wie die Könige, mit Kronen auf den Köpfen, ein großer Junge aber war angezogen präzise wie der alte Nathan Rothschild. Er machte seine Sache sehr gut, hatte beide Hände in der Hosentasche, klimperte mit Geld, schüttelte sich verdrießlich, wenn einer von den kleinen Königen was geborgt haben wollte, und nur dem kleinen mit dem weißen Rock und den roten Hosen streichelte er freundlich die Backen, und lobte ihn: ›Du bist mein Plaisir, mein Liebling, mein' Pracht, aber dein Vetter Michel soll mir vom Leib bleiben, ich werde diesem Narrn nichts borgen, der täglich mehr Menschen ausgibt, als er jährlich zu verzehren hat; es kommt durch ihn noch ein Unglück in die Welt, und mein Geschäft wird darunter

leiden.‹ So wahr mir Gott alles Guts gebe, der Junge machte seine Sache sehr gut, besonders wenn er das dicke Kind, das in weißen Atlas mit echten silbernen Lilien gewickelt war, im Gehen unterstützte und bisweilen zu ihm sagte: ›Na, na, du, du, führ dich nur gut auf, ernähr dich redlich, sorg, daß du nicht wieder weggejagt wirst, damit ich nicht mein Geld verliere.‹ Ich versichere Sie, Herr Doktor, es war ein Vergnügen, den Jungen zu hören: und auch die anderen Kinder, lauter liebe Kinder, machten ihre Sache sehr gut – bis ihnen Kuchen gebracht wurde, und sie sich um das beste Stück stritten, und sich die Kronen vom Kopf rissen, und schrien und weinten, und einige sich sogar – –«.

KAPITEL IX

Es gibt nichts Langweiligeres auf dieser Erde, als die Lektüre einer italienischen Reisebeschreibung – außer etwa das Schreiben derselben – und nur dadurch kann der Verfasser sie einigermaßen erträglich machen, daß er von Italien selbst so wenig als möglich darin redet. Trotzdem, daß ich diesen Kunstkniff vollauf anwende, kann ich Dir, lieber Leser, in den nächsten Kapiteln nicht viel Unterhaltung versprechen. Wenn Du Dich bei dem ennuyanten Zeug, das darin vorkommen wird, langweilst, so tröste Dich mit mir, der all dieses Zeug sogar schreiben mußte. Ich rate Dir, überschlage dann und wann einige Seiten, dann kömmst Du mit dem Buche schneller zu Ende – ach, ich wollt, ich könnt es ebenso machen! Glaub nur nicht, ich scherze; wenn ich Dir ganz ernsthaft meine Herzensmeinung über dieses Buch gestehen soll, so rate ich Dir, es jetzt zuzuschlagen, und gar nicht weiter darin zu lesen. Ich will

Dir nächstens etwas Besseres schreiben, und wenn wir in einem folgenden Buche, in der Stadt Lucca, wieder mit Mathilden und Franscheska zusammentreffen, so sollen Dich die lieben Bilder viel anmutiger ergötzen, als gegenwärtiges Kapitel und gar die folgenden.

Gottlob, vor meinem Fenster erklingt ein Leierkasten mit lustigen Melodien! Mein trüber Kopf bedarf solcher Aufheiterung, besonders da ich jetzt meinen Besuch bei Seiner Exzellenz dem Marchese Christophoro di Gumpelino zu beschreiben habe. Ich will diese rührende Geschichte ganz genau, wörtlich treu, in ihrer schmutzigsten Reinheit, mitteilen.

Es war schon spät, als ich die Wohnung des Marchese erreichte. Als ich ins Zimmer trat, stand Hyazinth allein und putzte die goldenen Sporen seines Herrn, welcher, wie ich durch die halbgeöffnete Türe seines Schlafkabinetts sehen konnte, vor einer Madonna und einem großen Kruzifixe, auf den Knien lag.

Du mußt nämlich wissen, lieber Leser, daß der Marchese, dieser vornehme Mann, jetzt ein guter Katholik ist, daß er die Zeremonien der alleinseligmachenden Kirche streng ausübt, und sich, wenn er in Rom ist, sogar einen eignen Kapellan hält, aus demselben Grunde, weshalb er in England die besten Wettrenner und in Paris die schönste Tänzerin unterhielt.

»Herr Gumpel verrichtet jetzt sein Gebet« – flüsterte Hyazinth mit einem wichtigen Lächeln, und indem er nach dem Kabinette seines Herrn deutete, fügte er noch leiser hinzu: »so liegt er alle Abend zwei Stunden auf den Knien vor der Prima Donna mit dem Jesuskind. Es ist ein prächtiges Kunstbild, und es kostet ihm sechshundert Franceskonis.«

»Und Sie, Herr Hyazinth, warum knien Sie nicht hinter

ihm? Oder sind Sie etwa kein Freund von der katholischen Religion?«

»Ich bin ein Freund davon, und bin auch wieder kein Freund davon«, antwortete jener mit bedenklichem Kopfwiegen. »Es ist eine gute Religion für einen vornehmen Baron, der den ganzen Tag müßig gehen kann, und für einen Kunstkenner; aber es ist keine Religion für einen Hamburger, für einen Mann, der sein Geschäft hat, und durchaus keine Religion für einen Lotteriekollekteur. Ich muß jede Nummer, die gezogen wird, ganz exakt aufschreiben, und denke ich dann zufällig an Bum! Bum! Bum! an eine katholische Glock, oder schwebelt es mir vor den Augen wie katholischer Weihrauch, und ich verschreib mich, und ich schreibe eine unrechte Zahl, so kann das größte Unglück daraus entstehen. Ich habe oft zu Herrn Gumpel gesagt: ›Ew. Ex. sind ein reicher Mann und können katholisch sein soviel Sie wollen, und können sich den Verstand ganz katholisch einräuchern lassen, und können so dumm werden wie eine katholische Glock, und Sie haben doch zu essen; ich aber bin ein Geschäftsmann, und muß meine sieben Sinne zusammenhalten, um was zu verdienen.‹ Herr Gumpel meint freilich, es sei nötig für die Bildung, und wenn ich nicht katholisch würde, verstände ich nicht die Bilder, die zur Bildung gehören, nicht den Johann v. Viehesel, den Corretschio, den Carratschio, den Carravatschio – aber ich habe immer gedacht, der Corretschio und Carratschio und Carravatschio können mir alle nichts helfen, wenn niemand mehr bei mir spielt, und ich komme dann in die Patschio. Dabei muß ich Ihnen auch gestehen, Herr Doktor, daß mir die katholische Religion nicht einmal Vergnügen macht, und als ein vernünftiger Mann müssen Sie mir recht geben. Ich sehe das Plaisir nicht ein, es ist eine Religion als wenn der liebe Gott, gottbewahre, eben gestorben wäre, und es riecht dabei nach Weihrauch, wie bei einem Leichenbegängnis, und dabei brummt eine so traurige Begräbnismusik, daß man die Melancholik bekömmt – ich sage Ihnen, es ist keine Religion für einen Hamburger.«

»Aber, Herr Hyazinth, wie gefällt Ihnen denn die protestantische Religion?«

»Die ist mir wieder zu vernünftig, Herr Doktor, und gäbe es in der protestantischen Kirche keine Orgel, so wäre sie gar keine Religion. Unter uns gesagt, diese Religion schadet nichts und ist so rein wie ein Glas Wasser, aber, sie hilft auch nichts. Ich habe sie probiert und diese Probe kostet mich vier Mark vierzehn Schilling –«

»Wieso, mein lieber Herr Hyazinth?«

»Sehen, Herr Doktor, ich habe gedacht: das ist freilich eine sehr aufgeklärte Religion, und es fehlt ihr an Schwärmerei und Wunder; indessen, ein bißchen Schwärmerei muß sie doch haben, ein ganz klein Wunderchen muß sie doch tun können, wenn sie sich für eine honette Religion ausgeben will. Aber wer soll da Wunder tun, dacht ich, als ich mal in Hamburg eine protestantische Kirche besah, die zu der ganz kahlen Sorte gehörte, wo nichts als braune Bänke und weiße Wände sind, und an der Wand nichts als ein schwarz Täfelchen hängt, worauf ein halb Dutzend weiße Zahlen stehen. Du tust dieser Religion vielleicht Unrecht, dacht ich wieder, vielleicht können diese Zahlen ebenso gut ein Wunder tun wie ein Bild von der Mutter Gottes oder wie ein Knochen von ihrem Mann, dem heiligen Joseph, und um der Sache auf den Grund zu kommen, ging ich gleich nach Altona, und besetzte eben diese Zahlen in der Altonaer Lotterie, die Ambe besetzte ich mit acht Schilling, die Terne mit sechs, die Quaterne mit vier, und die Quinterne mit zwei Schilling – Aber, ich versichere Sie auf meine Ehre, keine einzige von den protestantischen Nummern ist herausgekommen. Jetzt wußte ich was ich zu denken hatte, jetzt dacht ich, bleibt mir weg mit einer Religion die gar nichts kann, bei der nicht einmal eine Ambe herauskömmt – werde ich so ein Narr sein, auf diese Religion, worauf ich schon vier Mark und vierzehn Schilling gesetzt und verloren habe, noch meine ganze Glückseligkeit zu setzen?«

»Die altjüdische Religion scheint Ihnen gewiß viel zweckmäßiger, mein Lieber?«

»Herr Doktor, bleiben Sie mir weg mit der altjüdischen Religion, die wünsche ich nicht meinem ärgsten Feind. Man hat nichts als Schimpf und Schande davon. Ich sage Ihnen, es ist gar keine Religion, sondern ein Unglück. Ich vermeide alles, was mich daran erinnern könnte, und weil Hirsch ein jüdisches Wort ist und auf Deutsch Hyazinth heißt, so habe ich sogar den alten Hirsch laufen lassen, und unterschreibe mich jetzt: ›Hyazinth, Kollekteur, Operateur und Taxator‹. Dazu habe ich noch den Vorteil, daß schon ein H. auf meinem Petschaft steht und ich mir kein neues stechen zu lassen brauche. Ich versichere Ihnen, es kommt auf dieser Welt viel darauf an wie man heißt; der Name tut viel. Wenn ich mich unterschreibe: ›Hyazinth, Kollekteur, Operateur und Taxator‹, so klingt das ganz anders als schriebe ich Hirsch schlechtweg, und man kann mich dann nicht wie einen gewöhnlichen Lump behandeln.«

»Mein lieber Herr Hyazinth! Wer könnte Sie so behandeln! Sie scheinen schon so viel für ihre Bildung getan zu haben, daß man in Ihnen den gebildeten Mann schon erkennt, ehe Sie den Mund auftun, um zu sprechen.«

»Sie haben recht, Herr Doktor, ich habe in der Bildung Fortschritte gemacht wie eine Riesin. Ich weiß wirklich nicht, wenn ich nach Hamburg zurückkehre, mit wem ich dort umgehn soll; und was die Religion anbelangt, so weiß ich was ich tue. Vorderhand aber kann ich mich mit dem neuen israelitischen Tempel noch behelfen; ich meine den reinen Mosaik-Gottesdienst, mit orthographischen deutschen Gesängen und gerührten Predigten, und einigen Schwärmereichen, die eine Religion durchaus nötig hat. So wahr mir Gott alles Guts gebe, für mich verlange ich jetzt keine bessere Religion, und sie verdient, daß man sie unterstützt. Ich will das Meinige tun, und bin ich wieder in Hamburg, so will ich alle Sonnabend, wenn kein Ziehungstag ist, in den neuen Religion-Tempel gehen. Es gibt leider Menschen, die diesem neuen israelitischen Gottesdienst einen schlechten Namen machen, und behaupten, er gäbe, mit Respekt zu sagen, Gelegenheit zu einem Schisma – aber ich kann Ihnen versichern, es ist eine gute reinliche Religion, noch etwas zu gut für den gemeinen Mann, für den die altjüdische Religion vielleicht noch immer sehr nützlich ist. Der gemeine Mann muß eine Dummheit haben, worin er sich glücklich fühlt, und er fühlt sich glücklich in seiner Dummheit. So ein alter Jude mit einem langen Bart und zerrissenem Rock, und der kein orthographisch Wort sprechen kann und sogar ein bißchen grindig ist, fühlt sich vielleicht innerlich glücklicher als ich mich mit all meiner Bildung. Da wohnt in Hamburg, im Bäckerbreitengang, auf einem Sahl, ein Mann, der heißt Moses Lump, man nennt ihn auch Moses Lümpchen, oder kurzweg Lümpchen; der läuft die ganze Woche herum, in Wind und Wetter, mit seinem Packen auf dem Rücken, um seine paar Mark zu verdienen; wenn der nun Freitag abends nach Hause kömmt, findet er die Lampe mit sieben Lichtern angezündet, den Tisch weiß gedeckt, und er legt seinen Packen und seine Sorgen von sich, und setzt sich zu Tisch mit seiner schiefen Frau und noch schieferen Tochter, ißt mit ihnen Fische, die gekocht sind in angenehm weißer Knoblauchsauce, singt dabei die prächtigsten Lieder vom König David, freut sich von ganzem Herzen über den Auszug der Kinder Israel aus Ägypten, freut sich auch, daß alle Bösewichter, die ihnen Böses getan, am Ende gestorben sind, daß König Pharao, Nebukadnezar, Haman, Antiochus, Titus und all solche Leute tot sind, daß Lümpchen aber noch lebt und mit Frau und Kind Fisch ißt – Und ich sage Ihnen, Herr Doktor, die Fische sind delikat und der Mann ist glücklich, er braucht sich mit keiner Bildung abzuquälen, er sitzt vergnügt in seiner Religion und seinem grünen Schlafrock, wie Diogenes in seiner Tonne, er betrachtet vergnügt seine Lichter, die er nicht einmal selbst putzt – Und ich sage Ihnen, wenn die Lichter etwas matt brennen, und die Schabbesfrau, die sie zu putzen hat, nicht bei der Hand ist, und Rothschild der Große käme jetzt herein, mit all seinen Maklern, Diskonteuren, Spediteuren und Chefs de Comptoir, womit er die Welt erobert, und er spräche: ›Moses Lump, bitte dir eine Gnade aus, was du haben willst, soll geschehen‹ – Herr Doktor, ich bin überzeugt, Moses Lump würde ruhig antworten: ›Putz mir die Lichter!‹ und Rothschild der Große würde mit Verwunderung sagen: ›Wär ich nicht Rothschild, so möchte ich so ein Lümpchen sein!‹«

Während Hyazinth solchermaßen, episch breit, nach seiner Gewohnheit, seine Ansichten entwickelte, erhob sich der Marchese von seinem Betkissen, und trat zu uns, noch immer einige Paternoster durch die Nase schnurrend. Hyazinth zog jetzt den grünen Flor über das Madonnenbild, das oberhalb des Betpultes hing, löschte die beiden Wachskerzen aus, die davor brannten, nahm das kupferne Kruzifix herab, kam damit zu uns zurück, und putzte es mit demselben Lappen und mit derselben spuckenden Gewissenhaftigkeit, womit er eben auch die Sporen seines Herrn geputzt hatte. Dieser aber war wie aufgelöst in Hitze und weicher Stimmung; statt eines Oberkleides trug er einen weiten, blauseidenen Domino mit silbernen Fransen, und seine Nase schimmerte wehmütig, wie ein verliebter Louisdor. »O Jesus!« – seufzte er, als er sich in die Kissen des Sofas sinken ließ – »finden Sie nicht, Herr Doktor, daß ich heute Abend sehr schwärmerisch aussehe? Ich bin sehr bewegt, mein Gemüt ist aufgelöst, ich ahne eine höhere Welt,

Das Auge sieht den Himmel offen,
Es schwelgt das Herz in Seligkeit!«

»Herr Gumpel, Sie müssen einnehmen« – unterbrach Hyazinth die pathetische Deklamation – »das Blut in Ihren Eingeweiden ist wieder schwindelig, ich weiß, was Ihnen fehlt –«

»Du weißt nicht« – seufzte der Herr.

»Ich sage Ihnen, ich weiß« – erwiderte der Diener, und nickte mit seinem gutmütig betätigenden Gesichtchen – »ich kenne Sie ganz durch und durch, ich weiß, Sie sind ganz das Gegenteil von mir, wenn Sie Durst haben, habe ich Hunger, wenn Sie Hunger haben, habe ich Durst; Sie sind zu korpulent und ich bin zu mager, Sie haben viel Einbildung und ich habe desto mehr Geschäftssinn, ich bin ein Praktikus und Sie sind ein Diarrhetikus, kurz und gut, Sie sind ganz mein Antipodex.«

»Ach Julia!« – seufzte Gumpelino – »wär ich der gelblederne Handschuh doch auf deiner Hand und küßte deine Wange! Haben Sie, Herr Doktor, jemals die Crelinger in Romeo und Julia gesehen?«

»Freilich, und meine ganze Seele ist noch davon entzückt –«

»Nun dann« – rief der Marchese begeistert, und Feuer schoß aus seinen Augen und beleuchtete die Nase – »dann verstehen Sie mich, dann wissen Sie was es heißt, wenn ich Ihnen sage: ich liebe! Ich will mich Ihnen ganz dekouvrieren. Hyazinth, geh mal hinaus –«

»Ich brauche gar nicht hinauszugehen« – sprach dieser verdrießlich – »Sie brauchen sich vor mir nicht zu genieren, ich kenne auch die Liebe, und ich weiß schon –«

»Du weißt nicht!« rief Gumpelino.

»Zum Beweise, Herr Marchese, daß ich weiß, brauche ich nur den Namen Julia Maxfield zu nennen. Beruhigen Sie sich, Sie werden wiedergeliebt – aber es kann Ihnen alles nichts helfen. Der Schwager Ihrer Geliebten läßt sie nicht aus den Augen, und bewacht sie Tag und Nacht wie einen Diamant.«

»O ich Unglücklicher« – jammerte Gumpelino – »ich liebe und bin wiedergeliebt, wir drücken uns heimlich die Hände, wir treten uns unterm Tisch auf die Füße, wir winken uns mit den Augen, und wir haben keine Gelegenheit! Wie oft stehe ich im Mondschein auf dem Balkon, und bilde mir ein ich wäre selbst die Julia, und mein Romeo oder mein Gumpelino habe mir ein Rendezvous gegeben, und ich deklamiere, ganz wie die Crelinger:

> Komm Nacht! Komm Gumpelino, Tag in Nacht!
> Denn du wirst ruhn auf Fittichen der Nacht,
> Wie frischer Schnee auf eines Raben Rücken.
> Komm milde, liebevolle Nacht! Komm, gib
> Mir meinen Romeo, oder Gumpelino –

Aber ach! Lord Maxfield bewacht uns beständig, und wir sterben beide vor Sehnsuchtsgefühl! Ich werde den Tag nicht erleben, daß eine solche Nacht kommt, wo jedes reiner Jugend Blüte zum Pfande setzt, gewinnend zu verlieren! Ach! so eine Nacht wäre mir lieber, als wenn ich das große Los in der Hamburger Lotterie gewönne –«

»Welche Schwärmerei!« – rief Hyazinth – »das große Los, 100 000 Mark!«

»Ja, lieber als das große Los« – fuhr Gumpelino fort – »wär mir so eine Nacht, und ach! sie hat mir schon oft eine solche Nacht versprochen, bei der ersten Gelegenheit, und ich hab mir schon gedacht, daß sie dann des Morgens deklamieren wird, ganz wie die Crelinger:

Willst du schon gehn? Der Tag ist ja noch fern.
Es war die Nachtigall und nicht die Lerche,
Die eben jetzt dein banges Ohr durchdrang.
Sie singt des Nachts auf dem Granatbaum dort.
Glaub, Lieber, mir, es war die Nachtigall.«

»Das große Los für eine einzige Nacht!« – wiederholte unterdessen mehrmals Hyazinth, und konnte sich nicht zufriedengeben – »Ich habe eine große Meinung, Herr Marchese, von Ihrer Bildung, aber daß Sie es in der Schwärmerei so weit gebracht, hätte ich nicht geglaubt. Die Liebe sollte einem lieber sein als das große Los! Wirklich, Herr Marchese, seit ich mit Ihnen Umgang habe, als Bedienter, habe ich mir schon viel Bildung angewöhnt; aber soviel weiß ich, nicht einmal ein Achtelchen vom großen Los gäbe ich für die Liebe! Gott soll mich davor bewahren! Wenn ich auch rechne fünfhundert Mark Abzugsdekort, so bleiben doch noch immer zwölftausend Mark! Die Liebe! Wenn ich alles zusammenrechne was mich die Liebe gekostet hat, kommen nur zwölf Mark und dreizehn Schilling heraus. Die Liebe! Ich habe auch viel Umsonstglück in der Liebe gehabt, was mich gar nichts gekostet hat; nur dann und wann habe ich mal meiner Geliebten par Complaisanz die Hühneraugen geschnitten. Ein wahres, gefühlvoll leidenschaftliches Attachement hatte ich nur ein einziges Mal, und das war die dicke Gudel vom Dreckwall. Die Frau spielte bei mir, und wenn ich kam, ihr das Los zu renovieren, drückte sie mir immer ein Stück Kuchen in die Hand, ein Stück sehr guten Kuchen; – auch hat sie mir manchmal etwas Eingemachtes gegeben, und ein Likörchen dabei, und als ich ihr einmal klagte, daß ich mit Gemütsbeschwerden behaftet sei, gab sie mir das Rezept zu den Pulvern, die ihr eigner Mann braucht. Ich brauche die Pulver noch bis zur heutigen Stunde, sie tun immer ihre Wirkung – weitere Folgen hat unsere Liebe nicht gehabt. Ich dächte, Herr Marchese, Sie brauchten mal eins von diesen Pulvern. Es war mein erstes, als ich nach Italien kam, daß ich in Mailand nach der Apotheke ging, und mir die Pulver machen ließ, und ich trage sie beständig bei mir. Warten Sie nur, ich will sie suchen, und wenn ich suche so finde ich sie, und wenn ich sie finde so müssen sie Ew. Exzellenz einnehmen.«

Es wäre zu weitläuftig, wenn ich den Kommentar wiederholen wollte, womit der geschäftige Sucher jedes Stück begleitete, das er aus seiner Tasche kramte. Da kam zum Vorschein: 1. ein halbes Wachslicht, 2. ein silbernes Etui, worin die Instrumente zum Schneiden der Hühneraugen, 3. eine Zitrone, 4. eine Pistole, die obgleich nicht geladen, dennoch mit Papier umwickelt war, vielleicht damit ihr Anblick keine gefährliche Träume verursache, 5. eine gedruckte Liste von der letzten Ziehung der großen Hamburger Lotterie, 6. ein schwarzledernes Büchlein, worin die Psalmen Davids und die ausstehenden Schulden, 7. ein dürres Weidensträußchen, wie zu einem Knoten verschlungen, 8. ein Päckchen, das mit verblichenem Rosataffet überzogen war und die Quittung eines Lotterieloses enthielt, das einst funfzigtausend Mark gewonnen, 9. ein plattes Stück Brot, wie weißgebackner Schiffszwieback, mit einem kleinen Loch in der Mitte, und endlich 10. die oben erwähnten Pulver, die der kleine Mann mit einer gewissen Rührung und mit seinem verwundert wehmütigen Kopfschütteln betrachtete.

»Wenn ich bedenke« – seufzte er – »daß mir vor zehn Jahren die dicke Gudel dies Rezept gegeben, und daß ich jetzt in Italien bin und dasselbe Rezept in Händen habe, und wieder die Worte lese: sal mirabile Glauberi, das heißt auf deutsch extra feines Glaubensalz von der besten Sorte – ach, da ist mir zu Mut, als hätte ich das Glaubensalz selbst schon eingenommen und als fühlte ich die Wirkung. Was ist der Mensch! Ich bin in Italien und denke an die dicke Gudel vom Dreckwall! Wer hätte das gedacht! Ich kann mir vorstellen, sie ist jetzt auf dem Lande, in ihrem Garten, wo der Mond scheint, und gewiß auch eine Nachtigall singt oder eine Lerche –«!

»Es ist die Nachtigall und nicht die Lerche!« seufzte Gumpelino dazwischen, und deklamierte vor sich hin:

> »Sie singt des Nachts auf dem Granatbaum dort;
> Glaub, Lieber, mir, es war die Nachtigall.«

»Das ist ganz einerlei« – fuhr Hyazinth fort – »meinethalben ein Kanarienvogel, die Vögel die man im Garten hält, kosten am wenigsten. Die Hauptsache ist das Treibhaus, und die Tapeten im Pavillon und die Staatsfiguren, die davorstehen, und da stehen, zum Beispiel, ein nackter General von den Göttern und die Venus Urania, die beide dreihundert Mark kosten. Mitten im Garten hat sich die Gudel auch eine Fontenelle anlegen lassen – Und da steht sie vielleicht jetzt und puhlt sich die Nase, und macht sich ein Schwärmereivergnügen, und denkt an mich – Ach!«

Nach diesem Seufzer erfolgte eine sehnsüchtige Stille, die der Marchese endlich unterbrach, mit der schmachtenden Frage: »Sage mir auf deine Ehre, Hyazinth, glaubst du wirklich, daß dein Pulver wirken wird?«

»Es wird auf meine Ehre wirken«, erwiderte jener. »Warum soll es nicht wirken? Wirkt es doch bei mir! Und bin ich denn nicht ein lebendiger Mensch so gut wie Sie? Glaubensalz macht alle Menschen gleich; und wenn Rothschild Glaubensalz einnimmt, fühlt er dieselbe Wirkung wie das kleinste Maklerchen. Ich will Ihnen alles voraussagen: Ich schütte das Pulver in ein Glas, gieße Wasser dazu, rühre es, und sowie Sie das hinuntergeschluckt haben, ziehen Sie ein saures Gesicht und sagen Prr! Prr! Hernach hören Sie selbst, wie es in Ihnen herumkullert, und es ist Ihnen etwas kurios zu Mut und Sie legen sich zu Bett, und ich gebe Ihnen mein Ehrenwort, Sie stehen wieder auf, und Sie legen sich wieder, und stehen wieder auf, und so fort, und den andern Morgen fühlen Sie sich leicht wie ein Engel mit weißen Flügeln, und Sie tanzen vor Gesundeswohlheit, nur ein bißchen blaß sehen Sie dann aus; aber ich weiß, Sie sehen gern schmachtend blaß aus, und wenn Sie schmachtend blaß aussehen, sieht man Sie gern.«

Obgleich Hyazinth solchermaßen zuredete, und schon das Pulver bereitete, hätte das doch wenig gefruchtet, wenn nicht dem Marchese plötzlich die Stelle, wo Julia den verhängnisvollen Trank einnimmt, in den Sinn gekommen wäre. »Was halten Sie, Doktor« – rief er – »von der Müller in Wien? Ich habe sie als Julia gesehen, und Gott! Gott! wie spielt sie! Ich bin doch der größte Enthusiast für die Crelinger, aber die Müller, als sie den Becher austrank, hat mich hingerissen. Sehen Sie« – sprach er, indem er mit tragischer Gebärde das Glas, worin Hyazinth das Pulver geschüttet, zur Hand nahm – »sehen Sie, so hielt sie den Becher und schauderte, daß man alles mitfühlte wenn sie sagte:

> Kalt rieselt matter Schaur durch meine Adern,
> Der fast die Lebenswärm erstarren macht!

Und so stand sie, wie ich jetzt stehe, und hielt den Becher an die Lippen, und bei den Worten:

> Weile, Tybalt!
> Ich komme, Romeo! Dies trink ich Dir.

Da leerte sie den Becher –«

»Wohl bekomme es Ihnen, Herr Gumpel!« sprach Hyazinth mit feierlichem Tone; denn der Marchese hatte in nachahmender Begeisterung das Glas ausgetrunken, und sich, erschöpft von der Deklamation, auf das Sofa hingeworfen.

Er verharrte jedoch nicht lange in dieser Lage; denn es klopfte plötzlich jemand an die Türe, und herein trat Lady Maxfields kleiner Jockey, der dem Marchese, mit lächelnder Verbeugung, ein Billett überreichte und sich gleich wieder empfahl. Hastig erbrach jener das Billett; während er las, leuchteten Nase und Augen vor Entzücken, jedoch plötzlich überflog eine Geisterblässe sein ganzes Gesicht, Bestürzung zuckte in jeder Muskel, mit Verzweiflungsgebärden sprang er auf, lachte grimmig, rannte im Zimmer umher und schrie:

»Weh mir, ich Narr des Glücks!«

»Was ist? Was ist?« frug Hyazinth mit zitternder

Stimme, und indem er krampfhaft das Kruzifix, woran er wieder putzte, in zitternden Händen hielt – »Werden wir diese Nacht überfallen?«

»Was ist Ihnen, Herr Marchese?« frug ich, ebenfalls nicht wenig erstaunt.

»Lest! lest!« – rief Gumpelino, indem er uns das empfangene Billett hinwarf, und immer noch verzweiflungsvoll im Zimmer umherrannte, wobei sein blauer Domino ihn wie eine Sturmwolke umflatterte – »Weh mir, ich Narr des Glücks!«

In dem Billette aber lasen wir folgende Worte:

»Süßer Gumpelino! Sobald es tagt, muß ich nach England abreisen. Mein Schwager ist indessen schon vorangeeilt und erwartet mich in Florenz. Ich bin jetzt unbeobachtet, aber leider nur diese einzige Nacht – Laß uns diese benutzen, laß uns den Nektarkelch, den uns die Liebe kredenzt, bis auf den letzten Tropfen leeren. Ich harre, ich zittere –

Julia Maxfield.«

»Weh mir, ich Narr des Glücks!« jammerte Gumpelino – »die Liebe will mir ihren Nektarkelch kredenzen, und ich, ach! ich Hansnarr des Glücks, ich habe schon den Becher des Glaubensalzes geleert! Wer bringt mir den schrecklichen Trank wieder aus dem Magen? Hülfe! Hülfe!«

»Hier kann kein irdischer Lebensmensch mehr helfen«, seufzte Hyazinth.

»Ich bedauere Sie von ganzem Herzen«, kondolierte ich ebenfalls. »Statt eines Kelchs mit Nektar ein Glas mit Glaubensalz zu genießen, das ist bitter! Statt des Thrones der Liebe harrt Ihrer jetzt der Stuhl der Nacht!«

»O Jesus! O Jesus!« – schrie der Marchese noch immer

– »Ich fühle, wie es durch alle meine Adern rinnt – O wackerer Apotheker! dein Trank wirkt schnell – aber ich lasse mich doch nicht dadurch abhalten, ich will zu ihr eilen, zu ihren Füßen will ich niedersinken, und da verbluten!«

»Von Blut ist gar nicht die Rede« – begütigte Hyazinth – »Sie haben ja keine Homeriden. Sein Sie nur nicht leidenschaftlich –«

»Nein, nein! ich will zu ihr hin, in ihren Armen – o Nacht o Nacht –«

»Ich sage Ihnen« – fuhr Hyazinth fort mit philosophischer Gelassenheit – »Sie werden in ihren Armen keine Ruhe haben, Sie werden zwanzigmal aufstehen müssen. Sein Sie nur nicht leidenschaftlich. Je mehr Sie im Zimmer auf und ab springen und je mehr Sie sich alterieren, desto schneller wirkt das Glaubensalz. Ihr Gemüt spielt der Natur in die Hände. Sie müssen wie ein Mann tragen, was das Schicksal über Sie beschlossen hat. Daß es so gekommen ist, ist vielleicht gut, und es ist vielleicht gut, daß es so gekommen ist. Der Mensch ist ein irdisches Wesen und begreift nicht die Fügung der Göttlichkeit. Der Mensch meint oft, er ginge seinem Glück entgegen, und auf seinem Wege steht vielleicht das Unglück mit einem Stock, und wenn ein bürgerlicher Stock auf einen adeligen Rücken kommt, so fühlts der Mensch, Herr Marchese.«

»Weh mir, ich Narr des Glücks!« tobte noch immer Gumpelino, sein Diener aber sprach ruhig weiter:

»Der Mensch erwartet oft einen Kelch mit Nektar, und er kriegt eine Prügelsuppe, und ist auch Nektar süß, so sind doch Prügel desto bitterer; und es ist noch ein wahres Glück, daß der Mensch, der den andern prügelt, am Ende müde wird, sonst könnte es der andere wahrhaftig nicht aushalten. Gefährlicher ist aber noch, wenn das Unglück mit Dolch und Gift, auf dem Wege der Liebe, dem Menschen auflauert, so daß er seines Lebens nicht sicher ist. Vielleicht, Herr Marchese, ist es wirklich gut, daß es so gekommen ist, denn vielleicht wären Sie in der Hitze der Liebe zu der Geliebten hingelaufen, und auf dem Wege wäre ein kleiner Italiener mit einem Dolch, der sechs brabanter Ellen lang ist, auf Sie losgerannt, und hätte Sie – ich will meinen Mund nicht zum Bösen auftun – bloß in die Wade gestochen. Denn hier kann man nicht, wie in Hamburg, gleich die Wache rufen, und in den Apenninen gibt es keine Nachtwächter. Oder vielleicht gar« – fuhr der unerbittliche Tröster fort, ohne durch die Verzweiflung des Marchese sich im mindesten stören zu lassen – »vielleicht gar, wenn Sie bei Lady Maxfield ganz wohl und warm säßen, käme plötzlich der Schwager von der Reise zurück und setzte Ihnen die geladene Pistole auf die Brust, und ließe Sie einen Wechsel unterschreiben von hunderttausend Mark: Ich will meinen Mund nicht zum Bösen auftun, aber ich setze den Fall: Sie wären ein schöner Mensch, und Lady Maxfield wäre in Verzweiflung, daß sie den schönen Menschen verlieren soll, und eifersüchtig, wie die Weiber sind, wollte sie nicht, daß eine andre sich nachher an Ihnen beglücke – Was tut sie? Sie nimmt eine Zitrone oder eine Orange, und schüttet ein klein weiß Pülverchen hinein, und sagt: ›Kühle dich, Geliebter, du hast dich heiß gelaufen‹ – und den andern Morgen sind Sie wirklich ein kühler Mensch. Da war ein Mann, der hieß Pieper und der hatte eine Leidenschaftsliebe mit einer Mädchenperson, die das Posaunenengelhannchen hieß, und die wohnte auf der Kaffeemacherei und der Mann wohnte in der Fuhlentwiete –«

»Ich wollte, Hirsch« – schrie wütend der Marchese,

dessen Unruhe den höchsten Grad erreicht hatte – »ich wollt, dein Pieper von der Fuhlentwiete und sein Posaunenengel von der Kaffeemacherei, und du und die Gudel, Ihr hättet mein Glaubensalz im Leibe!«

»Was wollen Sie von mir, Herr Gumpel?« – versetzte Hyazinth, nicht ohne Anflug von Hitze – »Was kann ich dafür, daß Lady Maxfield just heute Nacht abreisen will und Sie just heute invitiert? Konnt ich das vorauswissen? Bin ich Aristoteles? Bin ich bei der Vorsehung angestellt? Ich habe bloß versprochen, daß das Pulver wirken soll, und es wirkt so sicher, wie ich einst selig werde, und wenn Sie so disparat und leidenschaftlich mit solcher Raserei hin und her laufen, so wird es noch schneller wirken –«

»So will ich mich ruhig hinsetzen!« ächzte Gumpelino, stampfte den Boden, warf sich ingrimmig aufs Sofa, unterdrückte gewaltsam seine Wut und Herr und Diener sahen sich lange schweigend an, bis jener endlich nach einem tiefen Seufzer und fast kleinlaut ihn anredete:

»Aber Hirsch, was soll die Frau von mir denken, wenn ich nicht komme? Sie wartet jetzt auf mich, sie harrt sogar, sie zittert, sie glüht vor Liebe –«

»Sie hat einen schönen Fuß« – sprach Hyazinth in sich hinein und schüttelte wehmütig sein Köpflein. In seiner Brust aber schien es sich gewaltig zu bewegen, unter seinem roten Rocke arbeitete sichtbar ein kühner Gedanke –

»Herr Gumpel« – sprach es endlich aus ihm hervor – »Schicken Sie mich!«

Bei diesen Worten zog eine hohe Röte über das bläßliche Geschäftsgesicht.

KAPITEL X

Als Candide nach Eldorado kam, sah er auf der Straße mehrere Buben, die mit großen Goldklumpen statt mit Steinen spielten. Dieser Luxus machte ihn glauben, es seien das Kinder des Königs, und er war nicht wenig verwundert, als er vernahm, daß in Eldorado die Goldklumpen ebenso wertlos sind, wie bei uns die Kieselsteine, und daß die Schulknaben damit spielen. Einem meiner Freunde, einem Ausländer, ist etwas Ähnliches begegnet, als er nach Deutschland kam und zuerst deutsche Bücher las, und über den Gedankenreichtum, welchen er darin fand, sehr erstaunte; bald aber merkte er, daß Gedanken in Deutschland so häufig sind, wie Goldklumpen in Eldorado, und daß jene Schriftsteller, die er für Geistesprinzen gehalten, nur gewöhnliche Schulknaben waren.

Diese Geschichte kommt mir immer in den Sinn, wenn ich im Begriff stehe, die schönsten Reflexionen über Kunst und Leben niederzuschreiben, und dann lache ich und behalte lieber meine Gedanken in der Feder, oder kritzele statt dieser irgendein Bild oder Figürchen auf das Papier, und überrede mich, solche Tapeten seien in Deutschland, dem geistigen Eldorado, weit brauchbarer als die goldigsten Gedanken.

Auf der Tapete, die ich Dir jetzt zeige, lieber Leser, siehst Du wieder die wohlbekannten Gesichter Gumpelinos und seines Hirsch-Hyazinthos, und wenn auch jener mit minder bestimmten Zügen dargestellt ist, so hoffe ich doch, Du wirst scharfsinnig genug sein, einen Negationscharakter ohne allzu positive Bezeichnungen zu begreifen. Letztere könnten mir einen Injurienprozeß zu Wege bringen, oder gar noch bedenklichere Dinge. Denn der Marchese ist mächtig durch Geld und Verbindungen. Dabei ist er der natürliche Alliierte meiner Feinde, er unterstützt sie mit Subsidien, er ist Aristokrat, Ultra-Papist, nur etwas fehlt ihm noch – je nun, auch das wird er sich schon anlehren lassen – er hat das Lehrbuch dazu in den Händen, wie Du auf der Tapete sehen wirst.

Es ist wieder Abend, auf dem Tische stehen zwei Armleuchter mit brennenden Wachskerzen, ihr Schimmer spielt über die goldenen Rahmen der Heiligenbilder, die, an der Wand hängend, durch das flackernde Licht und die beweglichen Schatten zu leben scheinen. Draußen, vor dem Fenster, stehen im silbernen Mondschein, unheimlich bewegungslos, die düstern Zypressen, und in der Ferne ertönt ein trübes Marienliedchen in abgebrochenen Lauten und wie von einer kranken Kinderstimme. Es herrscht eine eigene Schwüle im Zimmer, der Marchese Christophoro di Gumpelino sitzt, oder vielmehr liegt wieder, nachlässig vornehm, auf den Kissen des Sofas, der edle schwitzende Leib ist wieder mit dem dünnen, blauseidenen Domino bekleidet, in den Händen hält er ein Buch, das in rotes Saffianpapier mit Goldschnitt gebunden ist, und deklamiert daraus laut und schmachtend. Sein Auge hat dabei einen gewissen klebrigten Lustre, wie er verliebten Katern eigen zu sein pflegt, und seine Wangen, sogar die beiden Seitenflügel der Nase, sind etwas leidend blaß. Jedoch, lieber Leser, diese Blässe ließe sich wohl philosophisch anthropologisch erklären, wenn man bedenkt, daß der Marchese den Abend vorher ein ganzes Glas Glaubensalz verschluckt hat.

Hirsch-Hyazinthos aber kauert am Boden des Zimmers, und mit einem großen Stück weißer Kreide zeichnet er auf das braune Estrich, in großem Maßstabe ungefähr folgende Charaktere:

◡ ◡ — ◡ ◡ — ◡ ◡ — ◡ ◡
◡ ◡ — ◡ ◡ — ◡ ◡ — ◡ ◡
◡ ◡ — ◡ ◡ — ◡ ◡ — ◡ ◡
◡ ◡ — ◡ ◡ — ◡ ◡
◡ ◡

Dieses Geschäft scheint dem kleinen Manne ziemlich sauer zu werden; keuchend bei dem jedesmaligen Bücken, murmelt er verdrießlich: Spondeus, Trochäus, Jambus, Antispaß, Anapäst und die Pest! Dazu hat er, um der bequemeren Bewegung willen, den roten Oberrock abgelegt, und zum Vorschein kommen zwei kurze, demütige Beinchen in engen Scharlachhosen, und zwei etwas längere abgemagerte Arme in weißen, schlotternden Hemdärmeln.

»Was sind das für sonderbare Figuren?« frug ich ihn, als ich diesem Treiben eine Weile zugesehen.

»Das sind die Füße in Lebensgröße«, ächzte er zur Antwort, »und ich geplagter Mann muß diese Füße im Kopf behalten, und meine Hände tun mir schon weh von all den Füßen, die ich jetzt aufschreiben muß. Es sind die wahren echten Füße von der Poesie. Wenn ich es nicht meiner Bildung wegen täte, so ließe ich die Poesie laufen mit allen ihren Füßen. Ich habe jetzt bei dem Herrn Marchese Privatunterricht in der Poesiekunst. Der Herr Marchese liest mir die Gedichte vor, und expliziert mir, aus wieviel Füßen sie bestehen, und ich muß sie notieren und dann nachrechnen, ob das Gedicht richtig ist.«

»Sie treffen uns« – sprach der Marchese didaktisch pathetischen Tones – »wirklich in einer poetischen Beschäftigung. Ich weiß wohl, Doktor, Sie gehören zu den Dichtern, die einen eigensinnigen Kopf haben, und nicht einsehen, daß die Füße in der Dichtkunst die Hauptsache sind. Ein gebildetes Gemüt wird aber nur durch die gebildete Form angesprochen, diese können wir nur von den

Griechen lernen und von neueren Dichtern, die griechisch streben, griechisch denken, griechisch fühlen, und in solcher Weise ihre Gefühle an den Mann bringen.«

»Versteht sich an den Mann, nicht an die Frau, wie ein unklassischer romantischer Dichter zu tun pflegt« – bemerkte meine Wenigkeit.

»Herr Gumpel spricht zuweilen wie ein Buch«, flüsterte mir Hyazinth von der Seite zu, preßte die schmalen Lippen zusammen, blinzelte mit stolz vergnügten Äuglein und schüttelte das wunderstaunende Häuptlein. »Ich sage Ihnen« – setzte er etwas lauter hinzu – »wie ein Buch spricht er zuweilen, er ist dann sozusagen kein Mensch mehr, sondern ein höheres Wesen, und ich werde dann wie dumm, je mehr ich ihn anhöre.«

»Und was haben Sie denn jetzt in den Händen?« frug ich den Marchese.

»Brillanten!« antwortete er und überreichte mir das Buch.

Bei dem Wort »Brillanten« sprang Hyazinth in die Höhe; doch als er nur ein Buch sah, lächelte er mitleidigen Blicks. Dieses brillante Buch aber hatte auf dem Vorderblatte folgenden Titel:

»Gedichte von August Grafen von Platen; Stuttgart und Tübingen. Verlag der J. G. Cottaschen Buchhandlung. 1828.«

Auf dem Hinterblatte stand zierlich geschrieben: »Geschenk warmer brüderlicher Freundschaft.« Dabei roch das Buch nach jenem seltsamen Parfüm, der mit Eau de Cologne nicht die mindeste Verwandtschaft hat, und vielleicht auch dem Umstande beizumessen war, daß der Marchese die ganze Nacht darin gelesen hatte.

»Ich habe die ganze Nacht kein Auge zutun können« – klagte er mir – »ich war so sehr bewegt, ich mußte elfmal aus dem Bette steigen, und zum Glück hatte ich dabei diese vortreffliche Lektüre, woraus ich nicht bloß Belehrung für die Poesie, sondern auch Trost für das Leben geschöpft habe. Sie sehen, wie sehr ich das Buch geehrt, es fehlt kein einziges Blatt, und doch, wenn ich so saß, wie ich saß, kam ich manchmal in Versuchung – «

»Das wird mehreren passiert sein, Herr Marchese.«

»Ich schwöre Ihnen bei unserer lieben Frau von Loretto und so wahr ich ein ehrlicher Mann bin« – fuhr jener fort – »diese Gedichte haben nicht ihresgleichen. Ich war, wie Sie wissen, gestern Abend in Verzweiflung, sozusagen, au désespoir, als das Fatum mir nicht vergönnte, meine Julia zu besitzen – da las ich diese Gedichte, jedesmal ein Gedicht wenn ich aufstehen mußte, und eine solche Gleichgültigkeit gegen die Weiber war die Folge, daß mir mein eigener Liebesschmerz zuwider wurde. Das ist eben das Schöne an diesem Dichter, daß er nur für Männer glüht, in warmer Freundschaft; er gibt uns den Vorzug vor dem weiblichen Geschlechte, und schon für diese Ehre sollten wir ihm dankbar sein. Er ist darin größer als alle andern Dichter, er schmeichelt nicht dem gewöhnlichen Geschmack des großen Haufens, er heilt uns von unserer Passion für die Weiber, die uns so viel Unglück zuzieht – O Weiber! Weiber! wer uns von Euren Fesseln befreit, der ist ein Wohltäter der Menschheit. Es ist ewig schade, daß Shakespeare sein eminentes theatralisches Talent nicht dazu benutzt hat, denn er soll, wie ich hier zuerst lese, nicht minder großherzig gefühlt haben als der große Graf Platen, der in seinen Sonetten von Shakespeare sagt:

Nicht Mädchenlaunen störten deinen Schlummer,
Doch stets um Freundschaft sehn wir warm dich ringen:

Dein Freund errettet dich aus Weiberschlingen,
Und seine Schönheit ist dein Ruhm und Kummer.«

Während der Marchese diese Worte mit warmem Gefühl deklamierte, und der glatte Mist ihm gleichsam auf der Zunge schmolz, schnitt Hyazinth die widersprechendsten Gesichter, zugleich verdrießlich und beifällig, und endlich sprach er:

»Herr Marchese, Sie sprechen wie ein Buch, auch die Verse gehen Ihnen wieder so leicht ab wie diese Nacht, aber ihr Inhalt will mir nicht gefallen. Als Mann fühle ich mich geschmeichelt, daß der Graf Platen uns den Vorzug gibt vor den Weibern, und als Freund von den Weibern bin ich wieder ein Gegner von solch einem Manne. So ist der Mensch! Der eine ißt gern Zwiebeln, der andere hat mehr Gefühl für warme Freundschaft, und ich, als ehrlicher Mann, muß aufrichtig gestehen, ich esse gern Zwiebeln, und eine schiefe Köchin ist mir lieber als der schönste Schönheitsfreund. Ja, ich muß gestehen, ich sehe nicht so viel Schönes am männlichen Geschlecht, daß man sich darin verlieben sollte.«

Diese letzteren Worte sprach Hyazinth, während er sich musternd im Spiegel betrachtete, der Marchese aber ließ sich nicht stören und deklamierte weiter:

»Der Hoffnung Schaumgebäude bricht zusammen,
Wir mühn uns, ach! und kommen nicht zusammen:
Mein Name klingt aus deinem Mund melodisch,
Doch reihst du selten dies Gedicht zusammen;
Wie Sonn und Mond uns stets getrennt zu halten
Verschworen Sitte sich und Pflicht zusammen,
Laß Haupt an Haupt uns lehnen, denn es taugen
Dein dunkles Haar, mein hell Gesicht zusammen!

Doch ach! ich träume, denn du ziehst von hinnen,
Eh noch das Glück uns brachte dicht zusammen:
Die Seelen bluten, da getrennt die Leiber,
O wärens Blumen, die man flicht zusammen!«

»Eine komische Poesie!« – rief Hyazinth, der die Reime nachmurmelte – »Sitte sich und Pflicht zusammen, Gesicht zusammen, dicht zusammen, flicht zusammen! komische Poesie! Mein Schwager, wenn er Gedichte liest, macht oft den Spaß, daß er am Ende jeder Zeile die Worte ›von vorn‹ und ›von hinten‹ abwechselnd hinzusetzt; und ich habe nie gewußt, daß die Poesiegedichte, die dadurch entstehen, Ghaselen heißen. Ich muß einmal die Probe machen, ob das Gedicht, das der Herr Marchese deklamiert hat, nicht noch schöner wird, wenn man nach dem Wort ›zusammen‹ jedesmal, mit Abwechslung ›von vorn‹ und ›von hinten‹ setzt; die Poesie davon wird gewiß zwanzig Prozent stärker.«

Ohne auf dieses Geschwätz zu achten, fuhr der Marchese fort im Deklamieren von Ghaselen und Sonetten, worin der Liebende seinen Schönheitsfreund besingt, ihn preist, sich über ihn beklagt, ihn des Kaltsinns beschuldigt, Pläne schmiedet, um zu ihm zu gelangen, mit ihm äugelt, eifersüchtelt, schmächtelt, eine ganze Skala von Zärtlichkeiten durchliebelt, und zwar so warmselig, betastungssüchtig und anleckend, daß man glauben sollte der Verfasser sei ein manntolles Mägdlein – Nur müßte es dann einigermaßen befremden, daß dieses Mägdlein beständig jammert, ihre Liebe sei gegen die »Sitte«, daß sie gegen »diese trennende Sitte« so bitter gestimmt ist, wie ein Taschendieb gegen die Polizei, daß sie liebend »die Lende« des Freundes umschlingen möchte, daß sie sich über »Neider« beklagt, »die sich schlau vereinen, um uns zu hindern und getrennt zu halten«, daß sie über verletzende Kränkungen klagt von Seiten des Freundes, daß sie ihm versichert, sie wolle ihn nur flüchtig erblicken, ihm beteuert, »Nicht eine Silbe soll dein Ohr erschrecken!« und endlich gesteht:

»Mein Wunsch bei andern zeugte Widerstreben,
Du hast ihn nicht erhört, doch abgeschlagen
Hast du ihn auch nicht, o mein süßes Leben!«

Ich muß dem Marchese das Zeugnis erteilen, daß er diese Gedichte gut vortrug, hinlänglich dabei seufzte, ächzte und auf dem Sofa hin- und herrutschend gleichsam mit dem Gesäße kokettierte. Hyazinth versäumte keineswegs, immer die Reime nachzuplappern, wenn er auch ungehörige Bemerkungen dazwischen schwätzte. Den Oden schenkte er die meiste Aufmerksamkeit. »Man kann bei dieser Sorte«, sagte er, »weit mehr lernen als bei Saunetten und Ghaselen; da bei den Oden die Füße oben ganz besonders abgedruckt sind, kann man jedes Gedicht mit Bequemlichkeit nachrechnen. Jeder Dichter sollte, wie der Graf Platen, bei seinen schwierigsten Poesiegedichten, die Füße oben drucken und zu den Leuten sagen: ›Seht, ich bin ein ehrlicher Mann, ich will Euch nicht betrügen, diese krummen und geraden Striche, die ich vor jedes Gedicht setze, sind sozusagen ein Conto finto von jedem Gedicht, und Ihr könnt nachrechnen, wieviel Mühe es mich gekostet, sie sind, sozusagen, das Ellenmaß von jedem Gedichte, und Ihr könnt nachmessen, und fehlt daran eine einzige Silbe, so sollt Ihr mich einen Spitzbuben nennen, so wahr ich ein ehrlicher Mann bin.‹ Aber eben durch diese ehrliche Miene kann das Publikum betrogen werden. Eben wenn die Füße vor dem Gedichte angegeben sind, denkt man: ich will kein mißtrauischer Mensch sein, wozu soll ich dem Manne nachzählen, er ist gewiß ein ehrlicher Mann und man zählt nicht nach und wird betrogen. Und kann man immer nachrechnen? Wir sind jetzt in Italien und da habe ich Zeit, die Füße mit Kreide auf die Erde zu schreiben und jede Ode zu kollationieren. Aber in Hamburg, wo ich mein Geschäft habe, fehlt mir die Zeit dazu, und ich müßte dem Grafen Platen ungezählt trauen, wie man traut bei den Geldbeuteln von der Courantkasse, worauf geschrieben steht, wie viel Hundert Taler darin enthalten – sie gehen versiegelt von Hand zu Hand, jeder traut dem andern, daß soviel darin enthalten ist, wie darauf steht, und es gibt doch Beispiele, daß ein Müßiggänger, der nicht viel zu tun hatte, so einen Beutel geöffnet und nachgezählt und ein paar Taler zu wenig darin gefunden hat. So kann auch in der Poesie viel Spitzbüberei vorfallen. Besonders wenn ich an Geldbeutel denke, werde ich mißtrauisch. Denn mein Schwager hat mir erzählt: im Zuchthaus zu Odensee sitzt – ein gewisser jemand, der bei der Post angestellt war, und die Geldbeutel, die durch seine Hände gingen, unehrlich geöffnet und unehrlich Geld herausgenommen, und sie wieder künstlich zugenäht und weitergeschickt hat. Hört man von solcher Geschicklichkeit, so verliert man das menschliche Zutrauen und wird ein mißtrauischer Mensch. Es gibt jetzt viel Spitzbüberei in der Welt, und es ist gewiß in der Poesie wie in jedem anderen Geschäft.

Die Ehrlichkeit« – fuhr Hyazinth fort, während der Marchese weiter deklamierte, ohne unserer zu achten, ganz versunken in Gefühl – »die Ehrlichkeit, Herr Doktor, ist die Hauptsache, und wer kein ehrlicher Mann ist, den betrachte ich wie einen Spitzbuben, und wen ich wie einen Spitzbuben betrachte, von dem kaufe ich nichts, von dem lese ich nichts, kurz ich mache kein Geschäft mit ihm. Ich bin ein Mann, Herr Doktor, der sich auf nichts etwas einbildet, wenn ich mir aber etwas einbilden wollte auf etwas, so würde ich mir etwas darauf einbilden, daß ich ein ehrlicher Mann bin. Ich will Ihnen einen edlen Zug von mir erzählen, und Sie werden staunen – ich sag Ihnen, Sie werden staunen, so wahr ich ein ehrlicher Mann bin. Da wohnt ein Mann in Hamburg auf dem Speersort, und der ist ein Krautkrämer und heißt Klötzchen, das heißt, ich heiße den Mann Klötzchen, weil wir gute Freunde sind, sonst heißt der Mann Herr Klotz. Auch seine Frau muß man Madam Klotz nennen, und sie hat nie leiden können, daß ihr Mann bei mir spielte, und wenn ihr Mann bei mir spielen wollte, so durfte ich mit dem Lotterielos nicht zu ihm ins Haus kommen, und er sagte mir immer auf der Straße: die und die Nummer will ich bei dir spielen und hier hast du das Geld, Hirsch! Und ich sagte dann: gut, Klötzchen! Und kam ich nach Hause, so legte ich die Nummer kouvertiert für ihn aparte, und schrieb auf das Kouvert mit deutschen Buchstaben: für Rechnung des Herrn Christian Hinrich Klotz. Und nun hören Sie und staunen Sie: Es war ein schöner Frühlingstag, und die Bäume an der Börse waren grün, und die Zephyrlüfte waren angenehm, und die Sonne glänzte am Himmel, und ich stand an der Hamburger Bank. Da kommt Klötzchen, mein Klötzchen, und hat am Arm seine dicke Madam Klotz, und grüßt mich zuerst, und spricht von der Frühlingspracht Gottes, macht auch einige patriotische Bemerkungen über das Bürgermilitär, und er fragt mich, wie die Geschäfte gehen, und ich erzähle ihm, daß vor einigen Stunden wieder einer am Pranger gestanden, und so im Gespräch sagt er mir: gestern Nacht habe ich geträumt, Numero 1538 wird als das große Los herauskommen – und in demselben Moment, während Madam Klotz die Kaiserstatisten vor dem Rathaus betrachtet, drückt er mir dreizehn vollwichtige Stück Louisdor in die Hand – ich meine ich fühle sie noch jetzt – und ehe Madam Klotz sich wieder herumdreht, sag ich: gut Klötzchen! und gehe weg. Und ich gehe directement, ohne mich umzusehen, nach der Hauptkollekte und hole mir Numero 1538, und kouvertiere sie sobald ich nach Hause komme, und schreibe auf das Kouvert: für Rechnung des Herrn Christian Hinrich Klotz. Und was tut Gott? Vierzehn Tage nachher, um meine Ehrlichkeit auf die Probe zu stellen, läßt er Numero 1538 herauskommen mit einem Gewinn von 50 000 Mark. Was tut aber Hirsch, derselbe Hirsch, der jetzt vor Ihnen steht? Dieser Hirsch zieht ein reines weißes Oberhemdchen und ein reines weißes Halstuch an und nimmt sich eine Droschke und holt sich bei der Hauptkollekte seine 50 000 Mark und fährt damit nach dem Speersort – Und wie mich Klötzchen sieht, fragt er: Hirsch, warum bist du heut so geputzt? Ich aber antworte kein Wort, und setze einen großen Überraschungsbeutel mit Gold auf den Tisch, und rede ganz feierlich: Herr Christian Hinrich Klotz! die Numero 1538, die Sie so gütig waren bei mir zu bestellen, hat das Glück gehabt, 50 000 Mark zu gewinnen, in diesem Beutel habe ich die Ehre Ihnen das Geld zu präsentieren, und ich bin so frei mir eine Quittung auszubitten! Wie Klötzchen das hört, fängt er an zu weinen, wie Madam Klotz die Geschichte hört, fängt sie an zu weinen, die rote Magd weint, der krumme Ladendiener weint, die Kinder weinen, und ich? ein Rührungsmensch, wie ich bin, konnte ich doch nicht weinen, und fiel erst in Ohnmacht, und erst nachher kamen mir die Tränen aus den Augen wie ein Wasserbach, und ich weinte drei Stunden.«

Die Stimme des kleinen Menschen bebte als er dieses erzählte, und feierlich zog er ein schon erwähntes Päckchen aus der Tasche, wickelte davon den schon verblichenen Rosataffet, und zeigte mir den Schein, worin Christian Hinrich Klotz den richtigen Empfang der 50 000 Mark quittierte. »Wenn ich sterbe« – sprach Hyazinth, eine Träne im Auge – »soll man mir diese Quittung mit ins Grab legen, und wenn ich einst dort oben, am Tage des Gerichts, Rechenschaft geben muß von meinen Taten, dann werde ich mit dieser Quittung in der Hand vor den Stuhl der Allmacht treten, und wenn mein böser Engel die bösen Handlungen, die ich auf dieser Welt begangen habe, vorgelesen, und mein guter Engel auch die Liste von meinen guten Handlungen ablesen will, dann sag ich ruhig: Schweig! – ich will nur wissen, ist diese Quittung richtig? ist das die Handschrift von Christian Hinrich Klotz? Dann kommt ein ganz kleiner Engel herangeflogen, und sagt, er kenne ganz genau Klötzchens Handschrift, und er erzählt zugleich die merkwürdige Geschichte von der Ehrlichkeit, die ich mal begangen habe. Der Schöpfer der Ewigkeit aber, der Allwissende der alles weiß, erinnert sich an diese Geschichte, und er lobt mich in Gegenwart von Sonne, Mond und Sternen, und berechnet gleich im Kopf, daß wenn meine bösen Handlungen von 50 000 Mark Ehrlichkeit abgezogen werden, mir noch ein Saldo zugut kommt, und er sagt dann: Hirsch! ich ernenne dich zum Engel erster Klasse, und du darfst Flügel tragen mit rot und weißen Federn.«

KAPITEL XI

Wer ist denn der Graf Platen, den wir im vorigen Kapitel als Dichter und warmen Freund kennen lernten? Ach, lieber Leser, diese Frage las ich schon lange auf Deinem

Gesichte, und nur zaudernd gehe ich an die Beantwortung. Das ist ja eben das Mißgeschick deutscher Schriftsteller, daß sie jeden guten oder bösen Narrn, den sie aufs Tapet bringen, erst durch trockne Charakterschilderung und Personalbeschreibung bekannt machen müssen, damit man erstens wisse, daß er existiert, und zweitens den Ort kenne, wo die Geißel ihn trifft, ob unten oder oben, vorn oder hinten. Anders war es bei den Alten, anders ist es noch jetzt bei neueren Völkern, z. B. den Engländern und Franzosen, die ein Volksleben, und daher public characters haben. Wir Deutschen aber, wir haben zwar ein ganzes närrisches Volk, aber wenig ausgezeichnete Narren, die bekannt genug wären, um sie als allgemein verständliche Charaktere in Prosa oder Versen gebrauchen zu können. Die wenigen Männer dieser Art, die wir besitzen, haben wirklich recht, wenn sie sich wichtig machen. Sie sind von unschätzbarem Werte und zu den höchsten Ansprüchen berechtigt. So z. B. der Herr Geheimrat Schmalz, Professor der Berliner Universität, ist ein Mann, der nicht mit Geld zu bezahlen ist;

ein humoristischer Schriftsteller kann ihn nicht entbehren, und er selbst fühlt diese persönliche Wichtigkeit und Unentbehrlichkeit in so hohem Grade, daß er jede Gelegenheit ergreift, um humoristischen Schriftstellern Stoff zur Satire zu geben, daß er Tag und Nacht grübelt, wie er sich als Staatsmann, Servilist, Dekan, Antihegelianer und Patriot lächerlich machen kann, und somit die Literatur, für die er sich gleichsam aufopfert, tatkräftig zu befördern. Den deutschen Universitäten muß man überhaupt nachrühmen, daß sie den deutschen Schriftsteller, mehr als jede andere Zunft, mit allerlei Narren versorgen, und besonders Göttingen habe ich immer in dieser Hinsicht zu schätzen gewußt. Dies ist auch der geheime Grund, weshalb ich mich für die Erhaltung der Universitäten erkläre, obgleich ich stets Gewerbefreiheit und Vernichtung des Zunftwesens gepredigt habe. Bei solchem fühlbaren Mangel an ausgezeichneten Narren, kann man mir nicht genug danken, wenn ich neue aufs Tapet bringe und allgemein brauchbar mache. Zum Besten der Literatur will ich daher jetzt vom Grafen August von Platen-Hallermünde etwas ausführlicher reden. Ich will dazu beitragen, daß er zweckmäßig bekannt, und gewissermaßen berühmt werde, ich will ihn literarisch gleichsam herausfüttern, wie die Irokesen tun mit den Gefangenen, die sie bei späteren Festmahlen verspeisen wollen. Ich werde ganz treu ehrlich verfahren und überaus höflich, wie einem Bürgerlichen ziemt, ich werde das Materielle, das sogenannt Persönliche, nur insoweit berühren, als sich geistige Erscheinungen dadurch erklären lassen, und ich werde immer ganz genau den Standpunkt, von wo aus ich ihn sah, und sogar manchmal die Brille, wodurch ich ihn sah, angeben.

Der Standpunkt, von wo ich den Grafen Platen zuerst gewahrte, war München, der Schauplatz seiner Bestrebungen, wo er, bei allen, die ihn kennen, sehr berühmt ist, und wo er gewiß, solange er lebt, unsterblich sein wird. Die Brille, wodurch ich ihn sah, gehörte einigen Insassen Münchens, die über seine äußere Erscheinung dann und wann, in heiteren Stunden, ein heiteres Wort hinwarfen. Ich habe ihn selbst nie gesehen, und wenn ich mir seine Person denken will, erinnere ich mich immer an die drollige Wut, womit einmal mein Freund, der Doktor Lautenbacher, über Poetennarrheit im allgemeinen loszog, und insbesondere eines Grafen Platen erwähnte, der, mit einem Lorbeerkranze auf dem Kopfe, sich auf der öffentlichen Promenade zu Erlangen den Spaziergängern in den Weg stellte und, mit der bebrillten Nase gen Himmel starrend, in poetischer Begeisterung zu sein vorgab. Andere haben besser von dem armen Grafen gesprochen, und beklagten nur seine beschränkten Mittel, die ihn, bei seinem Ehrgeiz, sich wenigstens als ein Dichter auszuzeichnen, über die Gebühr zum Fleiße nötigten, und sie lobten besonders seine Zuvorkommenheit gegen Jüngere, bei denen er die Bescheidenheit selbst gewesen sei, indem er mit der liebreichsten Demut ihre Erlaubnis erbeten, dann und wann zu ihnen aufs Zimmer kommen zu dürfen, und sogar die Gutmütigkeit so weit getrieben habe, immer wiederzukommen, selbst wenn man ihn die Lästigkeit seiner Visiten aufs deutlichste merken lassen. Dergleichen Erzählungen haben mich gewissermaßen gerührt, obgleich ich diesen Mangel an Personalbeifall sehr natürlich fand. Vergebens klagte oft der Graf:

– »Deine blonde Jugend, süßer Knabe,
Verschmäht den melancholischen Genossen.
So will in Scherz ich mich ergehn, in Possen,
Anstatt ich jetzt mich bloß an Tränen labe,

Und um der Fröhlichkeit mir fremde Gabe
Hab ich den Himmel anzuflehn beschlossen.«

Vergebens versicherte der arme Graf, daß er einst der berühmteste Dichter werde, daß schon der Schatten eines Lorbeerblattes auf seiner Stirne sichtbar sei, daß er seine süßen Knaben ebenfalls unsterblich machen könne, durch unvergängliche Gedichte. Ach! eben diese Zelebrität war keinem lieb, und in der Tat, sie war keine beneidenswerte. Ich erinnere mich noch, mit welchem unterdrückten Lächeln ein Kandidat solcher Zelebrität von einigen lustigen Freunden, unter den Arkaden zu München, betrachtet wurde. Ein scharfsichtiger Bösewicht meinte sogar, er sähe zwischen den Rockschößen desselben den Schatten eines Lorbeerblattes. Was mich betrifft, lieber Leser, so bin ich nicht so boshaft, wie Du denkst, ich bemitleide den armen Grafen, wenn ihn andere verhöhnen, ich zweifle, daß er sich an der verhaßten »Sitte« tätlich gerächt habe, obgleich er in seinen Liedern schmachtet, sich solcher Rache hinzugeben; ich glaube vielmehr an die verletzenden Kränkungen, beleidigenden Zurücksetzungen und Abweisungen, wovon er selbst so rührend singt. Ich bin überzeugt, er betrug sich gegen die Sitten überhaupt weit löblicher, als ihm selber lieb war, und er kann vielleicht, wie General Tilly, von sich rühmen: Ich war nie berauscht, ich habe nie ein Weib berührt und habe nie eine Schlacht verloren. Deshalb gewiß sagt von ihm der Dichter:

»Du bist ein nüchterner, modester Junge.«

Der arme Junge, oder vielmehr der arme alte Junge – denn er hatte schon einige Lustren hinter sich – hockte damals, wenn ich nicht irre, auf der Universität in Erlangen, wo man ihm einige Beschäftigung angewiesen hatte; doch da diese seinem hochstrebenden Geiste nicht genügte, da mit den Lustren auch die Lüsternheit nach illüstrer Lust ihn mehr und mehr stachelte, und der Graf von seiner künftigen Herrlichkeit täglich mehr und mehr begeistert wurde, gab er jedes Geschäft auf, und beschloß, von der Schriftstellerei, von gelegentlichen Gaben von oben und einigen sonstigen Verdiensten zu leben. Die Grafschaft des Grafen liegt nämlich im Monde, von wo er, wegen der schlechten Kommunikation mit Bayern, nach Gruithuisens Berechnung, erst in 20 000 Jahren, wenn der Mond dieser Erde näher kommt, seine ungeheuern Revenuen beziehen kann.

Schon früher hatte Don Platen de Collibrados Hallermünde, bei Brockhaus in Leipzig, eine Gedichtesammlung mit einer Vorrede, betitelt: »Lyrische Blätter Nummer I« herausgegeben, die freilich nicht bekannt wurde, obgleich, wie er uns versichert, die sieben Weisen dem Verfasser ihr Lob gespendet. Später gab er, nach Tieckschem Muster, einige dramatisierte Märchen und Erzählungen heraus, die ebenfalls das Glück hatten, daß sie der unweisen großen Menge unbekannt blieben, und nur von den sieben Weisen gelesen wurden. Indessen um, außer den sieben Weisen, noch einige Leser zu gewinnen, legte sich der Graf auf Polemik und schrieb eine Satire gegen berühmte Schrifsteller, vornehmlich gegen Müllner, der damals schon allgemein gehaßt und moralisch vernichtet war, so daß der Graf eben zur rechten Zeit kam, um dem toten Hofrat Örindur noch einen Hauptstich, nicht ins Haupt, sondern, nach Fallstaffscher Weise, in die Wade zu versetzen. Der Widerwille gegen Müllner hatte jedes edle Herz erfüllt; der Mensch ist überhaupt schwach; die Polemik des Grafen mißfiel daher nicht, und »die verhängnisvolle Gabel« fand hie und da eine bereitwillige Aufnahme, nicht beim großen Publikum, sondern bei Literatoren und bei den eigentlichen Schulleuten, bei letztern hauptsächlich weil jene Satire nicht mehr dem romantischen Tieck, sondern dem klassischen Aristophanes nachgeahmt war.

Ich glaube, es war um diese Zeit, daß der Herr Graf nach Italien reiste; er zweifelte nicht mehr, von seiner Poesie leben zu können, Cotta hatte die gewöhnliche prosaische Ehre, für Rechnung der Poesie das Geld herzugeben; denn die Poesie, die Himmelstochter, die Hochgeborene, hat selbst nie Geld und wendet sich, bei solchem Bedürfnis, immer an Cotta. Der Graf versifizierte jetzt Tag und Nacht, er blieb nicht bei dem Vorbilde Tiecks und des Aristophanes, sondern er ahmte auch den Goethe nach im Liede, dann den Horaz in der Ode, dann den Petrarca in Sonetten, dann den Dichter Hafis in persischen Ghaselen – kurz er gab uns solchermaßen eine Blumenlese der besten Dichter und zugleich seine eigenen lyrischen Blätter unter dem Titel: »Gedichte des Grafen Platen etc.«

Niemand in Deutschland ist gegen poetische Erzeugnisse billiger als ich, und ich gönne einem armen Menschen, wie Platen, sein Stückchen Ruhm, das er im Schweiße seines Angesichts so sauer erwirbt, gewiß herzlich gern. Keiner ist mehr geneigt, als ich, seine Bestrebungen zu rühmen, seinen Fleiß und seine Belesenheit in der Poesie zu loben, und seine silbenmäßigen Verdienste anzuerkennen. Meine eignen Versuche befähigen mich, mehr als jeden andern, die metrischen Verdienste des Grafen zu würdigen. Die bittere Mühe, die unsägliche Beharrlichkeit, das winternächtliche Zähneklappern, die ingrimmigen Anstrengungen, womit er seine Verse ausgearbeitet, entdeckt unsereiner weit eher als der gewöhnliche Leser, der die Glätte, Zierlichkeit und Politur jener Verse des Grafen für etwas Leichtes hält, und sich an der glatten Wortspielerei gedankenlos ergötzt, wie man sich bei Kunstspringern, die auf dem Seile balancieren, über Eier tanzen und sich auf den Kopf stellen, ebenfalls einige Stunden amüsiert, ohne zu bedenken, daß jene armen Wesen, nur durch jahrelangen Zwang und grausames Hungerleiden, solche Gelenkigkeitskünste, solche Metrik des Leibes erlernt haben. Ich, der ich mich in der Dichtkunst nicht so sehr geplagt, und sie immer in Verbindung mit gutem Essen ausgeübt habe, ich will den Grafen Platen, dem es saurer und nüchterner dabei ergangen, um so mehr preisen, ich will von ihm rühmen, daß kein Seiltänzer in Europa so gut wie er auf schlaffen Ghaselen balanciert, daß keiner den Eiertanz über

⏑ ⏑ – ⏑ ⏑ ⏑ – – –
⏑ ⏑ – – – ⏑ ⏑ ⏑ ⏑ usw.

so gut exekutiert wie er, daß keiner sich so gut wie er auf den Kopf stellt. Wenn ihm auch die Musen nicht hold sind, so hat er doch den Genius der Sprache in seiner Gewalt, oder vielmehr er weiß ihm Gewalt anzutun; – denn die freie Liebe dieses Genius fehlt ihm, er muß auch diesem Jungen beharrlich nachlaufen, und er weiß nur die äußeren Formen zu erfassen, die trotz ihrer schönen Ründung sich nie edel aussprechen. Nie sind tiefe Naturlaute, wie wir sie im Volksliede, bei Kindern und anderen Dichtern finden, aus der Seele eines Platen hervorgebrochen oder offenbarungsmäßig hervorgeblüht; den beängstigenden Zwang, den er sich antun muß, um etwas zu sagen, nennt er eine »große Tat in Worten« – so gänzlich unbekannt mit dem Wesen der Poesie, weiß er nicht einmal, daß das Wort nur bei dem Rhetor eine Tat ist, bei dem wahren Dichter aber ein Ereignis. Ungleich dem wahren Dichter, ist die Sprache nie Meister geworden in ihm, er ist dagegen Meister geworden in der Sprache oder vielmehr auf der Sprache, wie ein Virtuose auf einem Instrumente. Je weiter er es solcherart im Technischen brachte, desto größere Meinung bekam er von seiner Virtuosität; er wußte ja in allen Weisen zu spielen, er versifizierte ja die schwierigsten Passagen, er dichtete, sozusagen, manchmal nur auf der G-Saite, und ärgerte sich, wenn das Publikum nicht klatschte. Wie alle Virtuosen, die solch einsaitiges Talent ausgebildet, strebte er nur nach Applaudissement, sah er mit Ingrimm auf den Ruhm anderer, beneidete er seine Kollegen um ihren Gewinst, wie z. B. den Clauren, schrieb er gleich fünfaktige Pasquille, wenn er nur eine einzige Xenie des Tadels auf sich beziehen konnte, kontrollierte er alle Rezensionen, worin andere gelobt wurden, und schrie er beständig: ich werde nicht genug gelobt, nicht genug belohnt, denn Ich bin der Poet, der Poet der Poeten usw. So hungerig und lechzend nach Lob und Spenden zeigte sich nie ein wahrer Dichter, niemals Klopstock, niemals Goethe, zu deren drittem der Graf Platen sich selbst ernennt, obgleich jeder einsieht, daß er nur mit Ramler und etwa A. W. v. Schlegel ein Triumvirat bildet. Der große Ramler, wie man ihn zu seiner Zeit hieß, als er, zwar ohne Lorbeerkranz auf dem Haupte, aber mit desto größerem Zopf und Haarbeutel, das Auge gen Himmel gehoben und den steifleinenen Regenschirm unterm Arm, im Berliner Tiergarten skandierend wandelte, hielt sich damals für den Repräsentanten der Poesie auf Erden. Seine Verse waren die vollendetesten in deutscher Sprache, und seine Verehrer, worunter sogar ein Lessing sich verirrte, meinten, weiter könne man es in der Poesie nicht bringen. Fast dasselbe war späterhin der Fall bei A. W. v. Schlegel, dessen poetische Unzulänglichkeit aber sichtbar wird, seitdem die Sprache weiter ausgebildet worden, so daß sogar diejenigen, die einst den Sänger des »Arion« für einen gleichfallsigen

Arion gehalten, jetzt nur noch den verdienstlichen Schullehrer in ihm sehen. Ob aber der Graf Platen schon befugt ist, über den sonst rühmenswerten Schlegel zu lachen, wie dieser einst über Ramler lachte, das weiß ich nicht. Aber das weiß ich, in der Poesie sind alle drei sich gleich, und wenn der Graf Platen noch so hübsch in den Ghaselen seine schaukelnden Balancierkünste treibt, wenn er in seinen Oden noch so vortrefflich den Eiertanz exekutiert, ja, wenn er, in seinen Lustspielen, sich auf den Kopf stellt – so ist er doch kein Dichter. Er ist kein Dichter, sagt sogar die undankbare männliche Jugend, die er so zärtlich besingt. Er ist kein Dichter, sagen die Frauen, die vielleicht – ich muß es zu seinem Besten andeuten – hier nicht ganz unparteiisch sind, und vielleicht wegen der Hingebung, die sie bei ihm entdecken, etwas Eifersucht empfinden, oder gar durch die Tendenz seiner Gedichte ihre bisherige vorteilhafte Stellung in der Gesellschaft gefährdet glauben. Strenge Kritiker, die mit scharfen Brillen versehen sind, stimmen ein in dieses Urteil, oder äußern sich noch lakonisch bedenklicher. »Was finden Sie in den Gedichten des Grafen von Platen-Hallermünde?« frug ich jüngst einen solchen Mann. »Sitzfleisch!« war die Antwort. »Sie meinen in Hinsicht der mühsamen, ausgearbeiteten Form?« entgegnete ich. »Nein«, erwiderte jener, »Sitzfleisch auch in betreff des Inhalts.«

Was nun den Inhalt der Platenschen Gedichte betrifft, so möchte ich den armen Grafen dafür zwar nicht loben, aber ihn auch nicht unbedingt der zensorischen Wut Preis geben, womit unsere Catonen davon sprechen oder gar schweigen. Chacun à son goût, dem einen gefällt der Ochs, dem andren Wasischtas Kuh. Ich tadele sogar den furchtbaren rhadamantischen Ernst womit über jenen Inhalt der Platenschen Gedichte in den Berliner »Jahrbücher für wissenschaftliche Kritik« gerichtet worden. Aber so sind die Menschen, es wird ihnen sehr leicht, in Eifer zu geraten, wenn sie über Sünden sprechen, die ihnen kein Vergnügen machen würden. Im Morgenblatte las ich kürzlich einen Aufsatz, überschrieben: »Aus dem Journal eines Lesers«, worin der Graf Platen gegen solche strenge Tadler seiner Freundschaftsliebe mit jener Bescheidenheit sich ausspricht, die er nie zu verleugnen weiß, und woran man ihn auch hier erkennt. Wenn er sagt, daß »das Hegelsche Wochenblatt« ihn eines geheimen Lasters mit »lächerlichem Pathos« beschuldige, so will er, wie leicht zu erraten ist, nur der Rüge anderer Leute zuvorkommen, deren Gesinnung er durch dritte Hand erforschen lassen. Indessen, man hat ihm schlecht berichtet, ich werde mir nie in dieser Hinsicht einen Pathos zu Schulden kommen lassen, der edle Graf ist mir vielmehr eine ergötzliche Erscheinung, und in seiner erlauchten Liebhaberei sehe ich nur etwas Unzeitgemäßes, nur die zaghaft verschämte Parodie eines antiken Übermuts. Das ist es ja eben, jene Liebhaberei war im Altertum nicht in Widerspruch mit den Sitten, und gab sich kund mit heroischer Öffentlichkeit. Als z. B. der Kaiser Nero, auf Schiffen, die mit Gold und Elfenbein ausgelegt waren, ein Gastmahl hielt, das einige Millionen kostete, ließ er sich mit einem aus dem Jünglingsserail, Namens Pythagoras, feierlich einsegnen, (cuncta denique spectata quae etiam in femina nox operit) und steckte nachher mit der Hochzeitsfackel die Stadt Rom in Brand, um bei den prasselnden Flammen desto besser den Untergang Trojas besingen zu können. Das war noch ein Ghaselendichter, über den ich mit Pathos sprechen könnte; doch nur lächeln kann ich über den neuen Pythagoräer, der im heutigen Rom, die Pfade der Freundschaft dürftig und nüchtern und ängstlich dahinschleicht, mit seinem hellen

Gesichte von liebloser Jugend abgewiesen wird, und nachher bei kümmerlichem Öllämpchen sein Ghaselchen ausseufzt. Interessant in solcher Hinsicht ist die Vergleichung der Platenschen Gedichtchen mit dem Petron. Bei diesem ist schroffe, antike, plastisch heidnische Offenheit; Graf Platen hingegen, trotz seinem Pochen auf Klassizität, behandelt seinen Gegenstand vielmehr romantisch, verschleiernd, sehnsüchtig, pfäffisch, – ich muß hinzusetzen: heuchlerisch. Denn der Graf vermummt sich manchmal in fromme Gefühle, er vermeidet die genaueren Geschlechtsbezeichnungen; nur die Eingeweihten sollen klar sehen; gegen den großen Haufen glaubt er sich genugsam versteckt zu haben, wenn er das Wort Freund manchmal ausläßt, und es geht ihm dann wie dem Vogel Strauß, der sich hinlänglich verborgen glaubt, wenn er den Kopf in den Sand gesteckt, so daß nur der Steiß sichtbar bleibt. Unser erlauchter Vogel hätte besser getan, wenn er den Steiß in den Sand versteckt und uns den Kopf gezeigt hätte. In der Tat, er ist mehr ein Mann von Steiß als ein Mann von Kopf, der Name Mann überhaupt paßt nicht für ihn, seine Liebe hat einen passiv pythagoräischen Charakter, er ist in seinen Gedichten ein Pathikos, er ist ein Weib, und zwar ein Weib, das sich an gleich Weibischem ergötzt, er ist gleichsam eine männliche Tribade. Diese ängstlich schmiegsame Natur duckt durch alle seine Liebesgedichte, er findet immer einen neuen Schönheitsfreund, überall in diesen Gedichten sehen wir Polyandrie, und wenn er auch sentimentalisiert:

»Du liebst und schweigst – O hätt ich auch
geschwiegen,
Und meine Blicke nur an dich verschwendet!
O hätt ich nie ein Wort dir zugewendet,

So müßt ich keinen Kränkungen erliegen!
Doch diese Liebe möcht ich nie besiegen,
Und weh dem Tag, an dem sie frostig endet!
Sie ward aus jenen Räumen uns gesendet,
Wo selig Engel sich an Engel schmiegen –«

so denken wir doch gleich an die Engel, die zu Loth, dem Sohne Harans, kamen und nur mit Not und Mühe den zärtlichsten Anschmiegungen entgingen, wie wir lesen im Pentateuch, wo leider die Ghaselen und Sonette nicht mitgeteilt sind, die damals vor Loths Türe gedichtet wurden. Überall in den Platenschen Gedichten sehen wir den Vogel Strauß, der nur den Kopf verbirgt, den eiteln ohnmächtigen Vogel, der das schönste Gefieder hat und doch nicht fliegen kann, und zänkisch humpelt über die polemische Sandwüste der Literatur. Mit seinen schönen Federn ohne Schwungkraft, mit seinen schönen Versen ohne poetischen Flug, bildet er den Gegensatz zu jenem Adler des Gesanges, der minder glänzende Flügel hat, aber sich damit zur Sonne erhebt – ich muß wieder auf den Refrain zurückkommen: der Graf Platen ist kein Dichter.

Von einem Dichter verlangt man zwei Dinge; in seinen lyrischen Gedichten müssen Naturlaute, in seinen epischen oder dramatischen Gedichten müssen Gestalten sein. Kann er sich in dieser Hinsicht nicht legitimieren, so wird ihm der Dichtertitel abgesprochen, selbst wenn seine übrigen Familienpapiere und Adelsdiplome in der größten Ordnung sind. Daß letzteres bei dem Grafen Platen der Fall sein mag, daran zweifle ich nicht, und ich bin überzeugt, er würde mitleidig heiter lächeln, wenn man seinen Grafentitel verdächtig machen wollte; aber wagt es nur, über seinen Dichtertitel mit einer einzigen Xenie den geringsten Zweifel zu verraten – gleich wird er sich ingrimmig niedersetzen und fünfaktige Satiren gegen Euch drucken. Denn die Menschen halten um so eifriger auf einen Titel, je zweideutiger und ungewisser der Titulus ist, der sie dazu berechtigt. Vielleicht aber würde der Graf Platen ein Dichter sein, wenn er in einer anderen Zeit lebte, und wenn er außerdem auch ein anderer wäre, als er jetzt ist. Der Mangel an Naturlauten in den Gedichten des Grafen rührt vielleicht daher, daß er in einer Zeit lebt, wo er seine wahren Gefühle nicht nennen darf, wo dieselbe Sitte, die seiner Liebe immer feindlich entgegensteht, ihm sogar verbietet, seine Klage darüber unverhüllt auszusprechen, wo er jede Empfindung ängstlich verkappen muß, um so wenig das Ohr des Publikums, als das eines »spröden Schönen« durch eine einzige Silbe zu erschrecken. Diese Angst läßt bei ihm keine eignen Naturlaute aufkommen, sie verdammt ihn, die Gefühle anderer Dichter, gleichsam als untadelhaften, vorgefundenen Stoff, metrisch zu bearbeiten, und nötigenfalls zur Vermummung seiner eigenen Gefühle zu gebrauchen. Unrecht geschieht ihm vielleicht, wenn man, solche unglückliche Lage verkennend, behauptet hat, daß Graf Platen auch in der Poesie sich als Graf zeigen und auf Adel halten wolle, und uns daher nur Gefühle von bekannter Familie, Gefühle, die schon ihre 64 Ahnen haben, vorführe. Lebte er in der Zeit des römischen Pythagoras, so würde er vielleicht seine eigenen Gefühle freier hervortreten lassen und er würde vielleicht für einen Dichter gelten. Es würden dann wenigstens die Naturlaute in seinen lyrischen Gedichten nicht vermißt werden – doch der Mangel an Gestalten in seinen Dramen würde noch immer bleiben, solange sich nicht auch seine sinnliche Natur veränderte, und er gleichsam ein anderer würde. Die Gestalten, die ich meine, sind nämlich jene selbständigen Geschöpfe, die aus dem schaffenden Dichtergeiste, wie Pallas Athene aus dem Haupte Kronions, vollendet und gerüstet hervortreten, lebendige Traumwesen, deren mystische Geburt, mehr als man glaubt, in wundersam bedingender Beziehung steht mit der sinnlichen Natur des Dichters, so daß solches geistige Gebären demjenigen versagt ist, der selbst nur, als ein unfruchtbares Geschöpf, sich ghaselig hingibt in windiger Weichheit.

Indessen, das sind Privatmeinungen eines Dichters, und ihr Gewicht hängt davon ab, wie weit man an die Kompetenz desselben glauben will. Ich kann nicht umhin zu erwähnen, daß der Graf Platen gar oft dem Publikum versichert, daß er erst späterhin das Bedeutendste dichten werde, wovon man jetzt noch keine Ahnung habe, ja, daß er Iliaden und Odysseen, Klassizitätstragödien und sonstige Unsterblichkeitskolossalgedichte erst dann schreiben werde, wenn er sich nach soundso viel Lustren gehörig vorbereitet habe. Du hast, lieber Leser, diese Ergießungen des Selbstbewußtseins, in mühsam gefeilten Versen vielleicht selbst gelesen, und das Versprechen solcher schönen Zukunft war Dir vielleicht um so erfreulicher, als der Graf zu gleicher Zeit alle Dichter Deutschlands, außer dem ganz alten Goethe, wie einen Schwarm schlechter Sudler geschildert, die ihm nur im Wege stehen auf der Bahn des Ruhmes, und die so unverschämt seien, jene Lorbeeren und Belohnungen zu pflücken, die nur ihm gebührten.

Was ich in München darüber sprechen hörte, will ich übergehen; aber, der Chronologie wegen, muß ich anführen, daß zu jener Zeit der König von Bayern die Absicht aussprach, irgendeinem deutschen Dichter ein Jahrgehalt zu erteilen, ohne damit ein Amt zu verbinden, welches ungewöhnliche Beispiel für die ganze deutsche Literatur von schöner Folge sein konnte. Man sagte mir –

Doch ich will mein Thema nicht verlassen, ich sprach

von den Prahlereien des Grafen Platen, der beständig rief: »Ich bin der Poet, der Poet der Poeten! ich werde Iliaden und Odysseen dichten usw.« Ich weiß nicht, was das Publikum von solchen Prahlereien hält, aber ganz genau weiß ich, was ein Dichter davon denkt, nämlich ein wahrer Dichter, der die verschämte Süßigkeit und die geheimen Schauer der Poesie schon empfunden hat, und von der Seligkeit dieser Empfindungen, wie ein glücklicher Page, der die verborgene Gunst einer Prinzessin genießt, gewiß nicht auf öffentlichem Markte prahlen wird.

Man hat schon öfter den Graf Platen, wegen solcher Prahlhansereien, weidlich gehänselt und er wußte immer, wie Fallstaff, sich zu entschuldigen. Bei solchen Entschuldigungen kommt ihm ein Talent zustatten, das außerordentlich in seiner Art ist, und das eine besondere Anerkennung verdient. Der Graf Platen weiß nämlich von jedem Flecken, der in seiner eignen Brust ist, auch bei irgendeinem großen Manne eine Spur, und sei sie noch so klein, zu entdecken, und sich wegen solcher Wahlfleckenverwandtschaft mit ihm zu vergleichen. Z. B. von Shakespeares Sonetten weiß er, daß sie an einen jungen Mann und nicht an ein Weib gerichtet sind, und ob solcher verständigen Wahl preist er Shakespeare, vergleicht sich mit ihm – und das ist das einzige, was er von ihm zu sagen hat. Man könnte negativ eine Apologie des Grafen Platen schreiben, und behaupten, daß er sich die und die Verirrung noch nicht zu Schulden kommen lassen, weil er sich mit dem oder dem großen Manne, dem sie nachgeredet worden, noch nicht verglichen habe. Am genialsten aber und bewunderungswürdigsten zeigte er sich in der Wahl des Mannes, in dessen Leben er unbescheidene Reden entdeckt, und durch dessen Beispiel er seine eigene Prahlerei beschönigen will. Wahrlich, zu einem solchen Zwecke sind die Worte dieses Mannes noch nie zitiert worden – denn es ist kein Geringerer als Jesus Christus selbst, der uns bisher immer für ein Muster der Demut und Bescheidenheit gegolten. Christus hätte jemals geprahlt? der bescheidenste der Menschen, um so bescheidener, als er der göttlichste war? Ja, was bisher allen Theologen entgangen ist, das entdeckte der Graf Platen, denn er insinuiert uns: Christus, als er vor Pilatus gestanden, sei ebenfalls nicht bescheiden gewesen, und habe nicht bescheiden geantwortet, sondern als jener ihn frug, bist du der König der Juden? habe er gesprochen: du sagst es. Und so sage auch er, der Graf Platen: »Ich bin es, ich bin der Poet!« – Was nie dem Hasse eines Verächters Christi gelungen ist, das gelang der Exegese selbstverliebter Eitelkeit.

Wie wir wissen, was wir davon zu halten, wenn einer solchermaßen beständig schreit: »Ich bin der Poet!« so wissen wir auch, was es für eine Bewandtnis hat mit den ganz außerordentlichen Gedichten, die der Graf, wenn er die gehörige Reife erlangt, noch dichten will, und die seine bisherigen Meisterstücke an Bedeutung so unerhört übertreffen sollen. Wir wissen ganz genau, daß die späteren Werke des wahren Dichters keineswegs bedeutender sind als die früheren, ebenso wenig wie ein Weib, je öfter sie gebärt, desto vollkommenere Kinder zur Welt bringt; nein, das erste Kind ist schon ebenso gut wie das zweite – nur das Gebären wird leichter. Die Löwin wirft nicht erst ein Kaninchen, dann ein Häschen, dann ein Hündchen und endlich einen Löwen. Madame Goethe warf gleich ihren jungen Leu, und dieser gab uns, im ersten Wurf, seinen Löwen von Berlichingen. Ebenso warf auch Schiller gleich seine Räuber, an deren Tatze man schon die Löwenart erkannte. Später kam erst die Politur, die Glätte, die Feile, die »Natürliche Tochter« und die »Braut von Messina«.

Nicht so begab es sich mit dem Grafen Platen, der mit der ängstlichsten Künstelei anfing, und von dem der Dichter singt:

> Du, der du sprangst so fertig aus dem Nichts,
> Geleckten und lackierten Angesichts,
> Gleichst einer Spielerei, geschnitzt aus Korke.

Indessen, wenn ich meine geheimsten Gedanken aussprechen soll, so gestehe ich, daß ich den Grafen Platen für keinen so großen Narrn halte, wie man wegen jener Prahlsucht und beständigen Selbstberäucherung glauben sollte. Ein bißchen Narrheit, das versteht sich, gehört immer zur Poesie; aber es wäre entsetzlich, wenn die Natur eine so beträchtliche Portion Narrheit, die für hundert große Dichter hinreichen würde, einem einzigen Menschen aufgebürdet, und von der Poesie selbst ihm nur eine so unbedeutend geringe Dosis gegeben hätte. Ich habe Gründe zu vermuten, daß der Herr Graf an seine eigne Prahlerei nicht glaubt, und daß er, dürftig im Leben wie in der Literatur, vielmehr für das Bedürfnis des Augenblicks sein eigner anpreisender Ruffiano sein mußte, in der Literatur wie im Leben. Daher in beiden die Erscheinungen, von denen man sagen konnte, daß sie mehr ein psychologisches als ästhetisches Interesse gewährten, daher zu gleicher Zeit die weinerlichste Seelenerschlaffung und der erlogene Übermut, daher das klägliche Dünnetun mit baldigem Sterben, und das drohende Dicktun mit künftiger Unsterblichkeit, daher der auflodernde Bettelstolz und die schmachtende Untertänigkeit, daher das beständige Klagen, »daß ihn Cotta verhungern lasse«, und wiederum Klagen, »daß ihn Cotta verhungern lasse«, daher die Anfälle von Katholizismus usw.

Obs dem Grafen mit dem Katholizismus ernst ist, daran zweifle ich. Ob er überhaupt katholisch geworden ist, wie einige seiner hochgeborenen Freunde, das weiß ich nicht. Daß er es werden wolle, erfuhr ich zuerst aus öffentlichen Blättern, die sogar hinzufügten, der Graf Platen werde Mönch und ginge ins Kloster. Böse Zungen meinten, daß ihm das Gelübde der Armut und die Enthaltung von Weibern nicht schwer fallen würde. Wie sich von selbst versteht, in München klangen, bei solchen Nachrichten, die frommen Glöcklein in den Herzen seiner Freunde. Mit Kyrie eleison und Halleluja wurden seine Gedichte gepriesen in den Pfaffenblättern; und in der Tat, die heiligen Männer des Zölibats mußten erfreut sein über jene Gedichte, wodurch die Enthaltung vom weiblichen Geschlechte befördert wird. Leider haben meine Gedichte eine andere Tendenz, und daß Pfaffen und Knabensänger nicht davon angesprochen werden, konnte mich zwar betrüben, aber nicht befremden. Ebenso wenig befremdete es mich, als ich den Tag vor meiner Abreise nach Italien von meinem Freunde dem Doktor Kolb vernahm, daß der Graf Platen sehr feindselig gegen mich gestimmt sei, und mir mein Verderben schon bereitet habe in einem Lustspiele namens »König Ödipus«, das bereits zu Augsburg bei einigen Fürsten und Grafen, deren Namen ich vergessen habe oder vergessen will, angelangt sei. Auch andere erzählten mir, daß mich der Graf Platen hasse und sich mir als Feind entgegenstelle; – und das war mir auf jeden Fall angenehmer, als hätte man mir nachgesagt: daß mich der Graf Platen als Freund hinter meinem Rücken liebe. Was die heiligen Männer betrifft, deren fromme Wut sich zu gleicher Zeit gegen mich kund gab, und nicht bloß meiner antizölibatischen Gedichte wegen, sondern auch wegen der »Politischen Annalen«, die ich damals herausgab, so konnte ich ebenfalls nur gewinnen, wenn man deutlich sah, daß ich keiner der ihrigen sei. Wenn ich hiermit andeute, daß man nichts Gutes von ihnen sagt, so sage ich darum noch nichts Böses von ihnen. Ich bin sogar der Meinung, daß sie, nur aus Liebe zum Guten, durch frommen Betrug und gottgefällige Verleumdung das Wort der Bösen entkräftigen möchten, und daß sie diesen, nur für einen solchen edlen Zweck, der jedes Mittel heiligt, nicht bloß die geistigen Lebensquellen, sondern auch die materiellen zu verschütten suchen. Man hat jene guten Leute, die sich in München sogar öffentlich als Kongregation präsentieren, törichterweise mit dem Namen Jesuiten beehrt. Sie sind wahrlich keine Jesuiten, sonst hätten sie eingesehen, daß z. B. ich, einer von den Bösen, schlimmstenfalls die literarisch alchimistische Kunst verstehe, aus meinen Feinden selbst Dukaten zu schlagen, dergestalt, daß ich dabei die Dukaten bekomme und meine Feinde die Schläge; – sie hätten eingesehen, daß solche Schläge nichts von ihrem Gehalte verlieren, wenn man auch den Namen des Schlagenden aviliert, wie der arme Sünder den Staupbesen nicht minder stark fühlt, obgleich der Scharfrichter, der ihn erteilt, für unehrlich erklärt wird; – und, was die Hauptsache ist, sie hätten eingesehen, daß etwas Vorliebe für den antiaristokratischen Voß und einige arglose Muttergotteswitze, weshalb sie mich zuerst mit Kot und Dummheit angegriffen, nicht aus antikatholischem Eifer hervorgegangen. Wahrlich, sie sind keine Jesuiten, sondern nur Mischlinge von Kot und Dummheit, die ich, ebenso wenig wie eine Mistkarre und den Ochsen der sie zieht, zu hassen vermag, und die mit allen ihren Anstrengungen nur das Gegenteil ihrer Absicht erreichen, und mich nur dahin bringen könnten: daß ich ihnen zeige wie sehr ich Protestant bin, daß ich mein gutes protestantisches

Recht, in seiner weitesten Ermächtigung ausübe, und die gute protestantische Streitaxt mit Herzenslust handhabe. Sie könnten dann immerhin, um den Plebs zu gewinnen, die alten Weiberlegenden von meiner Ungläubigkeit durch ihren Leibpoeten in Verse bringen lassen – an den wohlbekannten Schlägen sollten sie schon den Glaubensgenossen eines Luthers, Lessings und Voß erkennen. Freilich, ich würde nicht mit dem Ernste dieser Heroen die alte Axt schwingen – denn der Anblick der Gegner bringt mich leicht zum Lachen, und ich bin ein bißchen eulenspiegeliger Natur und liebe eine Beimischung von Spaß – aber ich würde jenen Mistochsen nicht minder stark vor den Kopf schlagen, wenn ich auch vorher mit lachenden Blumen meine Axt umkränzte.

Doch ich will mein Thema nicht zu weit verlassen. Ich glaube, es war um jene Zeit, daß der König von Bayern, in schon erwähnter Absicht, dem Grafen Platen ein Jahrgehalt von sechshundert Gulden gab, und zwar nicht aus der Staatskasse, sondern aus der königlichen Privatkasse, wie es sich der Graf als besondere Gnade gewünscht hatte. Letzteren Umstand, der die Kaste charakterisiert, so geringfügig er auch erscheint, erwähne ich nur als Notiz für den Naturforscher, der vielleicht Beobachtungen über den Adel macht. In der Wissenschaft ist alles wichtig. Wer mir vorwerfen möche, daß ich den Grafen Platen zu wichtig nehme, der gehe nach Paris und sehe, wie sorgfältig der feine, zierliche Cuvier, in seinen Vorlesungen, das unreinste Insekt mit dem genauesten Detail schildert. Es ist mir deshalb auch sogar leid, daß ich das Datum jener 600 Gulden nicht genauer konstatieren kann; so viel weiß ich aber, daß der Graf Platen den »König Ödipus« früher verfertigt hatte, und daß dieser nicht so bissig geworden wäre, wenn der Verfasser mehr zu beißen gehabt hätte.

In Norddeutschland, wohin mich plötzlich der Tod meines Vaters zurückrief, erhielt ich endlich das ungeheure Geschöpf; das dem großen Ei, worüber unser schöngefiederter Vogel Strauß so lange gebrütet, endlich entkrochen war, und das die Nachteulen der Kongregation mit frommem Gekrächze und die adeligen Pfauen mit freudigem Radschlagen schon lange im voraus begrüßt hatten. Es sollte nichts Minderes als ein verderblicher Basilisk sein. Kennst Du, lieber Leser, die Sage von dem Basilisk? Das Volk erzählt: wenn ein männlicher Vogel, wie ein Weib, ein Ei gelegt, so entstände daraus ein giftiges Geschöpf, dessen Hauch die Luft verpeste, und das man nur dadurch töten könne, daß man ihm einen Spiegel vorhalte, indem es alsdann über den Anblick seiner eigenen Scheußlichkeit vor Schrecken sterbe.

Heilige Schmerzen, die ich nicht entweihen wollte, erlaubten es mir erst zwei Monat später, als ich auf der Insel Helgoland badete, den »König Ödipus« zu lesen, und dort, großgestimmt von dem beständigen Anblick des großen, kühnen Meers, mußte mir die kleinliche Gesinnung und die Altflickerei des hochgeborenen Verfassers recht anschaulich werden. Jenes Meisterwerk zeigte mir ihn endlich ganz wie er ist, mit all seiner blühenden Welkheit, seinem Überfluß an Geistesmangel, seiner Einbildung ohne Einbildungskraft, ganz wie er ist, forciert ohne Force, pikiert ohne pikant zu sein, eine trockne Wasserseele, ein trister Freudenjunge. Dieser Troubadour des Jammers, geschwächt an Leib und Seele, versuchte es, den gewaltigsten phantasiereichsten und witzigsten Dichter der jugendlichen Griechenwelt nachzuahmen! Nichts ist wahrlich widerwärtiger als diese krampfhafte Ohnmacht, die sich wie Kühnheit aufblasen möchte, diese mühsam zusammengetragenen Invektiven, denen der Schimmel des verjährten Grolls anklebt, und dieser silbenstecherisch ängstlich nachgeahmte Geistestaumel. Wie sich von selbst versteht, zeigt sich in des Grafen Werk keine Spur von einer tiefen Weltvernichtungsidee, die jedem aristophanischen Lustspiele zum Grunde liegt, und die darin, wie ein phantastisch ironischer Zauberbaum, emporschießt mit blühendem Gedankenschmuck, singenden Nachtigallnestern und kletternden Affen. Eine solche Idee, mit dem Todesjubel und dem Zerstörungsfeuerwerk, das dazu gehört, durften wir freilich von dem armen Grafen nicht erwarten. Der Mittelpunkt, die erste und letzte Idee, Grund und Zweck seines sogenannten Lustspiels, besteht, wie bei der »verhängnisvollen Gabel«, wieder in geringfügig literarischen Händeln, der arme Graf konnte nur einige Äußerlichkeiten des Aristophanes nachahmen, nämlich die feinen Verse und die groben Worte. Ich sage: grobe Worte, weil ich keinen gröbern Ausdruck brauchen will. Wie ein keifendes Weib, gießt er ganze Blumentöpfe von Schimpfreden auf die Häupter der deutschen Dichter. Ich will dem Grafen herzlich gern seinen Groll verzeihen, aber er hätte doch einige Rücksichten beobachten müssen. Er hätte wenigstens das Geschlecht in uns ehren sollen, da wir keine Weiber sind, sondern Männer, und folglich zu einem Geschlechte gehören, das nach seiner Meinung das schöne Geschlecht ist, und das er so sehr liebt. Es bleibt dieses immer ein Mangel an Delikatesse, mancher Jüngling wird deshalb an seinen Huldigungen zweifeln, da jeder fühlt, daß der Wahrhaftliebende auch das ganze Geschlecht verehrt. Der Sänger Frauenlob war gewiß nie grob gegen irgendein Weib, und ein Platen sollte daher mehr Achtung zeigen gegen Männer. Aber der Undelikate! ohne Scheu erzählt er dem Publikum: Wir Dichter in Norddeutschland hätten alle die »Krätze, wofür wir leider eine Salbe brauchten, die als mephitisch er vor vielen schätze«. Der Reim ist gut. Am unzartesten ist er gegen Immermann. Schon im Anfang seines Gedichts läßt er diesen hinter einer spanischen Wand Dinge tun, die ich nicht nennen darf, und die dennoch nicht zu widerlegen sind. Ich halte es sogar für wahrscheinlich, daß Immermann schon solche Dinge getan hat. Es ist aber charakteristisch, daß die Phantasie des Grafen Platen sogar seine Feinde a posteriori zu belauschen weiß. Er schonte nicht einmal Houwald, diese gute Seele, sanft wie ein Mädchen – ach, vielleicht eben dieser holden Weiblichkeit wegen haßt ihn ein Platen. Müllner, den er, wie er sagt, schon längst »durch wirklichen Witz urkräftig erlegt«, dieser Tote wird wieder aus dem Grabe gescharrt. Kind und Kindeskind bleiben nicht unangetastet. Raupach ist ein Jude,

»Das Jüdchen Raupel –
Das jetzt als Raupach trägt so hoch die Nase«

»schmiert Tragödien im Katzenjammer«. Noch weit schlimmer ergeht es dem »getauften Heine«. Ja, ja, Du irrst dich nicht, lieber Leser, das bin Ich, den er meint, und im »König Ödipus« kannst Du lesen, wie ich ein wahrer Jude bin, wie ich, wenn ich einige Stunden Liebeslieder geschrieben, gleich darauf mich niedersetze und Dukaten beschneide, wie ich am Sabbat mit langbärtigen Mauscheln zusammenhocke und den Talmud singe, wie ich in der Osternacht einen unmündigen Christen schlachte und aus Malice immer einen unglücklichen Schriftsteller dazu wähle – Nein, lieber Leser, ich will Dich nicht belügen, solche gute, ausgemalte Bilder stehen nicht im »König Ödipus«, und daß sie nicht darin stehen, das nur ist der Fehler, den ich tadele. Der Graf Platen hat zuweilen die besten Motive und weiß sie nicht zu benutzen. Hätte er nur ein bißchen mehr Phantasie, so würde er mich wenigstens als geheimen Pfänderverleiher geschildert haben; welche komische Szenen hätten sich dargeboten! Es tut mir in der Seele weh, wenn ich sehe, wie sich der arme Graf jede Gelegenheit zu guten Witzen vorbeigehen lassen! Wie kostbar hätte er Raupach benutzen können als Tragödien-Rothschild, bei dem die königlichen Bühnen ihre Anleihen machen. Dem Ödipus selbst, die Hauptperson seines Lustspiels, hätte er, durch einige Modifikationen in der Fabel des Stückes, ebenfalls besser benutzen können. Statt daß er ihn den Vater Lajus töten, und die Mutter Jokaste heiraten ließ, hätte er es im Gegenteil so einrichten sollen, daß Ödipus seine Mutter tötet und seinen Vater heiratet. Das dramatische Drastische in einem solchen Gedichte, hätte einem Platen meisterhaft gelingen müssen, seine eigene Gefühlsrichtung wäre ihm dabei zustatten gekommen, er hätte manchmal, wie eine Nachtigall, nur die Regungen der eignen Brust zu besingen gebraucht, er hätte ein Stück geliefert, das, wenn der ghaselige Iffland noch lebte, gewiß in Berlin gleich einstudiert worden wäre, und das man auch jetzt auf Privatbühnen geben würde. Ich kann mir nichts Vollendeteres denken, als den Schauspieler Wurm in der Rolle eines solchen Ödipus. Er würde sich selbst übertreffen. Dann finde ich es auch nicht politisch vom Grafen, daß er in seinem Lustspiele versichert, er habe »wirklichen Witz«. Oder arbeitet er vielleicht auf den Überraschungs-Effekt, auf den Theatercoup, daß dadurch das Publikum beständig Witz erwarten, und dieser am Ende doch nicht erscheinen soll? Oder will er vielmehr das Publikum aufmuntern, den Wirkl. Geh. Witz im Stücke zu suchen, und das Ganze wäre nur ein Blindekuhspiel, wo der Platensche Witz so schlau ist, sich nie ertappen zu lassen? Deshalb vielleicht ist auch das Publikum, das sonst bei Lustspielen zu lachen pflegt, bei der Lektüre des Platenschen Stücks so verdrießlich, es kann den versteckten Witz nicht finden, vergebens piept der versteckte Witz, und piept immer lauter: hier bin ich! hier bin ich wirklich! – vergebens, das Publikum ist dumm und macht ein ernsthaftes Gesicht. Ich aber, der ich weiß wo der Witz steckt, habe herzlich gelacht, als ich von dem »gräflichen, herrschsüchtigen Dichter« las, der sich in einen aristokratischen Nimbus hüllt, der von sich rühmt, »daß jeder Hauch, der zwischen seine Zähne komme, eine Zermalmung sei«, und der zu allen deutschen Dichtern sagt:

»Ja, gleich wie Nero, wünscht ich euch nur
Ein Gehirn,
Durch einen einzigen Witzeshieb zu spalten es –«

Der Vers ist schlecht. Der versteckte Witz aber besteht darin: daß der Graf eigentlich wünscht, wir wären alle lauter Neronen und er, im Gegenteil, unser einziger lieber Freund Pythagoras. Vielleicht würde ich zum Besten des Grafen noch manchen anderen versteckten Witz hervorloben, doch da er mir in seinem »König Ödipus« das Liebste angegriffen – denn was könnte mir lieber sein als mein Christentum? – so ist es mir nicht zu verdenken, wenn ich, menschlich gesinnt, den Ödipus, diese »große Tat in Worten«, minder ernstlich als die früheren Tätigkeiten würdige.

Indessen, das wahre Verdienst hat immer seinen Lohn gefunden, und dem Verfasser des Ödipus wird der seinige nicht entgehen, obgleich er sich auch hier, wie immer, nur dem Einfluß seiner adeligen und geistlichen Hintersassen hingab. Ja, es geht eine uralte Sage unter den Völkern des

Orients und Okzidents, daß jede gute oder böse Tat ihre nächsten Folgen habe für den Täter. Und kommen wird der Tag, wo sie kommen – mach Dich darauf gefaßt, lieber Leser, daß ich jetzt etwas in Pathos gerate und schauerlich werde – kommen wird der Tag, wo sie dem Tartaros entsteigen, die furchtbaren Töchter der Nacht, »die Eumeniden«. Beim Styx! – bei diesem Flusse schwören wir Götter niemals falsch – kommen wird der Tag, wo sie erscheinen, die dunkeln, urgerechten Schwestern, sie werden erscheinen mit schlangengelockten, roterzürnten Gesichtern, mit denselben Schlangengeißeln, womit sie einst den Orestes gegeißelt, den unnatürlichen Sünder, der die Mutter gemordet, die tyndaridische Klytämnestra. Vielleicht hört der Graf schon jetzt die Schlangen zischen – Ich bitte Dich, lieber Leser, denk Dir jetzt die Wolfsschlucht und Samielmusik – Vielleicht erfaßt den Grafen schon jetzt das geheime Sündergrauen, der Himmel verdüstert sich, Nachtgevögel kreischt, ferne Donner rollen, es blitzt, es riecht nach Kolophonium, Wehe! Wehe! die erlauchten Ahnen steigen aus den Gräbern, sie rufen noch drei bis viermal Wehe! Wehe! über den kläglichen Enkel, sie beschwören ihn, ihre alten Eisenhosen anzuziehen, um sich zu schützen vor den entsetzlichen Ruten – denn die Eumeniden werden ihn damit zerfetzen, die Geißelschlangen werden sich ironisch an ihm vergnügen, und wie der buhlerische König Rodrigo, als man ihn in den Schlangenturm gesperrt, wird auch der arme Graf am Ende wimmern und winseln:

Ach! sie fressen, ach! sie fressen,
Womit meistens ich gesündigt.

Entsetze Dich nicht, lieber Leser, es ist ja alles nur Scherz. Diese furchtbaren Eumeniden sind nichts als ein heiteres Lustspiel, das ich, nach einigen Lustren, unter diesem Titel schreiben werde, und die tragischen Verse, die Dich eben erschreckt, stehen in dem allerlustigsten Buche von der Welt, im »Don Quixote von la Mancha«, wo eine alte, anständige Hofdame sie in Gegenwart des ganzen Hofes rezitiert. Ich sehe, Du lächelst wieder. Laß uns heiter und lachend voneinander Abschied nehmen. Wenn dieses letzte Kapitel etwas langweilig war, so lags nur an dem Gegenstande; auch schrieb ich es mehr zum Nutzen als zur Lust, und wenn es mir gelungen ist, einen neuen Narrn auch für die Literatur brauchbar gemacht zu haben, wird mir das Vaterland Dank schuldig sein. Ich habe das Feld urbar gemacht, worauf geistreichere Schriftsteller säen und ernten werden. Das bescheidene Bewußtsein dieses Verdienstes ist mein schönster Lohn.

Für etwaige Könige, die mir dafür noch extra eine Tabatiere schicken wollen, bemerke ich, daß die Buchhandlung »Hoffmann und Campe in Hamburg« Ordre hat, dergleichen für mich in Empfang zu nehmen.

Geschrieben im Spätherbst des Jahres 1829.

III
Die Stadt Lucca

Lachen muß ich immer über die Engländer, die diesen ihren zweiten Dichter (denn nach Shakespeare gebührt Byron die Palme) so jämmerlich spießbürgerlich beurteilen, weil er ihre Pedanterie verspottete, sich ihren Krähwinkelsitten nicht fügen, ihren kalten Glauben nicht teilen wollte, ihre Nüchternheit ihm ekelhaft war, und er sich über ihren Hochmut und ihre Heuchelei beklagte. Viele machen schon ein Kreuz, wenn sie nur von ihm sprechen, und selbst die Frauen, obgleich ihre Wangen von Enthusiasmus glühen, wenn sie ihn lesen, nehmen öffentlich heftig Partei gegen den heimlichen Liebling –

Briefe eines Verstorbenen.
Ein fragmentarisches Tagebuch
aus England. *München 1830.*

KAPITEL I

Die umgebende Natur wirkt auf den Menschen – warum nicht auch der Mensch auf die Natur, die ihn umgibt? In Italien ist sie leidenschaftlich wie das Volk, das dort lebt; bei uns in Deutschland ist sie ernster, sinniger und geduldiger. Hatte einst wie die Menschen auch die Natur mehr inneres Leben? Die Gemütskraft eines Orpheus, sagt man, konnte Bäume und Steine nach begeisterten Rhythmen bewegen. Könnte noch jetzt dergleichen geschehen? Menschen und Natur sind phlegmatisch geworden und gähnen sich einander an. Ein königl. preuß. Poet wird nimmermehr, mit den Klängen seiner Leier, den Templower Berg oder die Berliner Linden zum Tanzen bringen können.

Auch die Natur hat ihre Geschichte und das ist eine andere Naturgeschichte als wie die, welche in Schulen gelehrt wird. Irgendeine von jenen grauen Eidechsen, die schon seit Jahrtausenden in den Felsenspalten des Apennins leben, sollte man als ganz außerordentliche Professorin bei einer unserer Universitäten anstellen, und man würde ganz außerordentliche Dinge zu hören bekommen. Aber der Stolz einiger Herren von der juristischen Fakultät würde sich gegen eine solche Anstellung auflehnen. Hegt doch einer von ihnen schon jetzt eine geheime Eifersucht gegen den armen Fido Savant, fürchtend daß dieser ihn einst im gelehrten Apportieren ersetzen könnte.

Die Eidechsen mit ihren klugen Schwänzchen und spitzfindigen Äuglein, haben mir wunderbare Dinge erzählt, wenn ich einsam zwischen den Felsen der Apenninen umherkletterte. Wahrlich, es gibt Dinge zwischen Himmel und Erde, die nicht bloß unsere Philosophen, sondern sogar die gewöhnlichsten Dummköpfe nicht begreifen.

Die Eidechsen haben mir erzählt, es gehe eine Sage unter den Steinen, daß Gott einst Stein werden wolle, um sie aus ihrer Starrheit zu erlösen. Eine alte Eidechse meinte aber, diese Steinwerdung würde nur dann stattfinden, wenn Gott bereits in alle Tier- und Pflanzenarten sich verwandelt und sie erlöst habe.

Nur wenige Steine haben Gefühl, und nur im Mondschein atmen sie. Aber diese wenigen Steine, die ihren Zustand fühlen, sind schrecklich elend. Die Bäume sind viel besser daran, sie können weinen. Die Tiere aber sind am meisten begünstigt, denn sie können sprechen, jedes nach seiner Art und die Menschen am besten. Einst, wenn die ganze Welt erlöst ist, werden alle anderen Erschaffnisse ebenfalls sprechen können, wie in jenen uralten Zeiten, wovon die Dichter singen.

Die Eidechsen sind ein ironisches Geschlecht, und betören gern die anderen Tiere. Aber sie waren gegen mich so demütig, sie seufzten so ehrlich, sie erzählten mir Geschichten von Atlantis, die ich nächstens aufschreiben will, zu Nutz und Frommen der Welt. Es ward mir so innig zu Mute bei den kleinen Wesen, die gleichsam die geheimen Annalen der Natur aufbewahren. Sind es etwa verzauberte Priesterfamilien, gleich denen des alten Ägyptens, die ebenfalls naturbelauschend in labyrinthischen Felsengrotten wohnten? Auf ihren Köpfchen, Leibchen und Schwänzchen blühen so wunderbare Zeichenbilder, wie auf ägyptischen Hieroglyphenmützen und Hierophantenröcken.

Meine kleinen Freunde haben mich auch eine Zeichensprache gelehrt, vermittelst welcher ich mit der stummen Natur zu sprechen vermag. Dieses erleichtert mir oft die Seele, besonders gegen Abend, wenn die Berge in schaurig süßen Schatten gehüllt stehen, und die Wasserfälle rauschen, und alle Pflanzen duften, und hastige Blitze hin und her zucken. –

O Natur! du stumme Jungfrau! wohl verstehe ich dein Wetterleuchten, den vergeblichen Redeversuch, der über dein schönes Antlitz dahinzuckt, und du dauerst mich so tief, daß ich weine. Aber alsdann verstehst du auch mich, und du heiterst dich auf, und lachst mich an aus goldnen Augen. Schöne Jungfrau, ich verstehe deine Sterne und du verstehst meine Tränen!

KAPITEL II

»Nichts in der Welt will rückwärts gehen«, sagte mir ein alter Eidechs, »alles strebt vorwärts, und am Ende wird ein großes Naturavancement stattfinden. Die Steine werden Pflanzen, die Pflanzen werden Tiere, die Tiere werden Menschen und die Menschen werden Götter werden.«

»Aber«, rief ich, »was soll denn aus diesen guten Leuten, aus den armen alten Göttern werden?«

»Das wird sich finden, lieber Freund«, antwortete jener; »wahrscheinlich danken sie ab, oder werden auf irgendeine ehrende Art in den Ruhestand versetzt.«

Ich habe von meinem hieroglyphenhäutigen Naturphilosophen noch manches andre Geheimnis erfahren; aber ich gab mein Ehrenwort, nichts zu enthüllen. Ich weiß jetzt mehr als Schelling und Hegel.

»Was halten Sie von diesen beiden?« frug mich der alte Eidechs mit einem höhnischen Lächeln, als ich mal diese Namen gegen ihn erwähnte.

»Wenn man bedenkt«, antwortete ich, »daß sie bloß Menschen und keine Eidechsen sind, so muß man über das Wissen dieser Leute sehr erstaunen. Im Grunde lehren sie eine und dieselbe Lehre, die Ihnen wohlbekannte Identitätsphilosophie, nur in der Darstellungsart unterscheiden sie sich. Wenn Hegel die Grundsätze seiner Philosophie aufstellt, so glaubt man jene hübschen Figuren zu sehen, die ein geschickter Schulmeister, durch eine künstliche Zusammenstellung von allerlei Zahlen, zu bilden weiß, daß ein gewöhnlicher Beschauer nur das Oberflächliche, nur das Häuschen oder Schiffchen oder absolute Soldätchen sieht, das aus jenen Zahlen formiert ist, während ein denkender Schulknabe in der Figur selbst vielmehr die Auflösung eines tiefen Rechenexempels erkennen kann. Die Darstellungen Schellings gleichen mehr jenen indischen Tierbildern, die aus allerlei anderen Tieren, Schlangen, Vögeln, Elefanten und dergleichen lebendigen Ingredienzen, durch abenteuerliche Verschlingungen, zusammengesetzt sind. Diese Darstellungsart ist viel anmutiger, heiterer, pulsierend wärmer, alles darin lebt, statt daß die abstrakt hegelschen Chiffern uns so grau, so kalt und tot anstarren.«

»Gut, gut«, erwiderte der alte Eidechserich, »ich merke

schon was Sie meinen; aber sagen Sie mir, haben diese Philosophen viele Zuhörer?«

Ich schilderte ihm nun, wie in der gelehrten Karawanserei zu Berlin die Kamele sich sammeln um den Brunnen hegelscher Weisheit, davor niederknien, sich die kostbaren Schläuche aufladen lassen, und damit weiterziehen durch die Märksche Sandwüste. Ich schilderte ihm ferner, wie die neuen Athener um den Springquell des schellingschen Geistestranks sich drängen, als wär es das beste Bier, Breihahn des Lebens, Gesöffe der Unsterblichkeit. –

Den kleinen Naturphilosophen überlief der gelbe Neid, als er hörte, daß seine Kollegen sich so großen Zuspruchs erfreuen, und ärgerlich frug er: »Welchen von beiden halten Sie für den größten?« »Das kann ich nicht entscheiden«, gab ich zur Antwort, »ebenso wenig wie ich entscheiden könnte, ob die Schechner größer sei als die Sontag, und ich denke –«

»Denke!« rief der Eidechs mit einem scharfen, vornehmen Tone der tiefsten Geringschätzung, »denken! wer von Euch denkt? Mein weiser Herr, schon an die dreitausend Jahre mache ich Untersuchungen über die geistigen Funktionen der Tiere, ich habe besonders Menschen, Affen und Schlangen zum Gegenstand meines Studiums gemacht, ich habe soviel Fleiß auf diese seltsamen Geschöpfe verwendet, wie Lyonnet auf seine Weidenraupen, und als Resultat aller meiner Beobachtungen, Experimente und anatomischen Vergleichungen, kann ich Ihnen bestimmt versichern: kein Mensch denkt, es fällt nur dann und wann den Menschen etwas ein, solche ganz unverschuldete Einfälle nennen sie Gedanken, und das Aneinanderreihen derselben nennen sie Denken. Aber in meinem Namen können Sie es wiedersagen: kein Mensch denkt, kein Philosoph denkt, weder Schelling noch Hegel denkt, und was gar ihre

Philosophie betrifft, so ist sie eitel Luft und Wasser, wie die Wolken des Himmels; ich habe schon unzählige solcher Wolken, stolz und sicher, über mich hinziehen sehen, und die nächste Morgensonne hat sie aufgelöst in ihr ursprüngliches Nichts; – es gibt nur eine einzige wahre Philosophie, und diese steht, in ewigen Hieroglyphen, auf meinem eigenen Schwanze.«

Bei diesen Worten, die mit einem dedaignanten Pathos gesprochen wurden, drehte mir der alte Eidechs den Rücken, und indem er langsam fortschwänzelte, sah ich darauf die wunderlichsten Charaktere, die sich in bunter Bedeutsamkeit bis über den ganzen Schwanz hinabzogen.

KAPITEL III

Auf dem Wege zwischen den Bädern von Lucca und der Stadt dieses Namens, unweit von dem großen Kastanienbaume, dessen wildgrüne Zweige den Bach überschatten, und in Gegenwart eines alten, weißbärtigen Ziegenbocks, der dort einsiedlerisch weidete, wurde das Gespräch geführt, das ich im vorigen Kapitel mitgeteilt habe. Ich ging nach der Stadt Lucca, um Franscheska und Mathilde zu suchen, die ich unserer Verabredung gemäß, schon vor acht Tagen dort treffen sollte. Ich war aber, zur bestimmten Zeit, vergebens hingereist, und ich hatte mich jetzt zum zweiten Male auf den Weg gemacht. Ich ging zu Fuße, längs den schönen Bergen und Baumgruppen, wo die goldnen Orangen, wie Sterne des Tages, aus dem dunklen Grün hervorleuchteten, und Girlanden von Weinreben, in festlichen Windungen, sich meilenweit hinzogen. Das ganze Land ist dort so gartenhaft und geschmückt, wie bei uns die ländlichen Szenen, die auf dem Theater dargestellt werden; auch die Landleute selbst gleichen jenen bunten Gestalten, die uns dann als singende, lächelnde und tanzende Staffage ergötzen. Nirgends Philistergesichter. Und gibt es hier auch Philister, so sind es doch italienische Orangenphilister und keine plump deutschen Kartoffelphilister. Pittoresk und idealisch wie das Land sind auch die Leute, und dabei trägt jeder Mann einen so individuellen Ausdruck im Gesicht, und weiß in Stellung, Faltenwurf des Mantels, und nötigenfalls in Handhabung des Messers, seine Persönlichkeit geltend zu machen. Dagegen bei uns zulande lauter Menschen mit allgemeinen gleichförmlichen Physiognomien; wenn ihrer zwölf beisammen sind bilden sie ein Dutzend, und wenn einer sie dann angreift rufen sie die Polizei.

Auffallend war mir, im Luccesischen, wie im größten Teile Toskanas, tragen die Frauenzimmer große schwarze Filzhüte mit herabwallend schwarzen Straußfedern; sogar die Strohflechterinnen tragen dergleichen schwere Hauptbedeckung. Die Männer hingegen tragen meistens einen leichten Strohhut, und junge Burschen erhalten solchen zum Geschenk von einem Mädchen, das ihn selbst verfertigt, ihre Liebesgedanken und vielleicht auch manchen Seufzer hineingeflochten. So saß einst Franscheska unter den Mädchen und Blumen des Arnotals, und flocht einen Hut für ihren caro Cecco, und küßte jeden Strohhalm, den sie dazu nahm, und trillerte ihr hübsches »Occhie, Stelle mortale«; – das lockichte Haupt, das den hübschen Hut nachher so hübsch trug, hat jetzt eine Tonsur, und der Hut selbst hängt, alt und abgenutzt, im Winkel eines trüben Abbatestübchens zu Bologna.

Ich gehöre zu den Leuten, die immer gern einen kürzeren Weg nehmen, als die Landstraße bietet, und denen es alsdann wohl begegnet, daß sie sich auf engen Holz- und

Felsenpfaden verirren. Das geschah auch hier, und ich habe, zu meiner Reise nach Lucca, gewiß doppelt soviel Zeit gebraucht als gewöhnliche Landstraßmenschen. Ein Sperling, den ich um den Weg frug, zwitscherte und zwitscherte, und konnte mir doch keinen rechten Bescheid geben. Vielleicht auch wußte er ihn selbst nicht. Den Schmetterlingen und Libellen, die auf großen Glockenblumen saßen, konnte ich kein Wort abgewinnen; sie waren schon davongeflattert, ehe sie noch meine Fragen vernommen, und die Blumen schüttelten ihre tonlosen Glockenhäupter. Manchmal weckten mich die wilden Myrten, die, mit feinen Stimmchen, aus der Ferne kicherten. Hastig erklomm ich dann die höchsten Felsenspitzen, und rief: »Ihr Wolken des Himmels! Segler der Lüfte! sagt mir, wo geht der Weg nach Franscheska? Ist sie in Lucca? Sagt mir was tut sie? was tanzt sie? Sagt mir alles, und wenn Ihr mir alles gesagt habt, so sagt es mir nochmals!«

Bei solcher Überfülle von Torheit konnte es wohl geschehen, daß ein ernster Adler, den mein Ruf aus seinen einsamen Träumen aufgestört, mich mit geringschätzendem Unmute ansah. Aber ich verziehs ihm gerne; denn er hatte niemals Franscheska gesehen, und daher konnte er noch immer so erhabenmütig auf seinem festen Felsen sitzen, und so seelenfrei zum Himmel emporstarren, oder so impertinent ruhig auf mich herabglotzen. So ein Adler hat einen unterträglich stolzen Blick, und sieht einen an, als wollte er sagen: »Was bist du für ein Vogel? Weißt du wohl, daß ich noch immer ein König bin, ebenso gut wie in jenen Heldenzeiten, als ich Jupiters Blitze trug und Napoleons Fahnen schmückte? Bist du etwa ein gelehrter Papagoi, der die alten Lieder auswendig gelernt hat und pedantisch nachplappert? Oder eine vermüffte Turteltaube, die schön fühlt und miserabel gurrt? Oder eine Almanachsnachtigall? Oder ein abgestandener Gänserich, dessen Vorfahren das Kapitol gerettet? Oder gar ein serviler Haushahn, dem man, aus Ironie, das Emblem des kühnen Fliegens, nämlich mein Minitaturbild, um den Hals gehängt hat, und der sich deshalb so mächtig spreizt, als wäre er nun selbst ein Adler?« Du weißt, lieber Leser, wie wenig Ursache ich habe, mich beleidigt zu fühlen, wenn ein Adler dergleichen von mir dachte. Ich glaube, der Blick, den ich ihm zuwarf, war noch stolzer als der seinige, und wenn er sich bei dem ersten besten Lorbeerbaume erkundigt hat, so weiß er jetzt, wer ich bin.

Ich war wirklich im Gebirge verirrt, als schon die Dämmerung hereinbrach, und die bunten Waldlieder allmählich verstummten und die Bäume immer ernsthafter rauschten. Eine erhabene Heimlichkeit und innige Feier zog, wie der Odem Gottes, durch die verklärte Stille. Hie und da, aus dem Boden, blickte ein schönes dunkles Auge zu mir herauf, und verschwand im selben Augenblick. Zärtliches Flüstern tändelte mir ums Herz, und unsichtbare Küsse berührten luftig meine Wangen. Das Abendrot umhüllte die Berge wie mit Purpurmänteln, und die letzten Sonnenstrahlen beleuchteten ihre Gipfel, daß es aussah, als wären sie Könige mit goldenen Kronen auf den Häuptern. Ich aber stand, wie ein Kaiser der Welt, in der Mitte dieser gekrönten Vasallen, die schweigend mir huldigten.

KAPITEL IV

Ich weiß nicht, ob der Mönch, der mir unfern Lucca begegnete, ein frommer Mann ist. Aber ich weiß, sein alter Leib steckt arm und nackt in einer groben Kutte, jahraus

jahrein; die zerrissenen Sandalen können seine bloßen Füße nicht genug schützen, wenn er, durch Dorn und Gestrippe, die Felsen hinaufklimmt, um droben, in den Bergdörfern, Kranke zu trösten oder Kinder beten zu lehren; – und er ist zufrieden, wenn man ihm dafür ein Stückchen Brot in den Sack steckt, und ihm ein bißchen Stroh gibt, um darauf zu schlafen.

»Gegen *den* Mann will ich nicht schreiben«, sprach ich zu mir selbst. »Wenn ich wieder zu Hause in Deutschland, auf meinem Lehnsessel, am knisternden Öfchen, bei einer behaglichen Tasse Tee, wohlgenährt und warm sitze, und gegen die katholischen Pfaffen schreibe – gegen *den* Mann will ich nicht schreiben.« –

Um gegen die katholischen Pfaffen zu schreiben, muß

man auch ihre Gesichter kennen. Die Originalgesichter sieht man aber nur in Italien. Die deutschen katholischen Priester und Mönche sind bloß schlechte Nachahmungen, oft sogar Parodien der italienischen; eine Vergleichung derselben würde ebenso ausfallen, als wenn man römische oder florentinische Heiligenbilder vergleichen wollte mit jenen heuschrecklichen, frommen Fratzen, die etwa dem spießbürgerlichen Pinsel eines Nürenberger Stadtmalers, oder gar der lieben Einfalt eines Gemütsbeflissenen aus der langhaarig christlich neudeutschen Schule, ihr trauriges Dasein verdanken.

Die Pfaffen in Italien haben sich schon längst mit der öffentlichen Meinung abgefunden, das Volk dort ist längst daran gewöhnt, die geistliche Würde von der unwürdigen Person zu unterscheiden, jene zu ehren, wenn auch diese verächtlich ist. Eben der Kontrast, den die idealen Pflichten und Ansprüche des geistlichen Standes und die unabweislichen Bedürfnisse der sinnlichen Natur bilden müssen, jener uralte, ewige Konflikt zwischen dem Geiste und der Materie, macht die italienischen Pfaffen zu stehenden Charakteren des Volks-Humors, in Satyren, Liedern und Novellen. Ähnliche Erscheinungen zeigen sich uns überall, wo ein ähnlicher Priesterstand vorhanden ist, z. B. in Hindostan. In den Komödien dieses urfrommen Landes, wie wir schon in der Sakontala bemerkt und in der neulich übersetzten Vasantasena bestätigt finden, spielt immer ein Brahmine die komische Rolle, sozusagen den Priestergrazioso, ohne daß dadurch die Ehrfurcht, die man seinen Opferverrichtungen und seiner privilegierten Heiligkeit schuldig ist, im mindesten beeinträchtigt wird, – ebenso wenig wie ein Italiener mit minderer Andacht bei einem Priester Messe hört oder beichtet, den er noch Tags zuvor betrunken im Straßenkote gefunden hat. In Deutschland ist das anders, der katholische Priester will da nicht bloß seine Würde durch sein Amt, sondern auch sein Amt durch seine Person repräsentieren; und weil er es vielleicht anfangs mit seinem Berufe wirklich ganz ernsthaft gemeint hat, und er nachher, wenn seine Keuschheits- und Demutsgelübde etwas mit dem alten Adam kollidieren, sie dennoch nicht öffentlich verletzen will, besonders auch weil er unserem Freunde Krug in Leipzig keine Blöße geben will, so sucht er wenigstens den Schein eines heiligen Wandels zu bewahren. Daher Scheinheiligkeit, Heuchelei und gleißendes Frömmeln bei deutschen Pfaffen; bei den italienischen hingegen viel mehr Durchsichtigkeit der Maske, und eine gewisse feiste Ironie und behagliche Weltverdauung.

Doch was helfen solche allgemeine Reflexionen! Sie können dir wenig nutzen, lieber Leser, wenn du etwa Lust hättest gegen das katholische Pfaffentum zu schreiben. Zu diesem Zwecke muß man, wie gesagt, mit eignen Augen die Gesichter sehen, die dazu gehören. Wahrlich, es ist nicht einmal hinreichend, wenn man sie im königlichen Opernhause zu Berlin gesehen hat. Der vorige Generalintendant tat zwar immer das Seinige, um den Krönungszug in der Jungfrau von Orleans so täuschend treu als möglich darzustellen, seinen Landsleuten die Idee einer Prozession zu veranschaulichen und ihnen Pfaffen von allen Couleuren vor Augen zu bringen. Doch das getreueste Kostüm kann nicht die Originalgesichter ersetzen, und vertrödelte man sogar noch extra 100 000 Taler für goldne Bischofsmützen, festonierte Chorhemden, buntgestickte Meßgewänder, und ähnlichen Kram – so würden doch die protestantisch vernünftigen Nasen, die unter jenen Bischofsmützen hervorprotestieren, die dünnen denkgläubigen Beine, die aus den weißen Spitzen dieser Chorhemden herausgucken, die aufgeklärten Bäuche, denen jene Meßgewänder viel zu weit, alles würde unsereinen daran erinnern, daß keine katholische Geistliche, sondern Berliner Weltliche über die Bühne wandeln.

Ich habe oft darüber nachgedacht, ob der Generalintendant jenen Zug nicht viel besser darstellen und uns das Bild einer Prozession viel treuer vor Augen bringen könnte, wenn er die Rollen der katholischen Pfaffen nicht mehr von den gewöhnlichen Statisten, sondern von jenen protestantischen Geistlichen spielen ließe, die in der theologischen Fakultät, in der Kirchenzeitung und auf den Kanzeln am orthodoxesten gegen Vernunft, Weltlust, Gesenius und Teufeltum zu predigen wissen. Es würden dann Gesichter zum Vorschein kommen, deren pfäffisches Gepräge gewiß jenen Rollen viel täuschender entspräche. Ist es doch eine bekannte Bemerkung, daß die Pfaffen in der ganzen Welt, Rabbinen, Muftis, Dominikaner, Konsistorialräte, Popen, Bonzen, kurz das ganze diplomatische Corps Gottes, im Gesichte eine gewisse Familienähnlichkeit haben, wie man sie immer findet bei Leuten, die ein und dasselbe Gewerbe treiben. Schneider, in der ganzen Welt, zeichnen sich aus durch Zartheit der Glieder, Metzger und Soldaten tragen wieder überall denselben farouchen Anstrich, Juden haben ihre eigentümlich ehrliche Miene, nicht weil sie von Abraham, Isaak und Jakob abstammen, sondern weil sie Kaufleute sind, und der Frankfurter christliche Kaufmann sieht dem Frankfurter jüdischen Kaufmanne ebenso ähnlich, wie ein faules Ei dem andern. Die geistlichen Kaufleute, solche die von Religionsgeschäften ihren Unterhalt gewinnen, erlangen daher auch im Gesichte eine Ähnlichkeit. Freilich, einige Nuancen entstehen durch die Art und Weise wie sie ihr Geschäft treiben. Der katholische Pfaffe treibt es mehr wie ein Commis, der in einer großen

Handlung angestellt ist; die Kirche, das große Haus, dessen Chef der Papst ist, gibt ihm bestimmte Beschäftigung und dafür ein bestimmtes Salär; er arbeitet lässig, wie jeder, der nicht für eigne Rechnung arbeitet und viele Kollegen hat, und im großen Geschäftstreiben leicht unbemerkt bleibt – nur der Kredit des Hauses liegt ihm am Herzen, und noch mehr dessen Erhaltung, da er bei einem etwaigen Bankerotte seinen Lebensunterhalt verlöre. Der protestantische Pfaffe hingegen ist überall selbst Prinzipal, und er treibt die Religionsgeschäfte für eigne Rechnung. Er treibt keinen Großhandel wie sein katholischer Gewerbsgenosse, sondern nur einen Kleinhandel; und da er demselben allein vorstehen muß, darf er nicht lässig sein, er muß seine Glaubensartikel den Leuten anrühmen, die Artikel seiner Konkurrenten herabsetzen, und als echter Kleinhändler steht er in seiner Ausschnittbude, voll von Gewerbsneid gegen alle großen Häuser, absonderlich gegen das große Haus in Rom, das viele tausend Buchhalter und Packknechte besoldet und seine Faktoreien hat in allen vier Weltteilen.

Solches hat nun freilich auch seine physiognomische Wirkungen, aber diese sind doch nicht vom Parterre aus bemerkbar, die Familienähnlichkeit in den Gesichtern katholischer und protestantischer Pfaffen bleibt doch in ihren Hauptzügen unverändert, und wenn der Generalintendant die obenerwähnten Herren gut bezahlt, so werden sie ihre Rolle, wie immer, recht täuschend spielen. Auch ihr Gang wird zur Illusion beitragen; obgleich ein feines, geübtes Auge wohl merkt, daß er sich von dem Gange katholischer Priester und Mönche ebenfalls durch feine Nuancen unterscheidet.

Ein katholischer Pfaffe wandelt einher als wenn ihm der Himmel gehöre; ein protestantischer Pfaffe hingegen geht herum als wenn er den Himmel gepachtet habe.

KAPITEL V

Es war schon Nacht als ich die Stadt Lucca erreichte.

Wie ganz anders erschien sie mir die Woche vorher, als ich am Tage durch die widerhallend öden Straßen wandelte, und mich in eine jener verwunschenen Städte versetzt glaubte, wovon mir einst die Amme so viel erzählt. Da war die ganze Stadt still wie das Grab, alles war so verblichen und verstorben, auf den Dächern spielte der Sonnenglanz, wie Goldflitter auf dem Haupte einer Leiche, hie und da aus den Fenstern eines altverfallenen Hauses hingen Efeuranken, wie vertrocknet grüne Tränen, überall glimmernder Moder und ängstlich stockender Tod, die Stadt schien nur das Gespenst einer Stadt, ein steinerner Spuk am hellen Tage. Da suchte ich lange vergebens die Spur eines lebendigen Wesens. Ich erinnerte mich nur, vor einem alten Palazzo lag ein schlafender Bettler mit ausgestreckt offner Hand. Auch erinnere ich mich, oben am Fenster eines schwärzlich morschen Häuslein sah ich einen Mönch, der den roten Hals mit dem feisten Glatzenhaupt recht lang aus der braunen Kutte hervorreckte, und neben ihm kam ein vollbusig nacktes Weibsbild zum Vorschein; unten, in die halb offne Haustüre sah ich einen kleinen Jungen hineingehen, der als ein schwarzer Abbate gekleidet war, und mit beiden Händen eine mächtig großbäuchige Weinflasche trug. – In demselben Augenblick läutete unfern ein feines ironisches Glöcklein, und in meinem Gedächtnisse kicherten die Novellen des Boccaccio. Diese Klänge konnten aber keineswegs das seltsame Grauen, das meine Seele durchschauerte, ganz verscheuchen. Es hielt mich vielleicht um so gewaltiger befangen, da die Sonne, so warm und hell, die unheimlichen Gebäude beleuchtete, und ich merkte wohl, Gespenster sind noch furchtbarer, wenn sie den schwarzen Mantel der Nacht abwerfen, und sich im hellen Mittagslichte sehen lassen.

Als ich jetzt, acht Tage später, wieder nach Lucca kam, wie erstaunte ich über den veränderten Anblick dieser Stadt! Was ist das? rief ich, als die Lichter mein Auge blendeten und die Menschenströme durch die Gassen sich wälzten. Ist ein ganzes Volk als nächtliches Gespenst aus dem Grabe gestiegen, um im tollsten Mummenschanz das Leben nachzuäffen? Die hohen, trüben Häuser sind mit Lampen verziert, überall aus den Fenstern hängen bunte Teppiche, die morschgrauen Wände fast bedeckend, und darüber lehnen sich holde Mädchengesichter, so frisch, so blühend, daß ich wohl merke, es ist das Leben selbst, das sein Vermählungsfest mit dem Tode feiert und Schönheit und Jugend dazu eingeladen hat. Ja, es war so ein lebendes Totenfest, ich weiß nicht wie es im Kalender genannt wird, auf jeden Fall so ein Schindungstag irgendeines geduldigen Märtyrers, denn ich sah nachher einen heiligen Totenschädel und noch einige Extra-Knochen, mit Blumen und Edelsteinen geziert, und unter hochzeitlicher Musik herumtragen. Es war eine schöne Prozession.

Voran gingen die Kapuziner, die sich von den anderen Mönchen durch lange Bärte auszeichneten, und gleichsam die Sappeurs dieser Glaubensarmee bildeten. Darauf folgten Kapuziner ohne Bärte, worunter viele männlich edle Gesichter, sogar manch jugendlich schönes Gesicht, das die breite Tonsur sehr gut kleidete, weil der Kopf dadurch wie mit einem zierlichen Haarkranz umflochten schien, und samt dem bloßen Nacken recht anmutig aus der braunen Kutte hervortrat. Hierauf folgten Kutten von anderen Farben, schwarz, weiß, gelb, panaché, auch herabgeschlagene dreieckige Hüte, kurz all jene Klosterkostüme, womit wir durch die Bemühungen unseres Generalintendanten längst bekannt sind. Nach den Mönchsorden kamen die eigentlichen Priester, weiße Hemden über schwarze Hosen, und farbige Käppchen; hinter ihnen kamen noch vornehmere Geistliche, in buntseidne Decken gewickelt, und auf dem Haupte eine Art hoher Mützen, die wahrscheinlich aus Ägypten stammen, und die man auch aus dem Denonschen Werke, aus der Zauberflöte und aus dem Belzonie kennenlernt; es waren altgediente Gesichter, und sie schienen eine Art von alter Garde zu bedeuten. Zuletzt kam der eigentliche Stab, ein Thronhimmel und darunter ein alter Mann mit einer noch höheren Mütze, und in einer noch reicheren Decke, deren Zipfel von zwei ebenso gekleideten alten Männern, nach Pagenart, getragen wurden.

Die vorderen Mönche gingen mit gekreuzten Armen, ernsthaft schweigend; aber die mit den hohen Mützen sangen einen gar unglücklichen Gesang, so näselnd, so schlürfend, so kollernd, daß ich überzeugt bin: wären die Juden die größere Volksmenge, und ihre Religion wäre die Staatsreligion, so würde man obiges Gesinge mit dem Namen »Mauscheln« bezeichnen. Glücklicherweise konnte man es nur zur Hälfte vernehmen, indem hinter der Prozession, mit lautem Trommeln und Pfeifen, mehrere Kompanien Militär einherzogen, so wie überhaupt an beiden Seiten neben den wallenden Geistlichen, auch immer je zwei und zwei Grenadiere marschierten. Es waren fast mehr Soldaten als Geistliche; aber zur Unterstützung der Religion gehören heutzutage viel Bajonette, und wenn gar der Segen gegeben wird, dann müssen in der Ferne auch die Kanonen bedeutungsvoll donnern.

Wenn ich eine solche Prozession sehe, wo unter stolzer Militär-Eskorte, die Geistlichen so gar trübselig und jammervoll einherwandeln, so ergreift es mich immer schmerzhaft, und es ist mir als sähe ich unseren Heiland selbst, umringt von Lanzenträgern, zur Richtstätte abführen. Die Sterne zu Lucca dachten gewiß wie ich, und als ich seufzend nach ihnen hinaufblickte, sahen sie mich so übereinstimmend an mit ihren frommen Augen, so hell, so klar. Aber man bedurfte nicht ihres Lichtes, tausend und abertausend Lampen und Kerzen und Mädchengesichter flimmerten aus allen Fenstern, an den Straßenecken standen lodernde Pechkränze aufgepflanzt, und dann hatte auch jeder Geistliche noch seinen besonderen Kerzenträger zur Seite. Die Kapuziner hatten meistens kleine Buben, die ihnen die Kerze trugen, und die jugendlich frischen Gesichtchen schauten bisweilen recht neugierig vergnügt hinauf nach den alten, ernsten Bärten; so ein armer Kapuziner kann keinen großen Kerzenträger besolden, und der Knabe, den er das Ave Maria lehrt, oder dessen Muhme ihm beichtet, muß bei Prozessionen wohl gratis dieses Amt übernehmen, und es wird darum gewiß nicht mit geringerer Liebe verrichtet. Die folgenden Mönche hatten nicht viel größere Buben, einige vornehmere Orden hatten schon erwachsene Rangen, und die hochmütigen Priester hatten wirkliche Bürgersleute zu Kerzenträgern. Aber endlich gar der Herr Erzbischof – denn das war wohl der Mann, der in vornehmer Demut unter dem Thronhimmel ging und sich die Gewandzipfel von greisen Pagen nachtragen ließ – dieser hatte an jeder Seite einen Lakaien, die beide in blauen Livreen mit gelben Tressen prangten, und zeremoniös, als servierten sie bei Hof, die weißen Wachskerzen trugen.

Auf jeden Fall schien mir solche Kerzenträgerei eine gute Einrichtung, denn ich konnte dadurch um so heller die Gesichter besehen, die zum Katholizismus gehören.

Und ich habe sie jetzt gesehen, und zwar in der besten Beleuchtung. Und was sah ich denn? Nun ja, der klerikale Stempel fehlte nirgends. Aber dieses abgerechnet, waren die Gesichter untereinander ebenso verschieden, wie andre Gesichter. Das eine war blaß, das andre rot, diese Nase erhob sich stolz, jene war niedergeschlagen, hier ein funkelnd schwarzes dort ein schimmernd graues Auge – aber in allen diesen Gesichtern lagen die Spuren derselben Krankheit, einer schrecklichen, unheilbaren Krankheit, die wahrscheinlich Ursache sein wird, daß mein Enkel, wenn er hundert Jahr später die Prozession in Lucca zu sehen bekommt, kein einziges von jenen Gesichtern wiederfindet. Ich fürchte, ich bin selbst angesteckt von dieser Krankheit, und eine Folge derselben ist jene Weichheit, die mich wunderbar beschleicht, wenn ich so ein sieches Mönchsgesicht betrachte, und darauf die Symptome jener Leiden sehe, die sich unter der groben Kutte verstecken: – gekränkte Liebe, Podagra, getäuschter Ehrgeiz, Rückendarre, Reue, Hämorrhoiden, die Herzwunden die uns vom Undank der Freunde, von der Verleumdung der Feinde, und von der eignen Sünde geschlagen worden, alles dieses und noch viel mehr, was ebenso leicht unter einer groben Kutte wie unter einem feinen Modefrack seinen Platz zu finden weiß. O! es ist keine Übertreibung, wenn der Poet in seinem Schmerze ausruft: das Leben ist eine Krankheit, die ganze Welt ein Lazarett!

»Und der Tod ist unser Arzt –« Ach! ich will nichts Böses von ihm reden, und nicht andre in ihrem Vertrauen stören; denn da er der einzige Arzt ist, so mögen sie immerhin glauben er sei auch der beste, und das einzige Mittel, das er anwendet, seine ewige Erdkur, sei auch das beste. Wenigstens kann man von ihm rühmen, daß er immer gleich bei der Hand ist, und trotz seiner großen Praxis nie lange auf sich warten läßt, wenn man ihn verlangt. Manchmal folgt er seinen Patienten sogar zur Prozession, und trägt ihnen die Kerze. Es war gewiß der Tod selbst, den ich an der Seite eines blassen, bekümmerten Priesters gehen sah; in dünnen zitternden Knochenhänden trug er diesem die flimmernde Kerze, nickte dabei gar gutmütig besänftigend mit dem ängstlich kahlen Köpfchen, und so schwach er selbst auf den Beinen war, so unterstützte er doch noch zuweilen den armen Priester, der bei jedem Schritte noch bleicher wurde und umsinken wollte. Er schien ihm Mut einzusprechen: »Warte nur noch einige Stündchen, dann sind wir zu Hause, und ich lösche die Kerze aus, und ich lege dich aufs Bett, und die kalten, müden Beine können ausruhen, und du sollst so fest schlafen, daß du das wimmernde Sankt Michaelsglöckchen nicht hören wirst.«

»Gegen *den* Mann will ich auch nicht schreiben«, dacht ich, als ich den armen, bleichen Priester sah, dem der leibhaftige Tod zu Bette leuchtete.

Ach! man sollte eigentlich gegen niemanden in dieser Welt schreiben. Jeder ist selbst krank genug in diesem großen Lazarett, und manche polemische Lektüre erinnert mich unwillkürlich an ein widerwärtiges Gezänk, in einem kleineren Lazarett zu Krakau, wobei ich mich als zufälliger Zuschauer befand, und wo entsetzlich anzuhören war, wie die Kranken sich einander ihre Gebrechen spottend vorrechneten, wie ausgedörrte Schwindsüchtige den aufgeschwollenen Wassersüchtling verhöhnten, wie der eine lachte über den Nasenkrebs des andern, und dieser wieder über Maulsperre und Augenverdrehung seiner Nachbaren, bis am Ende die Fiebertollen nackt aus den Betten sprangen, und den andern Kranken die Decken und Laken von den wunden Leibern rissen, und nichts als scheußliches Elend und Verstümmlung zu sehen war.

Jener schenkte nunmehr auch der übrigen Götterversammlung,
Rechtshin, lieblichen Nektar dem Mischkrug emsig entschöpfend.
Doch unermeßliches Lachen erscholl den seligen Göttern,
Als sie sahn, wie Hephästos im Saal so gewandt umherging.
Also den ganzen Tag bis spät zur sinkenden Sonne
Schmausten sie; und nicht mangelt' ihr Herz des gemeinsamen Mahles,
Nicht des Saitengetöns von der lieblichen Leier Apollons,
Noch des Gesangs der Musen mit holdantwortender Stimme.

Vulgata

Da plötzlich keuchte heran ein bleicher, bluttriefender Jude, mit einer Dornenkrone auf dem Haupte, und mit einem großen Holzkreuz auf der Schulter; und er warf das Kreuz auf den hohen Göttertisch, daß die goldnen Pokale zitterten, und die Götter verstummten und erblichen, und immer bleicher wurden, bis sie endlich ganz in Nebel zerrannen.

Nun gabs eine traurige Zeit, und die Welt wurde grau und dunkel. Es gab keine glücklichen Götter mehr, der Olymp wurde ein Lazarett, wo geschundene, gebratene und gespießte Götter langweilig umherschlichen, und ihre Wunden verbanden und triste Lieder sangen. Die Religion gewährte keine Freude mehr, sondern Trost; es war eine trübselige, blutrünstige Delinquentenreligion.

War sie vielleicht nötig für die erkrankte und zertretene Menschheit? Wer seinen Gott leiden sieht, trägt leichter die eignen Schmerzen. Die vorigen heiteren Götter, die selbst keine Schmerzen fühlten, wußten auch nicht wie armen gequälten Menschen zu Mute ist, und ein armer gequälter Mensch könnte auch, in seiner Not, kein rechtes Herz zu ihnen fassen. Es waren Festtagsgötter, um die man lustig herumtanzte, und denen man nur danken konnte. Sie wurden deshalb auch nie so ganz von ganzem Herzen geliebt. Um so ganz von ganzem Herzen geliebt zu werden – muß man leidend sein. Das Mitleid ist die letzte Weihe der Liebe, vielleicht die Liebe selbst. Von allen Göttern, die jemals gelebt haben, ist daher Christus derjenige Gott, der am meisten geliebt worden. Besonders von den Frauen – –

Dem Menschengewühl entfliehend, habe ich mich in eine einsame Kirche verloren, und was du, lieber Leser, eben gelesen hast, sind nicht so sehr meine eignen Gedanken, als vielmehr einige unwillkürliche Worte, die in mir laut geworden, während ich, dahingestreckt auf einer der alten Betbänke, die Töne einer Orgel durch meine Brust ziehen ließ. Da liege ich, mit phantasierender Seele, der seltsamen Musik noch seltsamere Texte unterdichtend; dann und wann schweifen meine Blicke durch die dämmernden Bogengänge, und suchen die dunkeln Klangfiguren, die zu jenen Orgelmelodien gehören. Wer ist die Verschleierte, die dort kniet vor dem Bilde einer Madonna? Die Ampel, die davor hängt, beleuchtet grauenhaft süß die schöne Schmerzenmutter einer gekreuzigten Liebe, die Venus dolorosa; doch kupplerisch geheimnisvolle Lichter fallen zuweilen, wie verstohlen, auf die schönen Formen der verschleierten Beterin. Diese liegt zwar regungslos auf den steinernen Altarstufen, doch in der wechselnden Beleuchtung bewegt sich ihr Schatten, läuft manchmal zu mir heran, zieht sich wieder hastig zurück, wie ein stummer Mohr, der ängstliche Liebesbote in einem Harem – und ich verstehe ihn. Er verkündet mir die Gegenwart seiner Herrin, der Sultanin meines Herzens. Es wird aber allmählich immer dunkler im leeren Hause, hie und da huscht eine unbestimmte Gestalt den Pfeilern entlang, dann und wann steigt ein leises Murmeln aus einer Seitenkapelle, und ihre langen, langgezogenen Töne stöhnt die Orgel, wie ein seufzendes Riesenherz –

Es war aber als ob jene Orgeltöne niemals aufhören, als ob jene Sterbelaute, jener lebende Tod ewig dauern wollte, ich fühlte so unsägliche Beklommenheit, so namenlose Angst, als wäre ich scheintot begraben worden, ja als wäre ich, ein Längstverstorbener, aus dem Grabe gestiegen, und sei, mit unheimlichen Nachtgesellen, in die Gespensterkirche gegangen, um die Totengebete zu hören, und Leichensünden zu beichten. Manchmal war mir, als sähe ich sie wirklich neben mir sitzen, in geisterhaftem Dämmerlichte, die abgeschiedene Gemeinde, in verschollen altflorentinischen Trachten, mit langen, blassen Gesichtern, goldbeschlagene Gebetbücher in dünnen Händen, heimlich wispernd, und melancholisch einander zunickend. Der wimmernde Ton eines fernen Sterbeglöckchens mahnte mich wieder an den kranken Priester, den ich bei der Prozession gesehen, und ich sprach zu mir selber: »Der ist jetzt auch gestorben, und kommt hierher um die erste Nachtmesse zu lesen und da beginnt erst recht der traurige Spuk.« Plötzlich aber erhob sich, von den Stufen des Altars, die holde Gestalt der verschleierten Beterin –

Ja, sie war es, schon ihr lebendiger Schatten verscheuchte die weißen Gespenster, ich sah jetzt nur sie, ich folgte ihr rasch zur Kirche hinaus, und als sie vor der Türe den Schleier zurückschlug, sah ich in Franscheskas betränetes Antlitz. Es glich einer sehnsüchtig weißen Rose, angeperlt vom Tau der Nacht und beglänzt vom Strahl des Mondes. »Franscheska liebst du mich?« Ich frug viel und sie antwortete wenig. Ich begleite sie nach dem Hotel Crotsche di Malta, wo sie und Mathilde logierten. Die Straßen waren leer geworden, die Häuser schliefen mit geschlossenen Fensteraugen, nur hie und da, durch die hölzernen Wimpern, blinzelte ein Lichtchen. Oben am Himmel aber trat ein breiter hellgrüner Raum aus den Wolken hervor, und darin schwamm der Halbmond, wie eine silberne Gondel in einem Meer von Smaragden. Vergebens bat ich Franscheska nur ein einziges Mal hinaufzusehen zu unserem alten, lieben Vertrauten; sie hielt aber das Köpfchen träumend gesenkt. Ihr Gang, der sonst so heiter dahinschwebend, war jetzt wie kirchlich gemessen, ihr Schritt war düster katholisch, sie bewegte sich wie nach dem Takte einer feierlichen Orgel, und wie in frühe-

ren Nächten die Sünde, so war ihr jetzt die Religion in die Beine gefahren. Unterwegs vor jedem Heiligenbilde bekreuzte sie sich Haupt und Busen; vergebens versuchte ich ihr dabei zu helfen. Als wir aber auf dem Markte der Kirche Sant Mitschiele vorbeikamen, wo die marmorne Schmerzensmutter mit den vergoldeten Schwertern im Herzen und mit der Lämpchenkrone auf dem Haupte, aus der dunkeln Nische hervorleuchtete, da schlang Franscheska ihren Arm um meinen Hals, küßte mich, und flüsterte: »Cecco, Cecco, caro Cecco!«

Ich nahm diese Küsse ruhig in Empfang, obgleich ich wohl wußte, daß sie im Grunde einem bolognesischen Abbate, einem Diener der römisch katholischen Kirche, zugedacht waren. Als Protestant machte ich mir kein Gewissen daraus, mir die Güter der katholischen Geistlichkeit zuzueignen, und auf der Stelle säkularisierte ich die frommen Küsse Franscheskas. Ich weiß, die Pfaffen werden hierüber wütend sein, sie schreien gewiß über Kirchenraub, und würden gern das französische Sakrilegiengesetz auf mich anwenden. Leider muß ich gestehen, daß besagte Küsse das einzige waren, was ich in jener Nacht erbeuten konnte. Franscheska hatte beschlossen diese Nacht nur zum Heile ihrer Seele, kniend und betend, zu benutzen. Vergebens erbot ich mich ihre Andachtsübungen zu teilen; – als sie ihr Zimmer erreichte, schloß sie mir die Türe vor der Nase zu. Vergebens stand ich draußen noch eine ganze Stunde, und bat um Einlaß, und seufzte alle möglichen Seufzer, und heuchelte fromme Tränen, und schwor die heiligsten Eide – versteht sich, mit geistlichem Vorbehalte, ich fühlte wie ich allmählich ein Jesuit wurde, ich wurde ganz schlecht und erbot mich endlich sogar, katholisch zu werden für diese einzige Nacht –

»Franscheska!« rief ich, »Stern meiner Gedanken! Gedanke meiner Seele! vita della mia vita! meine schöne, oftgeküßte, schlanke, katholische Franscheska! für diese einzige Nacht, die du mir noch gewährst, will ich selbst katholisch werden – aber auch nur für diese einzige Nacht! O, die schöne, selige, katholische Nacht! Ich liege in deinen Armen, strengkatholisch glaube ich an den Himmel deiner Liebe, von den Lippen küssen wir uns das holde Bekenntnis, das Wort wird Fleisch, der Glaube wird versinnlicht, in Form und Gestalt, welche Religion! Ihr Pfaffen! jubelt unterdessen Eur Kyrie eleison, klingelt, räuchert, läutet die Glocken, laßt die Orgel brausen, laßt die Messe von Palestrina erklingen – ›das ist der Leib!‹ – ich glaube, ich bin selig, ich schlafe ein – aber sobald ich des anderen Morgens erwache, reibe ich mir den Schlaf und den Katholizismus aus den Augen, und sehe wieder klar in die Sonne und in die Bibel, und bin wieder protestantisch vernünftig und nüchtern, nach wie vor.«

KAPITEL VII

Als am anderen Tage die Sonne wieder herzlich vom Himmel herablachte, erloschen gänzlich die trübseligen Gedanken und Gefühle, die von der Prozession des vorhergehenden Abends in mir erregt worden, und mir das Leben wie eine Krankheit und die Welt wie ein Lazarett ansehen ließen.

Die ganze Stadt wimmelte von heiterem Volke. Geputzt bunte Menschen, dazwischen hüpften hie und da ein schwarz Pfäfflein. Das brauste und lachte und schwatzte, man hörte fast nicht das Glockengebimmel, das zu einer großen Messe einlud, in die Kathedrale. Diese ist eine schöne, einfache Kirche, deren buntmarmorne Fassade mit jenen kurzen, übereinander gebauten Säulchen geziert ist, die uns so witzig trübe ansehen. Inwendig waren Pfeiler und Wände mit rotem Tuche überkleidet, und heitere Musik ergoß sich über die wogende Menschenmenge. Ich führte Signora Franscheska am Arm, und als ich ihr beim Eintritt das Weihwasser reichte, und durch die süßfeuchte Fingerberührung unsere Seelen elektrisiert wurden, bekam ich auch zu gleicher Zeit einen elektrischen Schlag ans Bein, daß ich vor Schreck fast hinpurzelte über die knienden Bäurinnen, die ganz weiß gekleidet und mit langen Ohrringen, und Halsketten von gelbem Golde belastet, in dichten Haufen den Boden bedeckten. Als ich mich umsah, erblickte ich ein ebenfalls kniendes Frauenzimmer, das sich fächerte, und hinter dem Fächer erspähte ich Myladys kichernde Augen. Ich beugte mich zu ihr hinab, und sie hauchte mir schmachtend ins Ohr: »Delightful!«

»Um Gottes willen!« flüsterte ich ihr zu, »bleiben Sie ernsthaft, lachen Sie nicht; sonst werden wir wahrhaftig hinausgeschmissen!«

Aber da half kein Bitten und Flehen. Zum Glück verstand man unsre Sprache nicht. Denn als Mylady aufstand, und uns durch das Gedränge zum Hauptaltar folgte, überließ sie sich ihren tollen Launen, ohne die mindeste Rücksicht, als stünden wir allein auf den Apenninen. Sie mokierte sich über alles, sogar die armen gemalten Bilder an den Wänden waren vor ihren Pfeilen nicht sicher.

»Sieh da!« rief sie, »auch Lady Eva, geborne von Rippe, wie sie mit der Schlange diskuriert! Es ist ein guter Einfall des Malers, daß er der Schlange einen menschlichen Kopf mit einem menschlichen Gesichte gab; es wäre jedoch noch weit sinnreicher gewesen, wenn er dieses Verführungsgesicht mit einem militärischen Schnurrbart verziert hätte. Sehen Sie, Doktor, dort den Engel, welcher der hochgebenedeiten Jungfrau ihren gesegneten Zustand verkündigt und dabei so ironisch lächelt? Ich weiß was dieser Ruffiano denkt! Und diese Maria, zu deren Füßen die heilige Allianz des Morgenlandes, mit Gold- und Weihrauchgaben, niederkniet, sieht sie nicht aus wie die Catalani?«

Signora Franscheska, welche von diesem Geschwätz, wegen ihrer Unkenntnis des Englischen, nichts verstand als das Wort Catalani, bemerkte hastig: daß die Dame, wovon unsre Freundin spreche, jetzt wirklich den größten Teil ihrer Renommee verloren habe. Unsre Freundin aber ließ sich nicht stören und kommentierte auch die Passionsbilder, bis zur Kreuzigung, einem überaus schönen Gemälde, worauf unter anderen drei dumme untätige Gesichter abgebildet waren, die dem Gottesmärtyrtum gemächlich zusahen, und von denen Mylady durchaus behauptete, es seien die bevollmächtigten Kommissarien von Östreich, Rußland und Frankreich.

Indessen, die alten Freskos, die zwischen den roten

Decken der Wände zum Vorschein kamen, vermochten einigermaßen mit ihrem inwohnenden Ernste die britische Spottlust abzuwehren. Es waren darauf Gesichter aus jener heldenmütigen Zeit Luccas, wovon in den Geschichtsbüchern Machiavells, des romantischen Sallusts, so viel die Rede ist, und deren Geist uns aus den Gesängen Dantes, des katholischen Homers, so feurig entgegenweht. Wohl sprechen aus jenen Mienen die strengen Gefühle und barbarischen Gedanken des Mittelalters; wenn auch auf manchem stummen Jünglingsmunde das lächelnde Bekenntnis schwebt, daß damals nicht alle Rosen so ganz steinern und umflort gewesen sind, und wenn auch durch die fromm gesenkten Augenwimpern mancher Madonna aus jener Zeit ein so schalkhafter Liebeswink blinzelt, als ob sie uns gern noch ein zweites Christkindlein schenken möchte. Jedenfalls ist es aber ein hoher Geist, der uns aus jenen altflorentinischen Gemälden anspricht, es ist das eigentlich Heroische, das wir auch in den marmornen Götterbildern der Alten erkennen, und das nicht, wie unsre Ästhetiker meinen, in einer ewigen Ruhe ohne Leidenschaft, sondern in einer ewigen Leidenschaft ohne Unruhe besteht. Auch durch einige spätere Ölbilder, die im Dome von Lucca hängen, zieht sich, vielleicht als traditioneller Nachhall, jener altflorentinische Sinn. Besonders fiel mir auf eine Hochzeit zu Canan, von einem Schüler des Andrea del Sarto, etwas hart gemalt und schroff gestaltet. Der Heiland sitzt zwischen der weichen schönen Braut und einem Pharisäer, dessen steinernes Gesetztafelgesicht sich wundert über den genialen Propheten, der sich heiter mischt in die Reihen der Heiteren, und die Gesellschaft mit Wundern regaliert, die noch größer sind als die Wunder des Moses; denn dieser konnte, wenn er noch so stark gegen den Felsen schlug, nur Wasser hervorbringen, jener aber brauchte nur ein Wort zu sprechen, und die Krüge füllten sich mit dem besten Wein. Viel weicher, fast venezianisch koloriert, ist das Gemälde von einem Unbekannten, das daneben hängt, und worin der freundlichste Farbenschmelz von einem durchbebenden Schmerze gar seltsam gedämpft wird. Es stellt dar wie Maria ein Pfund Salbe nahm, von ungefälschter köstlicher Narde, und damit die Füße Jesu salbte, und sie mit ihren Haaren trocknete. Christus sitzt da, im Kreise seiner Jünger, ein schöner, geistreicher Gott, menschlich wehmütig fühlt er eine schaurige Pietät gegen seinen eignen Leib, der bald so viel dulden wird, und dem die salbende Ehre, die man den Gestorbenen erweist, schon jetzt gebührt und schon jetzt widerfährt; er lächelt gerührt hinab auf das kniende Weib, das getrieben von ahnender Liebesangst, jene barmherzige Tat verrichtet, eine Tat, die nie vergessen wird, so lange es leidende Menschen gibt, und die zur Erquickung aller leidenden Menschen durch die Jahrtausende duftet. Außer dem Jünger, der am Herzen Christi lag, und der auch diese Tat verzeichnet hat, scheint keiner von den Aposteln ihre Bedeutung zu fühlen, und der mit dem roten Barte scheint sogar, wie in der Schrift steht, die verdrießliche Bemerkung zu machen: »Warum ist diese Salbe nicht verkauft um dreihundert Groschen, und den Armen gegeben?« Dieser ökonomische Apostel ist eben derjenige, der den Beutel führt, die Gewohnheit der Geldgeschäfte hat ihn abgestumpft gegen alle uneigennützigen Nardendüfte der Liebe, er möchte Groschen dafür einwechseln zu einem nützlichen Zweck, und eben er, der Groschenwechsler, er war es, der den Heiland verriet – um dreißig Silberlinge. So hat das Evangelium auch symbolisch, in der Geschichte des Bankiers unter den Aposteln, die unheimliche Verführungsmacht, die im Geldsacke lauert, offenbart, und vor der Treulosigkeit der Geldgeschäftsleute gewarnt. Jeder Reiche ist ein Judas Ischariot.

»Sie schneiden ja ein verbissen gläubiges Gesicht, teurer Doktor«, flüsterte Mylady, »ich habe Sie eben beobachtet, und verzeihen Sie mir, wenn ich Sie etwa beleidige, Sie sahen aus wie ein guter Christ.«

»Unter uns gesagt, das bin ich; ja, Christus –«

»Glauben Sie vielleicht ebenfalls, daß er ein Gott sei?«

»Das versteht sich, meine gute Mathilde. Es ist der Gott, den ich am meisten liebe – nicht weil er so ein legitimer Gott ist, dessen Vater schon Gott war und seit undenklicher Zeit die Welt beherrschte: sondern weil er, obgleich ein geborener Dauphin des Himmels, dennoch, demokratisch gesinnt, keinen höfischen Zeremonialprunk liebt, weil er kein Gott einer Aristokratie von geschorenen Schriftgelehrten und galonierten Lanzenknechten, und weil er ein bescheidener Gott des Volks ist, ein Bürger-Gott, un bon dieu citoyen. Wahrlich, wenn Christus noch kein Gott wäre, so würde ich ihn dazu wählen, und viel lieber als einem aufgezwungenen absoluten Gotte, würde ich ihm gehorchen, ihm, dem Wahlgotte, dem Gotte meiner Wahl.«

KAPITEL VIII

Der Erzbischof, ein ernster Greis, las selber Messe, und ehrlich gestanden, nicht bloß ich, sondern einigermaßen auch Mylady, wir wurden heimlich berührt von dem Geiste, der in dieser heiligen Handlung wohnt, und von der Weihe des alten Mannes, der sie vollzog; – ist ja doch jeder alte Mann, an und für sich, ein Priester, und die Zeremonien der katholischen Messe sind sie doch so uralt, daß sie vielleicht das einzige sind, was sich aus dem Kindesalter der Welt erhalten hat, und als Erinnerung an die ersten Vorfahren aller Menschen unsere Pietät in Anspruch nimmt. »Sehen Sie, Mylady«, sagte ich, »jede Bewegung, die Sie hier erblicken, die Art des Zusammenlegens der Hände und des Ausbreitens der Arme, dieses Knixen, dieses Händewaschen, dieses Beräuchertwerden, dieser Kelch, ja die ganze Kleidung des Mannes, von der Mitra bis zum Saume der Stola, alles dieses ist altägyptisch und Überbleibsel eines Priestertums, von dessen wundersamem Wesen nur die ältesten Urkunden etwas weniges berichten, eines frühesten Priestertums, das die erste Weisheit erforschte, die ersten Götter erfand, die ersten Symbole bestimmte, und die junge Menschheit –«

»Zuerst betrog«, setzte Mylady bitteren Tones hinzu, »und ich glaube, Doktor, aus dem frühesten Weltalter ist uns nichts übrig geblieben als einige triste Formeln des Betrugs. Und sie sind noch immer wirksam. Denn sehen Sie dort die stockfinsteren Gesichter? Und gar jenen Kerl, der dort auf seinen dummen Knien liegt und mit seinem aufgesperrten Maule so ultradumm aussieht?«

»Um des lieben Himmels willen!« begütigte ich leise, »was ist daran gelegen, daß dieser Kopf so wenig von der Vernunft erleuchtet ist? Was geht das uns an? Was irritiert Sie dabei? Sehen Sie doch täglich Ochsen, Kühe, Hunde, Esel, die ebenso dumm sind, ohne daß Sie durch solchen Anblick aus Ihrem Gleichmut aufgestört und zu unmutigen Äußerungen angeregt werden?«

»Ach, das ist was anderes«, fiel mir Mylady in die Rede, »diese Bestien tragen hinten Schwänze, und ich ärgre mich eben, daß ein Kerl, der eben so bestialisch dumm ist, dennoch hinten keinen Schwanz hat.«

»Ja, das ist was andres, Mylady.«

KAPITEL IX

Nach der Messe gabs noch allerlei zu schauen und zu hören, besonders die Predigt eines großen, vierstämmigen Mönchs, dessen befehlend kühnes, altrömisches Gesicht gegen die grobe Bettelkutte gar wundersam abstach, so daß der Mann aussah wie ein Imperator der Armut. Er predigte von Himmel und Hölle, und geriet zuweilen in die wütendste Begeisterung. Seine Schilderung des Himmels war ein bißchen barbarisch überladen, und es gab da viel Gold, Silber, Edelsteine, köstliche Speisen, und Weine von den besten Jahrgängen; dabei machte er ein so verklärt schlürfendes Gesicht, und er schob sich vor Wonne in der Kutte hin und her, wenn er, unter den Englein mit weißen

Flüglein sich selber dachte als ein Englein mit weißen Flüglein. Minder ergötzlich, ja sogar sehr praktisch ernsthaft war seine Schilderung der Hölle. Hier war der Mann weit mehr in seinem Elemente. Er eiferte besonders über die Sünder, die nicht mehr recht christlich ans alte Feuer der Hölle glauben, und sogar wähnen, sie habe sich in neuerer Zeit etwas abgekühlt und werde nächstens ganz und gar erlöschen. »Und wäre auch«, rief er, »die Hölle am Erlöschen, so würde ich, ich mit meinem Atem, die letzten glimmenden Kohlen wieder anfachen, daß sie wieder auflodern sollten zu ihrer alten Flammenglut.« Hörte man nun die Stimme, die gleich dem Nordwind diese Worte hervorheulte, sah man dabei das brennende Gesicht, den roten, büffelstarken Hals, und die gewaltigen Fäuste des Mannes, so hielt man jene höllische Drohung für keine Hyperbel.

»I like this man«, sagte Mylady.

»Da haben Sie recht«, antwortete ich, »auch mir gefällt er besser als mancher unserer sanften, homöopathischen Seelenärzte, die $^1/_{10\,000}$ Vernunft in einem Eimer Moralwasser schütten, und uns damit des Sonntags zur Ruhe predigen.«

»Ja, Doktor, für seine Hölle habe ich Respekt; aber zu seinem Himmel hab ich kein rechtes Vertrauen. Wie ich mich denn überhaupt in Ansehung des Himmels schon sehr früh in geheimen Zweifel verfing. Als ich noch klein war, in Dublin, lag ich oft auf dem Rücken im Gras, und sah in den Himmel, und dachte nach: ob wohl der Himmel wirklich so viele Herrlichkeiten enthalten mag, wie man davon rühmt? Aber, dacht ich, wie kommts, daß von diesen Herrlichkeiten niemals etwas herunterfällt, etwa ein brillantener Ohrring, oder eine Schnur Perlen oder wenigstens ein Stückchen Ananaskuchen, und daß immer nur Hagel oder Schnee oder gewöhnlicher Regen uns von oben herabbeschert wird? Das ist nicht ganz richtig, dacht ich –«

»Warum sagen Sie das, Mylady? Warum diese Zweifel nicht lieber verschweigen? Ungläubige, die keinen Himmel glauben, sollten nicht Proselyten machen; minder tadelnswert, sogar lobenswert ist die Proselytenmacherei derjenigen Leute, die einen süperben Himmel haben, und dessen Herrlichkeiten nicht selbstsüchtig allein genießen wollen, und deshalb ihre Nebenmenschen einladen dran teilzunehmen, und sich nicht eher zufrieden geben, bis diese ihre gütige Einladung angenommen.«

»Ich habe mich aber immer gewundert, Doktor, daß manche reiche Leute dieser Gattung, die wir, als Präsidenten, Vizepräsidenten, oder Sekretäre von Bekehrungsgesellschaften, eifrigst bemüht sehen, etwa einen alten verschimmelten Betteljuden himmelfähig zu machen und seine einstige Genossenschaft im Himmelreich zu erwerben, dennoch nie dran denken, ihn schon jetzt auf Erden an ihren Genüssen teilnehmen zu lassen, und ihn z. B. nie des Sommers auf ihre Landhäuser einladen, wo es gewiß Leckerbissen gibt, die dem armen Schelm ebenso gut schmecken würden, als genösse er sie im Himmel selbst.«

»Das ist erklärlich, Mylady, die himmlischen Genüsse kosten sie nichts, und es ist ein doppeltes Vergnügen, wenn wir so wohlfeilerweise unsre Nebenmenschen beglücken können. Zu welchen Genüssen aber kann der Ungläubige jemanden einladen?«

»Zu nichts, Doktor, als zu einem langen ruhigen Schlafe, der aber zuweilen für einen Unglücklichen sehr wünschenswert sein kann, besonders wenn er vorher mit zudringlichen Himmelseinladungen gar zu sehr geplagt worden.«

Dieses sprach das schöne Weib mit stechend bitteren Akzenten, und nicht ganz ohne Ernst antwortete ich ihr: »Liebe Mathilde, bei meinen Handlungen auf dieser Welt kümmert mich nicht einmal die Existenz von Himmel und Hölle, ich bin zu groß und zu stolz, als daß der Geiz nach himmlischen Belohnungen, oder die Furcht vor höllischen Strafen mich leiten sollten. Ich strebe nach dem Guten, weil es schön ist und mich unwiderstehlich anzieht, und

ich verabscheue das Schlechte, weil es häßlich und mir zuwider ist. Schon als Knabe, wenn ich den Plutarch las – und ich lese ihn noch jetzt alle Abend im Bette und möchte dabei manchmal aufspringen, und gleich Extra-Post nehmen und ein großer Mann werden – schon damals gefiel mir die Erzählung von dem Weibe, das durch die Straßen Alexandriens schritt, in der einen Hand einen Wasserschlauch, in der andern eine brennende Fackel tragend, und den Menschen zurief, daß sie mit dem Wasser die Hölle auslöschen und mit der Fackel den Himmel in Brand stecken wolle, damit das Schlechte nicht mehr aus Furcht vor Strafe unterlassen, und das Gute nicht mehr aus Begierde nach Belohnung ausgeübt werde. Alle unsre Handlungen sollen aus dem Quell einer uneigennützigen Liebe hervorsprudeln, gleichviel ob es eine Fortdauer nach dem Tode gibt oder nicht.«

»Sie glauben also auch nicht an Unsterblichkeit.«

»O Sie sind schlau, Mylady! Ich daran zweifeln? Ich, dessen Herz in die entferntesten Jahrtausende der Vergangenheit und der Zukunft immer tiefer und tiefer Wurzeln schlägt, ich, der ich selbst einer der ewigsten Menschen bin, jeder Atemzug ein ewiges Leben, jeder Gedanke ein ewiger Stern – ich sollte nicht an Unsterblichkeit glauben?«

»Ich denke, Doktor, es gehört eine beträchtliche Portion Eitelkeit und Anmaßung dazu, nachdem wir schon soviel Gutes und Schönes auf dieser Erde genossen, noch obendrein vom lieben Gott die Unsterblichkeit zu verlangen! Der Mensch, der Aristokrat unter den Tieren, der sich besser dünkt, als alle seine Mitgeschöpfe, möchte sich auch dieses Ewigkeitsvorrecht, am Throne des Weltkönigs, durch höfische Lob- und Preisgesänge und kniendes Bitten auswirken. – O, ich weiß was dieses Zucken mit den Lippen bedeutet, unsterblicher Herr!«

KAPITEL X

Signora bat uns mit ihr nach dem Kloster zu gehn, worin das wundertätige Kreuz, das Merkwürdigste in ganz Toskana, bewahrt wird. Und es war gut, daß wir den Dom verließen, denn Myladys Tollheiten würden uns doch zuletzt in Verlegenheit gestürzt haben. Sie sprudelte von witziger Laune; lauter lieblich närrische Gedanken, so übermütig wie junge Kätzchen, die in der Maisonne herumspringen. Am Ausgang des Doms tunkte sie den Zeigefinger dreimal ins Weihwasser, besprengte mich jedesmal und murmelte: »Dem Zefardeyim Kinnim«, welches nach ihrer Behauptung die arabische Formel ist, womit die Zauberinnen einen Menschen in einen Esel verwandeln.

Auf der Piazza vor dem Dome manövrierte eine Menge Militär, beinah ganz östreichisch uniformiert und nach deutschem Kommando. Wenigstens hörte ich die deutschen Worte: »Präsentierts Gewehr! Fuß Gewehr! Schulterts Gewehr! Rechtsum! Halt!« Ich glaube bei allen Italienern, wie noch bei einigen andern europäischen Völkern, wird auf Deutsch kommandiert. Sollen wir Deutschen uns etwas darauf zugute tun? Haben wir in der Welt so viel zu befehlen, daß das Deutsche sogar die Sprache des Befehlens geworden? Oder wird uns so viel befohlen, daß der Gehorsam am besten die deutsche Sprache versteht?

Mylady scheint von Paraden und Revuen keine Freundin zu sein. Sie zog uns mit ironischer Furchtsamkeit von dannen. »Ich liebe nicht«, sprach sie, »die Nähe von solchen Menschen mit Säbeln und Flinten, besonders wenn sie in großer Anzahl, wie bei außerordentlichen Manövern, in Reih und Glied aufmarschieren. Wenn nun einer von diesen tausenden plötzlich verrückt wird, und mit der Waffe, die er schon in der Hand hat, mich auf der Stelle niedersticht? Oder wenn er gar plötzlich vernünftig wird und nachdenkt: ›Was hast du zu riskieren? zu verlieren? selbst wenn sie dir das Leben nehmen? Mag auch jene andre Welt, die uns nach dem Tode versprochen wird, nicht so ganz brillant sein, wie man sie rühmt, mag sie noch so schlecht sein, weniger als man dir jetzt gibt, weniger als sechs Kreuzer per Tag, kann man dir auch dort nicht geben – drum mach dir den Spaß und erstich jene kleine Engländerin mit der impertinenten Nase!‹ Bin ich da nicht in der größten Lebensgefahr? Wenn ich König wäre, so würde ich meine Soldaten in zwei Klassen teilen. Die einen ließe ich an Unsterblichkeit glauben, um in der Schlacht Mut zu haben und den Tod nicht zu fürchten, und ich würde sie bloß im Kriege gebrauchen. Die andern aber würde ich zu Paraden und Revuen bestimmen, und damit es ihnen nie in den Sinn komme, daß sie nichts riskieren, wenn sie des Spaßes wegen jemanden umbrächten, so würde ich ihnen bei Todesstrafe verbieten an Unsterblichkeit zu glauben, ja, ich würde ihnen sogar noch etwas Butter zu ihrem Kommißbrot geben, damit sie das Leben recht liebgewinnen. Erstern hingegen, jenen unsterblichen Helden, würde ich das Leben sehr sauer machen, damit sie es recht verachten lernen und die Mündung der Kanonen für einen Eingang in eine bessere Welt ansehen.«

»Mylady«, sprach ich, »Sie wären ein schlechter Regent. Sie wissen wenig vom Regieren und von der Politik verstehen Sie gar nichts. Hätten Sie die politischen Annalen gelesen –«

»Ich verstehe dergleichen vielleicht besser als Sie, teurer Doktor. Schon früh suchte ich mich darüber zu unterrichten. Als ich noch klein war, in Dublin –«

»Und auf dem Rücken lag, im Gras – und nachdachte, oder auch nicht, wie in Ramsgate –«

Ein Blick, wie leiser Vorwurf der Undankbarkeit, fiel aus Myladys Augen, dann aber lachte sie wieder, und fuhr fort: »Als ich noch klein war, in Dublin, und auf einem Eckchen von dem Schemel sitzen konnte, worauf Mutters Füße ruhten, da hatte ich immer allerlei zu fragen, was die Schneider, die Schuster, die Bäcker, kurz was die Leute in der Welt zu tun haben? Und die Mutter erklärte dann: die Schneider machen Kleider, die Schuster machen Schuhe, die Bäcker backen Brot – Und als ich nun frug: ›Was tun denn die Könige?‹ da gab die Mutter zur Antwort: ›Die regieren‹. ›Weißt du wohl, liebe Mutter‹, sagte ich da, ›wenn ich König wäre, so würde ich mal einen ganzen Tag gar nicht regieren, bloß um zu sehen, wie es dann in der Welt aussieht‹. ›Liebes Kind‹, antwortete die Mutter, ›das tun auch manche Könige, und es sieht auch dann danach aus‹«.

»Wahrhaftig, Mylady, Ihre Mutter hatte recht. Besonders hier in Italien gibt es solche Könige, und man merkt es wohl in Piemont und Neapel –«

»Aber, lieber Doktor, es ist so einem italienischen König nicht zu verargen, wenn er manchen Tag gar nicht regiert, wegen der allzu großen Hitze. Es ist nur zu befürchten, daß die Carbonari so einen Tag benutzen möchten; denn in der neuesten Zeit ist es mir besonders aufgefallen, daß die Revolutionen immer an solchen Tagen ausgebrochen sind, wo nicht regiert wurde. Irrten sich einmal die Carbonari, und glaubten sie, es wäre so ein unregierter Tag, und gegen alle Erwartung wurde dennoch regiert, so verloren sie die Köpfe. Die Carbonari können daher nie vorsichtig genug sein, und müssen sich genau die rechte Zeit merken. Dagegen aber ist es die höchste Politik der Könige, daß sie es ganz geheim halten, an welchen Tagen sie nicht regieren, daß sie sich an solchen Tagen wenigstens einigemal auf den Regierstuhl setzen, und etwa Federn schneiden, oder Briefcouverts versiegeln oder weiße Blätter liniieren, alles zum Schein, damit das Volk draußen, das neugierig in die Fenster des Palais hineinguckt, ganz sicher glaube es werde regiert.«

Während solche Bemerkungen aus Myladys feinem Mündchen hervorgaukelten, schwamm eine lächelnde Zufriedenheit um die vollen Rosenlippen Franscheskas. Sie sprach wenig. Ihr Gang war jedoch nicht mehr so seufzend entsagungsselig, wie am verflossenen Abend, sie trat vielmehr siegreich einher, jeder Schritt ein Trompetenton; es war indessen mehr ein geistlicher Sieg, als ein weltlicher, der sich in ihren Bewegungen kundgab, sie war fast das Bild einer triumphierenden Kirche, und um ihr Haupt schwebte eine unsichtbare Glorie. Die Augen aber, wie aus Tränen hervorlachend, waren wieder ganz weltkindlich, und in dem bunten Menschenstrom, der uns vorbeiflutete, ist auch kein einziges Kleidungsstück ihrem Forscherblick entgangen. »Ecco!« war dann ihr Ausruf, »welcher Shawl! der Marchese soll mir ebensolchen Kaschmir zu einem Turbane kaufen, wenn ich die Roxelane tanze. Ach! er hat mir auch ein Kreuz mit Diamanten versprochen!«

Armer Gumpelino! zu dem Turbane wirst du dich leicht verstehen, jedoch das Kreuz wird dir noch manche saure Stunde machen; aber Signora wird dich so lange quälen und auf die Folter spannen, bis du dich endlich dazu bequemst.

KAPITEL XI

Die Kirche, worin das wundertätige Kreuz von Lucca zu sehen ist, gehört zu einem Kloster, dessen Namen mir diesen Augenblick nicht im Gedächtnisse.

Bei unserem Eintritt in die Kirche, lagen vor dem Hauptaltare ein Dutzend Mönche auf den Knien, in schweigendem Gebet. Nur dann und wann, wie im Chor, sprachen sie einige abgebrochene Worte, die in den einsamen Säulengängen etwas schauerlich widerhallten. Die Kirche war dunkel, nur durch kleine gemalte Fenster fiel ein buntes Licht auf die kahlen Häupter und braunen Kutten. Glanzlose Kupferlampen beleuchteten spärlich die geschwärzten Freskos und Altarbilder, aus den Wänden

traten hölzerne Heiligenköpfe, grell bemalt und bei dem zweifelhaften Lichte wie lebendig grinsend – Mylady schrie laut auf, und zeigte zu unseren Füßen einen Grabstein, worauf in Relief das starre Bild eines Bischofs mit Mitra und Hirtenstab, gefalteten Händen und abgetretener Nase. »Ach!« flüsterte sie, »ich selbst trat ihm unsanft auf die steinerne Nase, und nun wird er mir diese Nacht im Traume erscheinen und da gibts eine Nase.«
Der Sakristan, ein bleicher, junger Mönch, zeigte uns das wundertätige Kreuz, und erzählte dabei die Mirakel, die es verrichtet. Launisch, wie ich bin, habe ich vielleicht kein ungläubiges Gesicht dazu gemacht, ich habe dann und wann Anfälle von Wunderglauben, besonders wo, wie hier, Ort und Stunde denselben begünstigt. Ich glaube dann, daß alles in der Welt ein Wunder sei, und die ganze Weltgeschichte eine Legende. War ich angesteckt von dem Wunderglauben Franscheskas, die das Kreuz mit wilder Begeisterung küßte? Verdrießlich wurde mir die ebenso wilde Spottlust der witzigen Britin. Vielleicht verletzte mich solche um so mehr, da ich mich selbst nicht davon frei fühlte, und sie keineswegs als etwas Lobenswertes erachtete. Es ist nun mal nicht zu leugnen, daß die Spottlust, die Freude am Widerspruch der Dinge, etwas Bösartiges in sich trägt, statt daß der Ernst mehr mit den besseren Gefühlen verwandt ist – die Tugend, der Freiheitssinn und die Liebe selbst sind sehr ernsthaft. Indessen, es gibt Herzen, worin Scherz und Ernst, Böses und Heiliges, Glut und Kälte sich so abenteuerlich verbinden, daß es schwer wird darüber zu urteilen. Ein solches Herz schwamm in der Brust Mathildens; manchmal war es eine frierende Eisinsel, aus deren glattem Spiegelboden die sehnsüchtig glühendsten Palmenwälder hervorblühten, manchmal war es wieder ein enthusiastisch flammender Vulkan, der plötzlich von einer

lachenden Schneelawine überschüttet wird. Sie war durchaus nicht schlecht, bei all ihrer Ausgelassenheit, nicht einmal sinnlich; ja, ich glaube von der Sinnlichkeit hatte sie nur die witzige Seite aufgefaßt, und ergötzte sich daran wie an einem närrischen Puppenspiele. Es war ein humoristisches Gelüste, eine süße Neugier, wie sich der oder jener bunte Kauz in verliebten Zuständen gebären würde. Wie ganz anders war Franscheska! In ihren Gedanken, Gefühlen war eine katholische Einheit. Am Tage war sie ein schmachtend blasser Mond, des nachts war sie eine glühende Sonne – Mond meiner Tage! Sonne meiner Nächte! ich werde dich niemals wiedersehen!

»Sie haben recht«, sagte Mylady, »ich glaube auch an die Wundertätigkeit eines Kreuzes. Ich bin überzeugt, wenn der Marchese an den Brillanten des versprochenen Kreuzes nicht zu sehr knickert, so bewirkt es gewiß bei Signoren ein brillantes Wunder; sie wird am Ende noch so sehr davon geblendet werden, daß sie sich in seine Nase verliebt. Auch habe ich oft gehört von der Wundertätigkeit einiger Ordenskreuze, die einen ehrlichen Mann zum Schufte machen konnten.«

So spöttelte die hübsche Frau über alles, sie kokettierte mit dem armen Sakristan, machte dem Bischof mit der abgetretenen Nase noch drollige Exküsen, wobei sie sich seinen etwaigen Gegenbesuch höflichst verbat, und als wir an den Weihkessel gelangten, wollte sie mich durchaus wieder in einen Esel verwandeln.

War es nun wirkliche Stimmung, die der Ort einflößte, oder wollte ich diesen Spaß, der mich im Grunde verdroß, so scharf als möglich ablehnen, genug ich warf mich in das gehörige Pathos und sprach:

»Mylady, ich liebe keine Religionsverächterinnen. Schöne Frauen, die keine Religion haben, sind wie Blumen ohne Duft; sie gleichen jenen kalten, nüchternen Tulpen, die uns aus ihren chinesischen Porzellantöpfen so porzellanhaft ansehen, und wenn sie sprechen könnten, uns gewiß auseinandersetzen würden, wie sie ganz natürlich aus einer Zwiebel entstanden sind, wie es hinreichend sei, wenn man hienieden nur nicht übel riecht, und wie übrigens, was den Duft betrifft, eine vernünftige Blume gar keines Duftes bedarf.«

Schon bei dem Wort Tulpe geriet Mylady in die heftigsten Bewegungen, und während ich sprach, wirkte ihre Idiosynkrasie gegen diese Blume so stark, daß sie sich verzweiflungsvoll die Ohren zuhielt. Zur Hälfte war es wohl Komödie, zur Hälfte aber auch wohl pikierter Ernst, daß sie mich mit bitterem Blicke ansah und aus Herzensgrund spottscharf mich frug: »Und Sie, teure Blume, welche von den vorhandenen Religionen haben Sie?«

»Ich, Mylady, ich habe sie alle, der Duft meiner Seele steigt in den Himmel und betäubt selbst die ewigen Götter!«

KAPITEL XII

Indem Signora unser Gespräch, das wir größtenteils auf Englisch führten, nicht verstehen konnte, geriet sie, Gott weiß wie! auf den Gedanken, wir stritten über die Vorzüglichkeit unserer respektiven Landsleute. Sie lobte nun die Engländer ebenso wie die Deutschen, obgleich sie im Herzen die ersteren für nicht klug und die letzteren für dumm hielt. Sehr schlecht dachte sie von den Preußen, deren Land, nach ihrer Geographie, noch weit über England und Deutschland hinausliegt, besonders schlecht dachte sie vom Könige von Preußen, dem großen Federigo, den ihre Feindin, Signora Seraphina, in ihrem Benefizballette vorig Jahr getanzt hatte; wie denn sonderbar genug, dieser König, nämlich Friedrich der Große, auf den italienischen Theatern und im Gedächtnisse des italienischen Volks noch immer lebt.

»Nein«, sagte Mylady, ohne auf Signoras süßes Gekose hinzuhören, »nein, diesen Menschen braucht man nicht erst in einen Esel zu verwandeln; nicht nur, daß er jede zehn Schritte seine Gesinnung wechselt, und sich beständig widerspricht, wird er jetzt sogar ein Bekehrer, und ich glaube gar er ist ein verkappter Jesuit. Ich muß, meiner Sicherheit wegen, jetzt devote Gesichter schneiden, sonst gibt er mich an bei seinen Mitheuchlern in Christo, bei den heiligen Inquisitionsdilettanten, die mich in efigie verbrennen, da ihnen die Polizei noch nicht erlaubt, die Personen selbst ins Feuer zu werfen. Ach, ehrwürdiger Herr! glauben Sie nur nicht, daß ich so klug sei wie ich aussehe, es fehlt mir durchaus nicht an Religion, ich bin keine Tulpe, beileibe keine Tulpe, nur um des Himmels willen keine Tulpe, ich will lieber alles glauben! Ich glaube jetzt schon das Hauptsächlichste, was in der Bibel steht, ich glaube, daß Abraham den Isaak, und Isaak den Jakob, und Jakob wieder den Juda gezeugt hat, sowie auch, daß dieser wieder seine Schnur Tamar auf der Landstraße erkannt hat. Ich glaube auch, daß Loth mit seinen Töchtern zuviel getrunken. Ich glaube, daß die Frau des Potiphar den Rock des frommen Josephs in Händen behalten. Ich glaube, daß die beiden Alten, die Susannen im Bade überraschten, sehr alt gewesen sind. Außerdem glaub ich noch, daß der Erzvater Jakob erst seinen Bruder und dann seinen Schwiegervater betrogen, daß König David dem Uria eine gute Anstellung bei der Armee gegeben, daß Salomo sich tausend Weiber angeschafft und nachher gejammert es sei alles eitel. Auch an die Zehn Gebote glaube ich und halte sogar die meisten; ich laß mich nicht gelüsten meines Nächsten Ochsen, noch seiner Magd, noch seiner Kuh, noch seines Esels. Ich arbeite nicht am Sabbat, dem siebenten Tage, wo Gott geruht; ja, aus Vorsicht, da man nicht mehr genau weiß, welcher dieser siebente Ruhetag war, tue ich oft die ganze Woche nichts. Was aber gar die Gebote Christi betrifft, so übte ich immer das wichtigste, nämlich daß man sogar seine Feinde lieben soll – denn ach! diejenigen Menschen, die ich am meisten geliebt habe, waren immer, ohne daß ich es wußte, meine schlimmsten Feinde.«

»Um Gottes willen, Mathilde, weinen Sie nicht!« rief ich als wieder ein Ton der schmerzhaftesten Bitterkeit aus der heitersten Neckerei, wie eine Schlange aus einem Blumenbeete, hervorschoß. Ich kannte ja diesen Ton, wobei das witzige Kristallherz der wunderbaren Frau zwar immer gewaltig, aber nicht lange erzitterte, und ich wußte, daß er ebenso leicht, wie er entsteht, auch wieder verscheucht wird, durch die erste beste lachende Bemerkung, die man ihr mitteilte, oder die ihr selbst durch den Sinn flog. Während sie gelehnt an das Portal des Klosterhofes, die glühende Wange an die kalten Steine preßte, und sich mit ihren langen Haaren die Tränenspur aus den Augen wischte, suchte ich ihre gute Laune wieder zu erwecken, indem ich, in ihrer eignen Spottweise, die arme Franscheska zu mystifizieren suchte, und ihr die wichtigsten Nachrichten mitteilte über den Siebenjährigen Krieg, der sie so sehr zu interessieren schien, und den sie noch immer unbeendigt glaubte. Ich erzählte ihr viel Interessantes von dem großen Federigo, dem witzigen Gamaschengott von Sanssouci, der die preußische Monarchie erfunden, und in seiner Jugend recht hübsch die Flöte blies, und auch französische Verse gemacht hat. Franscheska frug mich, ob die Preußen oder die Deutschen siegen werden? Denn, wie schon oben bemerkt, sie hielt erstere für ein ganz anderes Volk, und es ist auch gewöhnlich, daß in Italien unter dem Namen Deutsche nur die Östreicher verstanden werden. Signora wunderte sich nicht wenig, als ich ihr sagte, daß ich selbst lange Zeit in der Capitale della Prussia gelebt habe, nämlich in Berelino, einer Stadt, die ganz oben in der Geographie liegt, unfern vom Eispol. Sie schauderte, als ich ihr die Gefahren schilderte, denen man dort zuweilen ausgesetzt ist, wenn einem die Eisbären auf der Straße begegnen. »Denn, liebe Franscheska«, erklärte ich ihr, »in Spitzbergen liegen gar zu viele Bären in Garnison, und diese kommen zuweilen auf einen Tag nach Berlin, um etwa aus Patriotismus den Bär und den Bassa zu sehen oder einmal bei Beyerman, im Café Royal, gut zu essen und Champagner zu trinken, was ihnen oft mehr Geld kostet, als sie mitgebracht; in welchem Falle einer von den Bären so lange dort angebunden wird, bis seine Kameraden zurückkehren und bezahlen, woher auch der Ausdruck »einen Bären anbinden« entstanden ist. Viele Bären wohnen in der Stadt selbst, ja man sagt Berlin verdanke seine Entstehung den Bären, und hieße eigentlich Bärlin. Die Stadtbären sind aber übrigens sehr zahm und einige darunter so gebildet, daß sie die schönsten Tragödien schreiben und die herrlichste Musik komponieren. Die Wölfe sind dort ebenfalls häufig, und da sie, der Kälte wegen, Warschauer Schafpelze tragen, sind sie nicht so leicht zu erkennen. Schneegänse flattern dort umher und singen Bravourarien, und Renntiere rennen da herum als Kunstkenner. Übrigens leben die Berliner sehr mäßig und fleißig, und die meisten sitzen bis am Nabel im Schnee und schreiben Dogmatiken, Erbauungsbücher, Religionsgeschichten für Töchter gebildeter Stände, Katechismen, Predigten für alle Tage im Jahr, Elohagedichte, und sind dabei sehr moralisch, denn sie sitzen bis am Nabel im Schnee.«

»Sind die Berliner denn Christen?« rief Signora voller Verwundrung.

»Es hat eine eigne Bewandnis mit ihrem Christentum. Dieses fehlt ihnen im Grunde ganz und gar, und sie sind auch viel zu vernünftig, um es ernstlich auszuüben. Aber da sie wissen, daß das Christentum im Staate nötig ist, damit die Untertanen hübsch demütig gehorchen, und auch außerdem nicht zu viel gestohlen und gemordet wird, so suchen sie mit großer Beredsamkeit wenigstens ihre Nebenmenschen zum Christentume zu bekehren, sie suchen gleichsam Remplaçants in einer Religion, deren Aufrechthaltung sie wünschen und deren strenge Ausübung ihnen selbst zu mühsam wird. In dieser Verlegenheit benutzen sie den Diensteifer der armen Juden, diese müssen jetzt für sie Christen werden, und da dieses Volk, für Geld und gute Worte alles aus sich machen läßt, so haben sich die Juden schon so ins Christentum hineinexerziert, daß sie ordentlich schon über Unglauben schreien, auf Tod und Leben die Dreieinigkeit verfechten, in den Hundstagen sogar daran glauben, gegen die Rationalisten wüten, als Missionäre und Glaubensspione im Lande herumschleichen und erbauliche Traktätchen verbreiten, in den Kirchen am besten die Augen verdrehen, die scheinheiligsten Gesichter schneiden, und mit so viel hohem Beifalle frömmeln, daß sich schon hie und da der Gewerbsneid regt, und die älteren Meister des Handwerks schon heimlich klagen: das Christentum sei jetzt ganz in den Händen der Juden.«

Wenn mich Signora nicht verstand, so wirst du, lieber Leser, mich gewiß besser verstehen. Auch Mylady verstand mich, und dies Verständnis weckte wieder ihre gute Laune. Doch als ich – ich weiß nicht mehr ob mit ernsthaftem Gesichte – der Meinung beipflichten wollte, daß das Volk einer bestimmten Religion bedürfe, konnte sie wieder nicht umhin, mir in ihrer Weise entgegenzustreiten.

»Das Volk muß eine Religion haben!« rief sie. »Eifrig höre ich diesen Satz predigen von tausend dummen und abertausend scheinheiligen Lippen –«

»Und dennoch ist es wahr, Mylady. Wie die Mutter nicht alle Fragen des Kindes mit der Wahrheit beantworten kann, weil seine Fassungskraft es nicht erlaubt, so muß auch eine positive Religion, eine Kirche vorhanden sein, die alle übersinnlichen Fragen des Volks, seiner Fassungskraft gemäß, recht sinnlich bestimmt beantworten kann.«

»O weh! Doktor, eben Ihr Gleichnis bringt mir eine Geschichte ins Gedächtnis, die am Ende nicht günstig für Ihre Meinung sprechen würde. Als ich noch klein war, in Dublin –«

»Und auf dem Rücken lag –«

»Aber, Doktor, man kann doch mit Ihnen kein vernünftig Wort sprechen. Lächeln Sie nicht so unverschämt und hören Sie: Als ich noch klein war, in Dublin, und zu Mutters Füßen saß, frug ich sie einst: was man mit den alten Vollmonden anfange? ›Liebes Kind‹, sagte die Mutter, ›die alten Vollmonde schlägt der liebe Gott mit dem Zuckerhammer in Stücke, und macht daraus die kleinen Sterne.‹ Man kann der Mutter diese offenbar falsche Erklärung nicht verdenken, denn mit den besten astronomischen Kenntnissen hätte sie doch nicht vermocht, mir das ganze Sonne-, Mond- und Sternesystem auseinanderzusetzen, und die übersinnlichen Fragen beantwortete sie sinnlich bestimmt. Es wäre aber doch besser gewesen, sie hätte die Erklärung für ein reiferes Alter verschoben, oder wenigstens keine Lüge ausgedacht. Denn als ich mit der kleinen Lucie zusammenkam und der Vollmond am Himmel stand, und ich ihr erklärte, wie man bald kleine Sterne draus machen werde, lachte sie mich aus, und sagte, daß ihre Großmutter, die alte O'Meara ihr erzählt habe: die Vollmonde würden in der Hölle als Feuermelonen verzehrt, und da man dort keinen Zucker habe, müsse man Pfeffer und Salz draufstreuen. Hatte Lucie vorher über meine Meinung, die etwas naiv evangelisch war, mich ausgelacht, so lachte ich noch mehr über ihre düster katholische Ansicht, vom Auslachen kam es zu ernstem Streit, wir pufften uns, wir kratzten uns blutig, wir bespuckten uns polemisch, bis der kleine O'Donnel aus der Schule kam, und uns auseinander riß. Dieser Knabe hatte dort besseren Unterricht in der Himmelskunde genossen, verstand sich auf Mathematik, und belehrte uns ruhig über unsere beiderseitigen Irrtümer und die Torheit unseres Streits. Und was geschah? Wir beiden Mädchen unterdrückten vorderhand unseren Meinungsstreit, und vereinigten uns gleich, um den kleinen ruhigen Mathematikus durchzuprügeln.«

»Mylady, ich bin verdrießlich, denn Sie haben recht. Aber es ist nicht zu ändern, die Menschen werden immer streiten über die Vorzüglichkeit derjenigen Religionsbegriffe, die man ihnen früh beigebracht, und der Vernünftige wird immer doppelt zu leiden haben. Einst war es freilich anders, da ließ sich keiner einfallen, die Lehre und die Feier seiner Religion besonders anzupreisen, oder gar sie jemanden aufzudringen. Die Religion war eine liebe

Tradition, heilige Geschichten, Erinnerungsfeier und Mysterien, überliefert von den Vorfahren, gleichsam Familiensakra des Volks, und einem Griechen wäre es ein Greuel gewesen, wenn ein Fremder, der nicht von seinem Geschlechte, eine Religonsgenossenschaft mit ihm verlangt hätte; noch mehr würde er es für eine Unmenschlichkeit gehalten haben, irgend jemand, durch Zwang oder List, dahin zu bringen, seine angeborene Religion aufzugeben und eine fremde dafür anzunehmen. Da kam aber ein Volk aus Ägypten, dem Vaterland der Krokodile und des Priestertums, und außer den Hautkrankheiten und den gestohlenen Gold- und Silbergeschirren, brachte es auch eine sogenannte positive Religion mit, eine sogenannte Kirche, ein Gerüste von Dogmen, an die man glauben, und heiliger Zeremonien, die man feiern mußte, ein Vorbild der späteren Staatsreligionen. Nun entstand ›die Menschenmäkelei‹, das Proselytenmachen, der Glaubenszwang, und all jene heiligen Greuel, die dem Menschengeschlechte so viel Blut und Tränen gekostet.«

»Goddam! dieses Urübelvolk!«

»O, Mathilde, es ist längst verdammt, und schleppt seine Verdammnisqualen durch die Jahrtausende. O, dieses Ägypten! seine Fabrikate trotzen der Zeit, seine Pyramiden stehen noch immer unerschütterlich, seine Mumien sind noch so unzerstörbar wie sonst, und ebenso unverwüstlich ist jene Volkmumie, die über die Erde wandelt, eingewickelt in ihren uralten Buchstabenwindeln, ein verhärtet Stück Weltgeschichte, ein Gespenst, das zu seinem Unterhalte mit Wechseln und alten Hosen handelt – Sehen Sie, Mylady, dort jenen alten Mann, mit dem weißen Barte, dessen Spitze sich wieder zu schwärzen scheint, und mit den geisterhaften Augen –«

»Sind dort nicht die Ruinen der alten Römergräber?«

»Ja, ebenda sitzt der alte Mann, und vielleicht, Mathilde, verrichtet er eben sein Gebet, ein schauriges Gebet, worin er seine Leiden bejammert, und Völker anklagt, die längst von der Erde verschwunden sind, und nur noch in Ammenmärchen leben – er aber, in seinem Schmerze, bemerkt kaum, daß er auf den Gräbern derjenigen Feinde sitzt, deren Untergang er vom Himmel erfleht.«

KAPITEL XIV

Ich sprach im vorigen Kapitel von den positiven Religionen nur insofern sie als Kirchen, unter den Namen Staatsreligionen, noch besonders vom Staate privilegiert werden. Es gibt aber eine fromme Dialektik, lieber Leser, die Dir aufs bündigste beweisen wird, daß ein Gegner des Kirchtums einer solchen Staatsreligion auch ein Feind der Religion und des Staats sei, ein Feind Gottes und des Königs, oder, wie die gewöhnliche Formel lautet: ein Feind des Throns und des Altars. Ich aber sage Dir, das ist eine Lüge, ich ehre die innere Heiligkeit jeder Religion und unterwerfe mich den Interessen des Staates. Wenn ich auch dem Anthropomorphismus nicht sonderlich huldige, so glaube ich doch an die Herrlichkeit Gottes, und wenn auch die Könige so töricht sind, dem Geiste des Volks zu widerstreben, oder gar so unedel sind, die Organe desselben durch Zurücksetzungen und Verfolgungen zu kränken: so bleibe ich doch, meiner tiefsten Überzeugung nach, ein Anhänger des Königtums, des monarchischen Prinzips. Ich hasse nicht den Thron, sondern nur das windige Adelgeziefer, das sich in die Ritzen der alten Throne eingenistet, und dessen Charakter uns Montesquieu so genau schildert mit den Worten: »Ehrgeiz im Bunde mit dem Müßiggange, die

Gemeinheit im Bunde mit dem Hochmute, die Begierde, sich zu bereichern ohne Arbeit, die Abneigung gegen die Wahrheit, die Schmeichelei, der Verrat, die Treulosigkeit, der Wortbruch, die Verachtung der Bürgerpflichten, die Furcht vor Fürstentugend und das Interesse an Fürstenlaster!« Ich hasse nicht den Altar, sondern ich hasse die Schlangen, die unter dem Gerölle der alten Altäre lauern; die argklugen Schlangen, die unschuldig wie Blumen zu lächeln wissen, während sie heimlich ihr Gift spritzen in den Kelch des Lebens, und Verleumdung zischen in das Ohr des frommen Beters, die gleißenden Würmer mit weichen Worten –

Mel in ore, verba lactis,
Fel in corde, fraus in factis.

Eben weil ich ein Freund des Staats und der Religion bin, hasse ich jene Mißgeburt, die man Staatsreligion nennt, jenes Spottgeschöpf, das aus der Buhlschaft der weltlichen und der geistlichen Macht entstanden, jenes Maultier, das der Schimmel des Antichrists mit der Eselin Christi gezeugt hat. Gäbe es keine solche Staatsreligion, keine Bevorrechtung eines Dogmas und eines Kultus, so wäre Deutschland einig und stark und seine Söhne wären herrlich und frei. So aber ist unser armes Vaterland zerrissen durch Glaubenszwiespalt, das Volk ist getrennt in feindliche Religionsparteien, protestantische Untertanen hadern mit ihren katholischen Fürsten oder umgekehrt, überall Mißtrauen ob Kryptokatholizismus oder Kryptoprotestantismus, überall Verketzerung, Gesinnungsspionage, Pietismus, Mystizismus, Kirchenzeitungsschnüffeleien, Sektenhaß, Bekehrungssucht, und während wir über den Himmel streiten, gehen wir auf Erden zugrunde. Ein Indifferentismus in religiösen Dingen wäre vielleicht allein imstande, uns zu retten, und durch Schwächerwerden im Glauben könnte Deutschland politisch erstarken.

Für die Religion selber, für ihr heiliges Wesen, ist es ebenso verderblich, wenn sie mit Privilegien bekleidet ist, wenn ihre Diener vom Staate vorzugsweise dotiert werden, und zur Erhaltung dieser Dotationen ihrerseits verpflichtet sind, den Staat zu vertreten, und solchermaßen eine Hand die andere wäscht, die geistliche die weltliche, und umgekehrt, und ein Wischwasch entsteht, der dem lieben Gott eine Torheit und den Menschen ein Greul ist. Hat nun der Staat Gegner, so werden diese auch Feinde der Religion, die der Staat bevorrechtet und die deshalb seine Alliierte ist; und selbst der harmlose Gläubige wird mißtrauisch, wenn er in der Religion auch politische Absicht wittert. Am widerwärtigsten aber ist der Hochmut der Priester, wenn sie für die Dienste, die sie dem Staate zu leisten glauben, auch auf dessen Unterstützung rechnen dürfen, wenn sie für die geistige Fessel, die sie ihm, um die Völker zu binden, geliehen haben, auch über seine Bajonette verfügen können. Die Religion kann nie schlimmer sinken, als wenn sie solchermaßen zur Staatsreligion erhoben wird, es geht dann gleichsam ihre innere Unschuld verloren, und sie wird so öffentlich stolz, wie eine deklarierte Mätresse. Freilich werden ihr dann mehr Huldigungen und Ehrfurchtsversicherungen dargebracht, sie feiert täglich neue Siege, in glänzenden Prozessionen, bei solchen Triumphen tragen sogar bonapartistische Generale ihr die Kerzen vor, die stolzesten Geister schwören zu ihrer Fahne, täglich werden Ungläubige bekehrt und getauft – aber dies viele Wasseraufgießen macht die Suppe nicht fetter, und die neuen Rekruten der Staatsreligion gleichen den Soldaten, die Falstaff geworben – sie füllen die Kirche. Von Aufopferung ist gar nicht mehr die Rede, wie Kaufmannsdiener mit ihren Musterkarten, so reisen die Missionäre mit ihren Traktätchen und Bekehrungsbüchlein, es ist keine Gefahr mehr bei diesem Geschäfte, und es bewegt sich ganz in merkantilisch ökonomischen Formen.

Nur solange die Religionen mit anderen zu rivalisieren haben, und weit mehr verfolgt werden als selbst verfolgen, sind sie herrlich und ehrenwert, nur da gibts Begeisterung, Aufopferung, Märtyrer und Palmen. Wie schön, wie heilig lieblich, wie heimlich süß, war das Christentum der ersten Jahrhunderte, als es selbst noch seinem göttlichen Stifter glich im Heldentum des Leidens. Da wars noch die schöne Legende von einem heimlichen Gotte, der in sanfter Jünglingsgestalt unter den Palmen Palästinas wandelte, und Menschenliebe predigte, und jene Freiheit- und Gleichheitslehre offenbarte, die auch später die Vernunft der größten Denker als wahr erkannt hat, und die, als französisches Evangelium, unsere Zeit begeistert. Mit jener Religion Christi vergleiche man die verschiedenen Christentümer, die in den verschiedenen Ländern als Staatsreligionen konstituiert worden, z. B. die römisch-apostolisch-katholische Kirche, oder gar jenen Katholizismus ohne Poesie, den wir als High-Church of England herrschen sehen, jenes kläglich morsche Glaubensskelett, worin alles blühende Leben erloschen ist! Wie den Gewerben ist auch den Religionen das Monopolsystem schädlich, durch freie

Konkurrenz bleiben sie kräftig, und sie werden erst dann zu ihrer ursprünglichen Herrlichkeit wieder erblühen, sobald die politische Gleichheit der Gottesdienste, sozusagen die Gewerbefreiheit der Götter eingeführt wird.

Die edelsten Menschen in Europa haben es längst ausgesprochen, daß dieses das einzige Mittel ist, die Religion vor gänzlichem Untergang zu bewahren; doch die Diener derselben werden eher den Altar selbst aufopfern, als daß sie von dem was darauf geopfert wird, das mindeste verlieren möchten; ebenso wie der Adel eher den Thron selbst und Hochdenjenigen, der hoch darauf sitzt, dem sichersten Verderben überlassen würde, als daß er mit ernstlichem Willen die ungerechteste seiner Gerechtsame aufgäbe. Ist doch das affektierte Interesse für Thron und Altar nur ein Possenspiel, das dem Volke vorgegaukelt wird! Wer das Zunftgeheimnis belauert hat, weiß, daß die Pfaffen viel weniger als die Laien den Gott respektieren, den sie zu ihrem eignen Nutzen, nach Willkür, aus Brot und Wort zu kneten wissen, und daß die Adligen viel weniger als es ein Roturier vermöchte, den König respektieren, und sogar eben das Königtum, dem sie öffentlich so viele Ehrfurcht zeigen, und dem sie so viel Ehrfurcht bei anderen zu erwerben suchen, in ihrem Herzen verhöhnen und verachten: – wahrlich, sie gleichen jenen Leuten, die dem gaffenden Publikum, in den Marktbuden, irgendeinen Herkules oder Riesen, oder Zwerg, oder Wilden, oder Feuerfresser, oder sonstig merkwürdigen Mann für Geld zeigen und dessen Stärke, Erhabenheit, Kühnheit, Unverletzlichkeit, oder, wenn er ein Zwerg ist, dessen Weisheit, mit der übertriebensten Ruhmredigkeit auspreisen, und dabei in die Trompete stoßen, und eine bunte Jacke tragen, während sie darunter, im Herzen, die Leichtgläubigkeit des staunenden Volkes verlachen und den armen Hochgepriesenen verspotten, der ihnen aus Gewohnheit des täglichen Anblicks sehr uninteressant geworden, und dessen Schwächen und nur andressierte Künste sie allzu genau kennen.

Ob der liebe Gott es noch lange dulden wird, daß die Pfaffen einen leidigen Popanz für ihn ausgeben und damit Geld verdienen, das weiß ich nicht; – wenigstens würde ich mich nicht wundern, wenn ich mal im Hamb. Unpart. Korrespondenten läse: daß der alte Jehova jedermann warne, keinem Menschen, es sei wer es wolle, nicht einmal seinem Sohne, auf seinen Namen Glauben zu schenken. Überzeugt bin ich aber, wir werdens mit der Zeit erleben, daß die Könige sich nicht mehr hergeben wollen zu einer Schaupuppe ihrer adligen Verächter, daß sie die Etiketten brechen, ihren marmornen Buden entspringen, und unwillig von sich werfen den glänzenden Plunder, der dem Volke imponieren sollte, den roten Mantel, der scharfrichterlich abschreckte, den diamantenen Reif, den man ihnen über die Ohren gezogen, um sie den Volksstimmen zu versperren, den goldnen Stock, den man ihnen als Scheinzeichen der Herrschaft in die Hand gegeben – und die befreiten Könige, werden frei sein wie andre Menschen, und frei unter ihnen wandeln, und frei fühlen und frei heuraten, und frei ihre Meinung bekennen, und das ist die Emanzipation der Könige.

KAPITEL XV

Was bleibt aber den Aristokraten übrig, wenn sie der gekrönten Mittel ihrer Subsistenz beraubt werden, wenn die Könige ein Eigentum des Volks sind, und ein ehrliches und sicheres Regiment führen, durch den Willen des Volks, der alleinigen Quelle aller Macht? Was werden die Pfaffen beginnen, wenn die Könige einsehen, daß ein bißchen Salböl keinen menschlichen Kopf guillotinenfest machen kann, ebenso wie das Volk täglich mehr und mehr einsieht, daß man von Oblaten nicht satt wird? Nun freilich, da bleibt der Aristokratie und der Klerisei nichts übrig als sich zu verbünden, und gegen die neue Weltordnung zu kabalieren und zu intrigieren.

Vergebliches Bemühen! Eine flammende Riesin, schreitet die Zeit ruhig weiter, unbekümmert um das Gekläffe bissiger Pfäffchen und Junkerlein da unten. Wie heulen sie jedesmal, wenn sie sich die Schnauze verbrannt an einem Fuße jener Riesin, oder wenn diese ihnen mal unversehens auf die Köpfe trat, daß das obskure Gift herausspritzte! Ihr Grimm wendet sich dann um so tückischer gegen einzelne Kinder der Zeit, und, ohnmächtig gegen die Masse, suchen sie an Individuen ihr feiges Mütchen zu kühlen.

Ach! wir müssen es gestehen, manch armes Kind der Zeit fühlt darum nicht minder die Stiche, die ihm lauernde Pfaffen und Junker im Dunkeln beizubringen wissen, und ach! wenn auch eine Glorie sich zieht um die Wunden des Siegers, so bluten sie dennoch, und schmerzen dennoch! Es ist ein seltsames Martyrtum, das solche Sieger in unseren Tagen erdulden, es ist nicht abgetan mit einem kühnen Bekenntnisse, wie in früheren Zeiten, wo die Blutzeugen ein rasches Schafott fanden oder den jubelnden Holzstoß. Das Wesen des Martyrtums, alles Irdische aufzuopfern für den himmlischen Spaß, ist noch immer dasselbe; aber es hat viel verloren von seiner innern Glaubensfreudigkeit, es wurde mehr ein resignierendes Ausdauern, ein beharrliches Überdulden, ein lebenslängliches Sterben, und da geschieht es sogar, daß in grauen kalten Stunden auch die heiligsten Märtyrer vom Zweifel beschlichen werden. Es gibt nichts Entsetzlicheres als jene Stunden, wo ein Markus

Brutus zu zweifeln begann an der Wirklichkeit der Tugend für die er alles geopfert! Und ach! jener war ein Römer und lebte in der Blütenzeit der Stoa; wir aber sind modern weicheren Stoffes, und dazu sehen wir noch das Gedeihen einer Philosophie, die aller Begeisterung nur eine relative Bedeutung zuspricht, und sie somit in sich selbst vernichtet, oder sie allenfalls zu einer selbstbewußten Donquixoterie neutralisiert!

Die kühlen und klugen Philosophen! Wie mitleidig lächeln sie herab auf die Selbstquälereien und Wahnsinnigkeiten eines armen Don Quixote, und in all ihrer Schulweisheit merken sie nicht, daß jene Donquixoterie dennoch das Preisenswerteste des Lebens, ja das Leben selbst ist, und daß diese Donquixoterie die ganze Welt, mit allem was darauf philosophiert, musiziert, ackert und gähnt, zu kühnerem Schwunge beflügelt! Denn die große Volksmasse, mitsamt den Philosophen, ist ohne es zu wissen, nichts anderes als ein kolossaler Sancho Pansa, der, trotz all seiner nüchternen Prügelscheu und hausbackner Verständigkeit, dem wahnsinnigen Ritter in allen seinen gefährlichen Abenteuern folgt, gelockt von der versprochenen Belohnung, an die er glaubt, weil er sie wünscht, mehr aber noch getrieben von der mystischen Gewalt, die der Enthusiasmus immer ausübt auf den großen Haufen – wie wir es in allen politischen und religiösen Revolutionen, und vielleicht täglich im kleinsten Ereignisse sehen können.

So, z. B. Du, lieber Leser, bist unwillkürlich der Sancho Pansa des verrückten Poeten, dem du, durch die Irrfahrten dieses Buches, zwar mit Kopfschütteln folgst, aber dennoch folgst.

KAPITEL XVI

Seltsam! »Leben und Taten des scharfsinnigen Junkers Don Quixote von La Mancha, beschrieben von Miguel de Cervantes Saavedra« war das erste Buch, das ich gelesen habe, nachdem ich schon in ein verständiges Knabenalter getreten und des Buchstabenwesens einigermaßen kundig war. Ich erinnere mich noch ganz genau jener kleinen Zeit, wo ich mich eines frühen Morgens von Hause wegstahl, und nach dem Hofgarten eilte, um dort ungestört den Don Quixote zu lesen. Es war ein schöner Maitag, lauschend im stillen Morgenlichte lag der blühende Frühling, und ließ sich loben von der Nachtigall, seiner süßen Schmeichlerin, und diese sang ihr Loblied so karessierend weich, so schmelzend enthusiastisch, daß die verschämtesten Knospen aufsprangen, und die lüsternen Gräser und die duftigen Sonnenstrahlen sich hastiger küßten, und Bäume und Blumen schauerten, vor eitlem Entzücken. Ich aber setzte mich auf eine alte moosige Steinbank in der sogenannten Seufzerallee unfern des Wasserfalls, und ergötzte mein kleines Herz an den großen Abenteuern des kühnen Ritters. In meiner kindischen Ehrlichkeit nahm ich alles für baren Ernst; so lächerlich auch dem armen Helden von dem Geschicke mitgespielt wurde, so meinte ich doch, das müsse so sein, das gehöre nun mal zum Heldentum, das Ausgelachtwerden ebenso gut wie die Wunden des Leibes, und jenes verdroß mich ebenso sehr, wie ich diese in meiner Seele mitfühlte. Ich war ein Kind und kannte nicht die Ironie, die Gott in die Welt hineingeschaffen, und die der große Dichter, in seiner gedruckten Kleinwelt nachgeahmt hatte – und ich konnte die bittersten Tränen vergießen, wenn der edle Ritter, für all seinen Edelmut, nur Undank und Prügel genoß; und da ich, noch ungeübt im Lesen, jedes Wort laut aussprach, so konnten Vögel und Bäume, Bach und Blumen alles mit anhören, und da solche unschuldige Naturwesen, ebenso wie die Kinder, von der Weltironie nichts wissen, so hielten sie gleichfalls alles für baren Ernst, und weinten mit über die Leiden des armen Ritters, sogar eine alte ausgediente Eiche schluchzte, und der Wasserfall schüttelte heftiger seinen weißen Bart, und schien zu schelten auf die Schlechtigkeit der Welt. Wir fühlten, daß der Heldensinn des Ritters darum nicht mindere Bewundrung verdient, wenn ihm der Löwe ohne Kampflust den Rücken kehrte, und daß seine Taten um so preisenswerter, je schwächer und ausgedorrter sein Leib, je morscher die Rüstung, die ihn schützte, und je armseliger der Klepper, der ihn trug. Wir verachteten den niedrigen Pöbel, der den armen Helden so prügelroh behandelte, noch mehr aber den hohen Pöbel, der, geschmückt mit buntseidnen Mänteln, vornehmen Redensarten und Herzogstiteln, einen Mann verhöhnte, der ihm an Geisteskraft und Edelsinn so weit überlegen war. Dulcineas Ritter stieg immer höher in meiner Achtung, und gewann immer mehr meine Liebe je länger ich in dem wundersamen Buche las, was in demselben Garten täglich geschah, so daß ich schon im Herbste das Ende der Geschichte erreichte, – und nie werde ich den Tag vergessen, wo ich von dem kummervollen Zweikampfe las, worin der Ritter so schmählich unterliegen mußte.

Es war ein trüber Tag, häßliche Nebelwolken zogen dem grauen Himmel entlang, die gelben Blätter fielen schmerzlich von den Bäumen, schwere Tränentropfen hingen an den letzten Blumen, die gar traurig welk die sterbenden Köpfchen senkten, die Nachtigallen waren längst verschollen, von allen Seiten starrte mich an das Bild der Vergänglichkeit, – und mein Herz wollte schier brechen, als ich las, wie der edle Ritter betäubt und zermalmt am Boden lag, und ohne das Visier zu erheben, als wenn er aus dem Grabe gesprochen hätte, mit schwacher kranker Stimme zu dem Sieger hinaufsprach: »Dulcinea ist das schönste Weib der Welt und ich der unglücklichste Ritter auf Erden, aber es ziemt sich nicht, daß meine Schwäche diese Wahrheit verleugne – stoßt zu mit der Lanze, Ritter!«

Ach! dieser leuchtende Ritter vom silbernen Monde, der den mutigsten und edelsten Mann der Welt besiegte, war ein verkappter Barbier!

KAPITEL XVII

Das ist nun lange her. Viele neue Lenze sind unterdessen hervorgeblüht, doch mangelte ihnen immer ihr mächtigster Reiz, denn ach! ich glaube nicht mehr den süßen Lügen der Nachtigall, der Schmeichlerin des Frühlings, ich weiß wie schnell seine Herrlichkeit verwelkt, und wenn ich die jüngste Rosenknospe erblicke, sehe ich sie im Geiste schmerzrot aufblühen, erbleichen und von den Winden verweht. Überall sehe ich einen verkappten Winter.

In meiner Brust aber blüht noch jene flammende Liebe, die sich sehnsüchtig über die Erde emporhebt, abenteuerlich herumschwärmt in den weiten, gähnenden Räumen des Himmels, dort zurückgestoßen wird von den kalten Sternen, und wieder heimsinkt zur kleinen Erde, und mit Seufzen und Jauchzen gestehen muß, daß es doch in der ganzen Schöpfung nichts Schöneres und Besseres gibt als das Herz der Menschen. Diese Liebe ist die Begeisterung, die immer göttlicher Art, gleichviel ob sie törichte oder weise Handlungen verübt – Und so hat der kleine Knabe keineswegs unnütz seine Tränen verschwendet, die er über die Leiden des närrischen Ritters vergoß, ebenso wenig wie späterhin der Jüngling, als er manche Nacht im Studierstübchen weinte über den Tod der heiligsten Freiheitshelden, über König Agis von Sparta, über Cajus und Tiberius Gracchus von Rom, über Jesus von Jerusalem, und über Robespierre und Saint Just von Paris. Jetzt, wo ich die Toga virilis angezogen, und selbst ein Mann sein will, hat das Weinen ein Ende, und es gilt zu handeln wie ein Mann, nachahmend die großen Vorgänger und wills Gott! künftig ebenfalls beweint von Knaben und Jünglingen. Ja, diese sind es, auf die man noch rechnen kann in unserer kalten Zeit; denn diese werden noch entzündet von dem glühenden Hauche, der ihnen aus den alten Büchern entgegenweht, und deshalb begreifen sie auch die Flammenherzen der Gegenwart. Die Jugend ist uneigennützig im Denken und Fühlen, und denkt und fühlt deshalb die Wahrheit am tiefsten, und geizt nicht wo es gilt eine kühne Teilnahme an Bekenntnis und Tat. Die älteren Leute sind selbstsüchtig und kleinsinnig; sie denken mehr an die Interessen ihrer Kapitalien als an die Interessen der Menschheit; sie lassen ihr Schifflein ruhig fortschwimmen im Rinnstein des Lebens, und kümmern sich wenig um den Seemann, der auf hohem Meere gegen die Wellen kämpft; oder sie erkriechen, mit klebrichter Beharrlichkeit die Höhe des Bürgermeistertums oder der Präsidentschaft ihres Klubs, und zucken die Achsel über die Heroenbilder, die der Sturm hinabwarf von der Säule des Ruhms, und dabei erzählen sie vielleicht: daß sie selbst in ihrer Jugend ebenfalls mit dem Kopf gegen die Wand gerannt seien, daß sie sich aber nachher mit der Wand wieder versöhnt hätten, denn die Wand sei das Absolute, das Gesetzte, das an und für sich Seiende, das, weil es ist, auch vernünftig ist, weshalb auch derjenige unvernünftig ist, welcher einen allerhöchst vernünftigen, unwidersprechbar seienden, festgesetzten Absolutismus nicht ertragen will. Ach! diese Verwerflichen, die uns in eine gelinde Knechtschaft hineinphilosophieren wollen, sind immer noch achtenswerter als jene Verworfenen, die bei der Verteidigung des Despotismus, sich nicht einmal auf vernünftige Vernunftgründe einlassen, sondern ihn geschichtskundig als ein Gewohnheitsrecht verfechten, woran sich die Menschen im Laufe der Zeit allmählich gewöhnt hätten, und das also rechtsgültig und gesetzkräftig unumstößlich sei.

Ach! ich will nicht wie Ham die Decke aufheben von der Scham des Vaterlandes, aber es ist entsetzlich, wie mans bei uns verstanden hat, die Sklaverei sogar geschwätzig zu machen, und wie deutsche Philosophen und Historiker ihr Gehirn abmartern, um jeden Despotismus, und sei er noch so albern und tölpelhaft, als vernünftig oder als rechtsgültig zu verteidigen. Schweigen ist die Ehre der Sklaven, sagt Tacitus; jene Philosophen und Historiker behaupten das Gegenteil und zeigen auf die Ehrenbändchen in ihrem Knopfloch.

Vielleicht habt Ihr doch recht, und ich bin nur ein Don Quixote und das Lesen von allerlei wunderbaren Büchern hat mir den Kopf verwirrt, ebenso wie den Junker von La Mancha, und Jean Jacques Rousseau war mein Amadis von Gallien, Mirabeau war mein Roldan oder Agramanth, und ich habe mich zu sehr hineinstudiert in die Heldentaten der französischen Paladine und der Tafelrunde des Nationalkonvents. Freilich, mein Wahnsinn und die fixen Ideen, die ich aus jenen Büchern geschöpft, sind von entgegengesetzter Art, als der Wahnsinn und die fixen Ideen des Manchaners; dieser wollte die untergehende Ritterzeit wieder herstellen, ich hingegen will alles, was aus jener Zeit noch übrig geblieben ist, jetzt vollends vernichten, und da handeln wir also mit ganz verschiedenen Ansichten. Mein Kollege sah Windmühlen für Riesen an, ich hingegen kann in unseren heutigen Riesen nur prahlende Windmühlen sehen, jener sah lederne Weinschläuche für mächtige Zauberer an, ich aber sehe in unseren jetzigen Zauberern nur den ledernen Weinschlauch, jener hielt Bettlerherbergen für Kastelle, Eseltreiber für Kavaliere, Stalldirnen für Hofdamen, ich hingegen halte unsre Kastelle nur für Lumpenherbergen, unsre Kavaliere nur für Eselstreiber, unsere Hofdamen nur für gemeine Stalldirnen, wie jener eine Puppenkomödie für eine Staatsaktion hielt, so halte ich unsre Staatsaktionen für leidige Puppenkomödien – doch ebenso tapfer wie der tapfere Manchaner schlage ich drein in die hölzerne Wirtschaft. Ach! solche Heldentat bekömmt mir oft ebenso schlecht wie ihm, und ich muß, ebenso wie er, viel erdulden für die Ehre meiner Dame. Wollte ich sie verleugnen, aus eitel Furcht oder schnöder Gewinnsucht, so könnte ich behaglich leben in dieser seienden vernünftigen Welt, und ich würde eine schöne Maritorne zum Altare führen, und mich einsegnen lassen von feisten Zauberern, und mit edlen Eselstreibern bankettieren, und gefahrlose Novellen und sonstige kleine Sklävchen zeugen! Statt dessen, geschmückt mit den drei Farben meiner Dame, muß ich beständig auf der Mensur liegen, und mich durch unsägliches Drangsal durchschlagen, und ich erfechte keinen Sieg, der mich nicht auch etwas Herzblut kostet. Tag und Nacht bin ich in Nöten; denn jene Feinde sind so tückisch, daß manche, die ich zu Tode getroffen, sich noch immer ein Air gaben als ob sie lebten, und in alle Gestalten sich verwandelnd, mir Tag und Nacht verleiden konnten. Wie viel Schmerzen habe ich, durch solchen fatalen Spuk, schon erdulden müssen! Wo mir etwas Liebes blühte, da schlichen sie hin, die heimtückischen Gespenster, und knickten sogar die unschuldigsten Knospen. Überall, und wo ich es am wenigsten vermuten sollte, entdecke ich am Boden ihre silbrigte Schleimspur, und nehme ich mich nicht in acht, so kann ich verderblich ausgleiten, sogar im Hause der nächsten Lieben. Ihr mögt lächeln, und solche Besorgnis für eitel Einbildungen, gleich denen des Don Quixote, halten. Aber eingebildete Schmerzen tun darum nicht minder weh, und bildet man sich ein etwas Schierling genossen zu haben, so kann man die Auszehrung bekommen, auf keinen Fall wird man davon fett. Und daß ich fett geworden sei, ist eine Verleumdung, wenigstens habe ich noch keine fette Sinekur erhalten, und ich hätte doch die dazu gehörigen Talente. Auch ist von dem Fett der Vetterschaft nichts an mir zu verspüren. Ich bilde mir ein, man habe alles mögliche angewendet um mich mager zu halten; als mich hungerte da fütterte man mich mit Schlangen, als mich dürstete da tränkte man mich mit Wermut, man goß mir die Hölle ins Herz, daß ich Gift weinte und Feuer seufzte, man kroch mir nach bis in die Träume meiner Nächte – und da sehe ich sie die grauenhaften Larven, die noblen Lakaiengesichter mit fletschenden Zähnen, die drohenden Bankiernasen, die tödlichen Augen, die aus den Kapuzen hervorstechen, die bleichen Manschettenhände mit blanken Messern –

Auch die alte Frau, die neben mir wohnt, meine Wandnachbarin, hält mich für verrückt, und behauptet ich spräche im Schlafe das wahnsinnigste Zeug, und die vorige Nacht habe sie deutlich gehört, daß ich rief: »Dulcinea ist das schönste Weib der Welt und ich der unglücklichste Ritter auf Erden, aber es ziemt sich nicht, daß meine Schwäche diese Wahrheit verleugne – stoßt zu mit der Lanze, Ritter!«

SPÄTERE NACHSCHRIFT

(November 1830)

Ich weiß nicht welche sonderbare Pietät mich davon abhielt, einige Ausdrücke, die mir bei späterer Durchsicht der vorstehenden Blätter etwas allzuherbe erschienen, im mindesten zu ändern. Das Manuskript war schon so gelb verblichen, wie ein Toter, und ich hatte Scheu es zu verstümmeln. Alles verjährt Geschriebene hat solch inwohnendes Recht der Unverletzlichkeit, und gar diese Blätter, die gewissermaßen einer dunkeln Vergangenheit angehören. Denn sie sind fast ein Jahr vor der dritten bourbonischen Hedschira geschrieben, zu einer Zeit, die weit herber war als der herbste Ausdruck, zu einer Zeit, wo es den Anschein gewann, als könnte der Sieg der Freiheit noch um ein Jahrhundert verzögert werden. Es war wenigstens bedenklich, wenn man sah, wie unsere Ritter so sichere Gesichter

bekamen, wie sie die verblaßten Wappen wieder frischbunt anstreichen ließen, wie sie mit Schild und Speer zu München und Potsdam turnierten, wie sie so stolz auf ihren hohen Rossen saßen, als wollten sie nach Quedlinburg reiten, um sich neu auflegen zu lassen bei Gottfried Bassen. Noch unerträglicher waren die triumphierend tückischen Äuglein unserer Pfäffelein, die ihre langen Ohren so schlau unter der Kapuze zu verbergen wußten, daß wir die verderblichsten Kniffe erwarteten. Man konnte gar nicht vorher wissen, daß die edlen Ritter ihre Pfeile so kläglich verschießen würden, und meistens anonym, oder wenigstens im Davonjagen, mit abgewendetem Gesichte, wie fliehende Baschkiren. Ebenso wenig konnte man vorher wissen, daß die Schlangenlist unserer Pfäffelein so zu Schanden werde – ach! es ist fast Mitleiden erregend, wenn man sieht, wie schlecht sie ihr bestes Gift zu brauchen wissen, da sie uns, aus Wut, in großen Stücken den Arsenik an den Kopf werfen, statt ihn lotweis und liebevoll in unsere Suppen zu schütten, wenn man sieht, wie sie aus der alten Kinderwäsche die verjährten Windeln ihrer Feinde hervorkramen, um Unrat zu erschnüffeln, wie sie sogar die Väter ihrer Feinde aus dem Grabe hervorwühlen, um nachzusehen, ob sie etwa beschnitten waren – O der Toren! die da meinen entdeckt zu haben, der Löwe gehöre eigentlich zum Katzengeschlecht, und die mit dieser naturgeschichtlichen Entdeckung noch so lang herumzischen werden, bis die große Katze das ex ungue leonem an ihrem eignen Fleische bewährt! O der obskuren Wichte, die nicht eher erleuchtet werden, bis sie selbst an der Laterne hängen! Mit den Gedärmen eines Esels möchte ich meine Leier besaiten, um sie nach Würden zu besingen, die geschorenen Dummköpfe!

Eine gewaltige Lust ergreift mich! Während ich sitze,

und schreibe, erklingt Musik unter meinem Fenster, und an dem elegischen Grimm der langgezogenen Melodie, erkenne ich jene Marseiller Hymne, womit der schöne Barbaroux und seine Gefährten die Stadt Paris begrüßten, jener Kuhreigen der Freiheit, bei dessen Tönen die Schweizer in den Tuilerien das Heimweh bekamen, jener triumphierende Todesgesang der Gironde, das alte, süße Wiegenlied –

Welch ein Lied! Es durchschauert mich mit Feuer und Freude, und entzündet in mir die glühenden Sterne der Begeisterung und die Raketen des Spottes. Ja, diese sollen nicht fehlen, bei dem großen Feuerwerk der Zeit. Klingende Flammenströme des Gesanges sollen sich ergießen von der Höhe der Freiheitslust, in kühnen Kaskaden, wie sich der Ganges herabstürzt vom Himalaya! Und du, holde Satyra, Tochter der gerechten Themis und des bocksfüßigen Pan, leih mir deine Hülfe, Du bist ja mütterlicher Seite dem Titanengeschlechte entsprossen, und hassest gleich mir die Feinde deiner Sippschaft, die schwächlichen Usurpatoren des Olymps. Leih mir das Schwert deiner Mutter, damit ich sie richte, die verhaßte Brut, und gib mir die Pickelflöte deines Vaters, damit ich sie zu Tode pfeife –

Schon hören sie das tödliche Pfeifen, und es ergreift sie der panische Schrecken, und sie entfliehen wieder, in Tiergestalten, wie damals, als wir den Pelion stülpten auf den Ossa –

Aux armes citoyens!

Man tut uns armen Titanen sehr Unrecht, als man die düstre Wildheit tadelte, womit wir, bei jenem Himmelssturm, herauftobten – ach, da unten im Tartaros, da war es grauenhaft und dunkel, und da hörten wir nur Cerberusgeheul und Kettengeklirr, und es ist verzeihlich, wenn wir etwas ungeschlacht erschienen, in Vergleichung mit jenen Göttern comme il faut, die fein und gesittet, in den heiteren Salons des Olymps, so viel lieblichen Nektar und süße Musenkonzerte genossen.

Ich kann nicht weiterschreiben, denn die Musik unter meinem Fenster berauscht mir den Kopf, und immer gewaltiger greift herauf der Refrain:

Aux armes citoyens!

ANMERKUNGEN

Reise von München nach Genua

Heine hatte im Sommer und Herbst 1828 eine Reise unternommen, die ihn von München über Innsbruck, Trient, Mailand, Genua und Lucca nach Florenz führte. Noch während der Reise sandte Heine Teile der späteren »Reise von München nach Genua« an seinen Verleger Cotta, die dieser im Dezember 1828 im »Morgenblatt für gebildete Stände« veröffentlichte. Hier erschienen auch im November 1829 unter dem Titel »Italienische Fragmente« weitere Kapitel des Werkes und die beiden ersten Kapitel der »Stadt Lucca«.

Die »Reise von München nach Genua« erschien vollständig 1830 im dritten Band der »Reisebilder«.

7 *Das Motto:* »West-östlicher Divan«, »Buch des Unmuts«.

9 *»Die Macht der Verhältnisse«:* L. Roberts Trauerspiel in fünf Aufzügen, das 1819 erschienen ist.

12 *Nationalkokarde:* die Aberkennung der Nationalkokarde, von Friedrich Wilhelm III. in Preußen eingeführt, beinhaltete die Aberkennung der bürgerlichen Ehrenrechte.

14 *After-Poet:* Anspielung auf die literatursatirische Ansprache der Sphinx an das Publikum in Platens »Romantischem Ödipus«, am Schluß des dritten Akts. *Lutter und Wegener:* Weinstube, Treffpunkt der Berliner Literaten.

16 *Werdersche Kirche:* die Friedrichwerdersche Kirche wurde von 1824–30 von Schinkel in sog. modifizierter Backsteingotik erbaut. *barbarischen Doms:* die Frauenkirche. *Schlösser der späteren Periode:* die Schlösser von Schleißheim und Nymphenburg.

17 *Klenze:* Leo von Klenze, der Hofarchitekt Ludwigs I. von Bayern, ist der Erbauer der Glyptothek, der Alten Pinakothek, der Propyläen und zahlreicher Bauten an der Ludwigstraße.

19 *Aspasia:* geistvolle Frau im alten Athen; als Geliebte des Perikles bildete sie den Mittelpunkt eines gesellschaftlichen Kreises,

zu dem Sokrates, Platon und Xenophon gehörten. *Sykophanten:* Verräter, Verleumder. *Phrynen:* Dirnen. *unser Dichter:* Platen.

20 *großer Redner:* der beste Redner des damaligen bayerischen Parlaments war der Ministerialrat Rudhart, auf dessen Rede über den Gesetzesentwurf zum Malzaufschlag (1828) hier angespielt wird.

21 *die Figur:* Hans Ferdinand Maßmann (1797–1874), Mitbegründer der patriotischen deutschen Turnbewegung; seit 1829 Professor für deutsche Sprache und Literatur in München, Herausgeber mittelalterlicher Literaturdenkmäler; von Heine häufig wegen seiner Deutschtümelei angegriffen. *Helm des Mambrin:* als Helm des Mambrin sieht Don Quixote das Rasierbecken Sancho Pansas an. *Ghaselen:* von Platen besonders gepflegte Gedichtform orientalischer Herkunft.

22 *Apoll von Belvedere:* seit Winckelmanns Beschreibung das Ideal klassischer Schönheit.

24 *Hund des neuen Alcibiades:* Ludolf Wienbarg schreibt in seinen Aufsätzen »Zur neuesten Literatur«: »Alkibiades hackte seinem schönsten Hunde den Schwanz ab, um die Arthenienser zum besten zu haben und sie tage- und wochenlang über das eigentliche ›Warum‹ dieses Attentats raten und schwatzen zu machen.« *Prytaneum:* Sitz des Stadtrats in griechischen Städten.

25 *Breihahn, Porter:* bayr. bzw. engl. Biersorte.

26 *Konstantinopel:* Anspielung auf den russisch-türkischen Krieg, 1827–29.

29 *»Trauerspiel«:* Immermanns »Andreas Hofer« erschien zuerst 1828 unter dem Titel »Das Trauerspiel in Tirol«; es behandelt den Tiroler Volksaufstand von 1809.

30 *Prokop:* Geschichtsschreiber des 6. Jhdts. aus Cäserea in Palästina, begleitete den oström. Feldherrn Belisar auf dessen Feldzügen. Eduard von Schenks Tragödie »Belisar« (1829).

31 *Hume:* David Hume veröffentlichte 1763 seine »Geschichte Englands vom Einfall Julius Caesars bis zur Revolution von 1688«. *Sartorius:* Heines geschätzter Lehrer; gab 1807 Spittlers »Entwurf der Geschichte der europäischen Staaten« in 2. Auflage heraus. *Hormayr:* Joseph Freiherr von Hormayr,

Ministerialrat in München, Verfasser einer »Geschichte Andreas Hofers«, hatte Immermanns Drama wohlwollend besprochen.

33 *Mantua:* dort wurde Andreas Hofer 1810 hingerichtet. *Geßler:* in Schillers »Wilhelm Tell« wird der österreichische Landvogt Geßler als zynischer Tyrann gezeigt. *Kaisersage:* Kaiser Maximilian stürzte 1493 bei der Martinswand, als er eine Gemse verfolgte. Der Sage nach wurde er von einem Engel gerettet.

34 *Guide des voyageurs:* (frz.) Reiseführer.

35 *A fine exhibition:* (engl.) eine hübsche Ausstellung, sehr hübsch. *»Hesperus«:* »Hesperus, Encyclop. Zeitschrift für gebildete Leser«; das Blatt verfolgte besonders in seinem Jahrgang 1828 die Tätigkeit der Jesuiten in Österreich.

36 *bonne société:* (frz.) gute Gesellschaft. *Landjunker:* Junker Tobias in Shakespeares »Was Ihr wollt«.

37 *Müller:* Johannes von Müller, Historiker des 18. Jahrhunderts, dessen Geschichte der Schweiz große Bedeutung erlangte.

38 *versprochen worden:* Anspielung auf die während der Befreiungskriege gegebenen Verfassungs- und Reformversprechungen.

40 *Antisthenes:* Heine zitiert den Ausspruch des Antisthenes aus Plutarchs Lebensbeschreibungen, Lykurgos, Kap. 30.

41 *in the westend of the town:* (engl.) im Westen der Stadt, d. h. im Viertel der Vornehmen.

43 *roten Hosen:* durch den Preßburger Frieden (1805) kam Tirol auf Veranlassung Napoleons an Bayern, woraufhin 1809 der Aufstand der Tiroler gegen die Bayern und Franzosen erfolgte.

45 *Schön-Elsy:* Elsi heißt die Frau des Wirtes Etschmann in Immermanns »Andreas Hofer«; sie betrügt ihren Mann mit einem französischen Offizier, dem sie, als er sich von ihr abwendet, das Haus ansteckt.

46 *Parzen:* römische Schicksalsgöttinnen, die den Lebensfaden spinnen und zerschneiden.

51 *Dolce far niente:* (ital.) süßes Nichtstun.

56 *Zeiten des Konziliums:* das Konzil von Trient, das die durch die Reformation entstandene Lage behandelte, tagte von 1545 bis 1563. *Niobe:* Niobe verhöhnte, nach der griechischen Sage, im

Stolz auf ihre Kinder die Mutter von Apollo und Artemis; diese tötete zur Strafe ihre Kinder und ließ Niobe zu Stein erstarren.

57 *Pranzo:* (ital.) Mittagessen. *Bottega:* (ital.) Kneipe. *Sorbet:* (ital.) eisgekühlter Fruchtsaft.

60 *Rellstab:* Redakteur der »Vossischen Zeitung«; er hatte sich durch heftige Kritik an der italienischen Musik hervorgetan.

61 *Romulus Augustus II.:* mit dem Sturz des Kaisers Romulus Augustus brach 476 das weströmische Reich zusammen. Mit der Niederlegung der Kaiserkrone durch Franz II. (1806) endete das Heilige Römische Reich Deutscher Nation. *Dem armen geknechteten Italien:* nach dem Wiener Kongreß blieb Italien in Einzelstaaten zerstückelt und stand unter österreichischem Einfluß. *Harmodius und Aristogiton:* athenische Tyrannenmörder.

61 *eine Menge Arlekine ...:* typische Figuren der italienischen Commedia dell'arte.

66 *Bell- und Lancastersche Methode:* nach dieser Methode haben die älteren Schüler die jüngeren zu unterrichten.

68 *Melpomene:* griechische Muse des Trauerspiels; Heine hat in seiner Jugend Trauerspiele verfaßt.

70 *Scala Mazzanti:* (ital.) Mordtreppe.

71 *Barbaren:* Verona war österreichisch.

72 *Chignon:* (frz.) Nackenzopf.

73 *Podestà:* der Palast des Podesta, des Stadtoberhaupts. *Palast der Capulets:* Julia aus Shakespeares »Romeo und Julia« stammt aus dem Hause der Capulets.

75 *Falstaffsche Bedenken:* Falstaff, der sich tot gestellt hatte, vermutet von Percy, dessen Leiche neben ihm liegt, dieselbe List (Shakespeare, »Heinrich IV.«, 1. Teil, V. Akt).

77 *Gracchen:* Tiberius Gracchus legte ein Gesetz zur Agrarreform im Interesse der bäuerlichen Bevölkerungsschichten vor. *Agrippina:* Mutter Neros.

78 *Can Grande:* Can Francesco della Scala, genannt Can Grande I., war der Beschützer Dantes.

79 *»Kennst Du das Land ...«:* Mignons Lied in Goethes Roman »Wilhelm Meisters Lehrjahre«.

80 *früherhin:* vgl. »Die Nordsee«, 3. Abteilung. *Eckermann:*

Anspielung auf eine naiv-enthusiastische Stelle in Eckermanns Buch »Beiträge zur Poesie, mit besonderer Hinweisung auf Goethe«.

81 *W. Müller:* aus der großen Zahl der von W. Müller in »Hermes oder kritisches Jahrbuch der Literatur« (1820–21) besprochenen Werke greift Heine folgende heraus: K. Ph. Moritz, »Reisen eines Deutschen in Italien« (1792/93), J. W. Archenholz, »England und Italien« (1785), J. H. Bartels, »Briefe über Calabrien und Sizilien« (1803), E. M. Arndt, »Bruchstücke aus einer Reise durch einen Teil Italiens ...« (1801), F. J. Lorenz Meyer, »Darstellungen aus Italien« (1792), F. Benkowitz, »Reise von Glogau ...«. Von dem Verfasser der »Natalis« (1803–05), Ph. J. v. Rehfues, »Neuester Zustand der Insel Sizilien« (1807), »Gemälde von Neapel und seinen Umgebungen« (1808), »Briefe aus Italien« (1809/10), W. Müller »Rom, Römer und Römerinnen« (1820), A. W. Kephalides, »Reise durch Italien und Sizilien« (1818), D. Lessman, »Cisalpinische Blätter« (1828), »Reisen in Italien seit 1822« von Thiersch, Schorn, Gerhardt und Klenze (1826).

84 *boeuf à la mode:* (frz.) Schmorfleisch; Modeochse.

86 *katholische Emanzipation:* rechtliche Gleichstellung der Katholiken, besonders der Iren in England.

87 *Crociato in Egitto:* (ital.) Kreuzfahrer in Ägypten, Oper von Meyerbeer, 1824. *Brera:* Palast in Mailand mit berühmter Gemäldegalerie. *Ambrosiana:* Mailänder Bibliothek.

88 *Jan Steen:* s. »Aus den Memoiren des Herren von Schnabelewopski«, Kap. 11.

89 *Galeazzo Visconti:* unter seiner Regierung begann 1386 der Bau des Mailänder Doms; Napoleon unternahm 1805 die Weiterführung.

90 *achtzehnten Brumaire:* am 9. November 1799 stürzte Napoleon das Direktorium und trat als Erster Konsul an die Spitze des Staates.

93 *ultimate rationes:* (lat.) letzte Mittel; diplomatischer Fachausdruck für Krieg oder Kriegsdrohung.

96 *Allons enfants de la patrie:* (frz.) Vorwärts, Kinder des Vaterlands; Anfang der in der Frz. Revolution entstandenen

Nationalhymne. *Kaiser Nikolas:* Nikolaus I. von Rußland benutzte den Befreiungskampf der Griechen gegen die türkische Herrschaft zu machtpolitischem Vorgehen gegen die Türkei. Er war also alles andere als ein »Bannerträger der Freiheit«. *George Canning:* engl. Staatsmann (1770–1827), der im Zuge seiner Gleichgewichtspolitik die Freiheitsbewegung in Spanien, Südamerika und Griechenland unterstützte und sich dadurch die Gegnerschaft der extremen Konservativen zuzog.

98 *Magna Charta:* die Magna Charta Libertatum, Gesetz zur Sicherung persönlicher Freiheit, vom englischen Adel dem König 1215 abgenötigt; als Beginn der Verfassungsentwicklung in England betrachtet. *tempi passati:* (ital.) vergangene Zeiten.

104 *go to a nunnery:* (engl.) geh ins Kloster; die Worte Hamlets an Ophelia (3. Akt). *historische Schule zu München:* die Nazarener, eine Gruppe von Malern, die sich 1810 in Rom zusammenschlossen zur Erneuerung der christlich-mittelalterlichen Kunst.

105 *den dritten Landsmann:* Rubens wurde 1577 in Siegen geboren, er verbrachte seine Kindheit in Köln; Cornelius stammt, wie Heine, aus Düsseldorf.

107 *Caracci:* Lodovico Caracci gründete mit seinen Vettern 1582 in Bologna eine Malerakademie und Kunstschule; sie legten im Gegensatz zu ihren Vorgängern auf gründliches Studium der Natur wert.

Die Bäder von Lucca

Dieses Werk entstand im Anschluß an die »Reise von München nach Genua« und erschien ebenfalls im dritten Band der »Reisebilder« 1830.

111 *Ich bin wie Weib dem Manne:* das vierzigste Ghasel beginnt mit folgenden Worten

»Ich bin wie Leib dem Geist, wie Geist dem Leibe dir!
Ich bin wie Weib dem Mann, wie Mann dem Weibe dir!«

120 *Kean:* bedeutender englischer Schauspieler zu Heines

Zeit; zu seinen besten Rollen gehörte Richard aus Shakespeares »Richard III.«. *Wenn ich zu Pferde bin . . .:* Zitat aus Shakespeares »Heinrich IV.«.

125 *Papagoyim:* Heine bildet den Plural von Pagagei mit der hebräischen Endung.

129 *Schweigend, in der Abenddämmerung:* Anfangsverse der »Elegie« von Fr. v. Matthisson.

130 *Wilhelm Neumann:* Intendanturrat im preußischen Kriegsministerium, der auch als Verfasser von Gedichten und Erzählungen hervortrat. Er hatte in einer Rezension von E. Eberts Gedichten das Modewort der Zerrissenheit auf Heine angewendet und ihn mit dem englischen Dichter Byron verglichen.

131 *Shelly:* Percy Bysshe Shelly bedient sich dieses Bildes in seiner Elegie »Adonais. An Elegy on the Death of John Keats«. (Adonis. Eine Elegie auf den Tod von John Keats). Hier wird Lord Byron nicht erwähnt; Shelly bezieht das Bild wohl auf die eigene Dichterexistenz. *Aktäon:* nach der griechischen Mythologie soll sich der Jäger Aktäon gerühmt haben, Artemis im Bade belauscht zu haben; zur Strafe wurde er in einem Hirsch verwandelt und von Hunden zerrissen.

132 *Jarke:* Karl Ernst Jarcke hatte als Student in Bonn mit Heine zur Burschenschaft gehört; seit 1825 war er Dozent; er wurde im Verlauf seiner juristischen Laufbahn zu einem Vertreter reaktionärer Rechtsauffassungen. 1832 trat er in österreichische Dienste. *Axur:* Oper von Antonio Salieri, Text von Beaumarchais; die Verse aus diesem und den folgenden Kapiteln stammen aus dieser Oper.

134 *Innamorata:* (ital.) Buhlerin, Geliebte.

135 *Mezzophante:* G. Mezzofanti soll 57 Sprachen beherrscht haben.

136 *Servituten eines echten Patito:* Zwangspflichten eines echten Liebhabers.

137 *Seladon:* der verliebte Hirte im französischen Schäferroman.

138 *Thibaut, Gans, Savigny:* Thibaut trat nach Napoleons Sturz für ein allgemeines bürgerliches Gesetzbuch ein, das von

Savigny, dem Haupt der historischen Rechtsschule, energisch abgelehnt wurde. Die historische Rechtsschule wurde von dem Hegelianer E. Gans angegriffen. *Diable boiteux:* (frz.) der hinkende Teufel, nach dem Titel eines Romans von Le Sage.

139 *Göschen:* Göttinger Jurist, der sich längere Zeit zur Bearbeitung römischer Rechtsdenkmäler in Italien aufhielt.

140 *di tanti palpiti:* (ital.) von solchen Bewegungen; Arie aus der Oper »Tankred« von Rossini.

150 *Franklin:* Erfinder des Blitzableiters.

157 *Falkenorden . . .:* der Falkenorden wurde vom Herzogtum Weimar, das *Goldene Vlies* von Spanien, der *Löwenorden* von den Niederlanden, der *Adlerorden* von Preußen und Rußland und der *Elefantenorden* von Siam verliehen.

161 *Johann von Viehesel:* Fra Angelico, Johann von Fiesole hieß er in einem Aufsatz A. W. Schlegels.

164 *neuen israelitischen Tempel:* in Hamburg war 1816 mit der Begründung des Tempelvereins« eine Reform des israelitischen Gottesdienstes in Angriff genommen worden. *Sahl:* niederdeutsch: Flur.

165 *Schabbes:* Sabbat.

166 *Das Auge sieht . . .:* aus Schillers »Lied von der Glocke«.

167 *Komm Nacht! . . .:* diese und die nächsten Verse nach Shakespeares »Romeo und Julia«, 3. Akt.

178 *Candide:* Heine bezieht sich auf das 17. Kap. von Voltaires Roman »Candide«.

185 *Conto finto:* (ital.) fingierte Rechnung.

190 *public characters:* (engl.) allgemein bekannte Persönlichkeiten.

193 *Du bist . . .:* Aus Immermanns Sonett »Wahrheit und Dichtung«, in der gegen Platen gerichteten Schrift »Der im Irrgarten der Metrik umhertaumelnde Kavalier«.

194 *Don Platen de Collibrados:* Don Ranudo de Collibrados, ein adelsstolzer Hungerleider, ist der Held einer Holbergschen Komödie. *Müllner:* gegen Müllner (Hofrat Örindur nach dem Helden seiner Schicksalstragödie »Die Schuld«) war Platens »Verhängnisvolle Gabel« gerichtet.

196 *große Tat in Worten:* aus Platens »Antwort an einen Ungenannten«:
»Eher nicht an eure Herzen klopf' ich an, an eure Pforten,
Bis das Schönste nicht getan ich, eine große Tat in Worten.«

197 Ramler: Karl Wilh. Ramler (1725–98) verfaßte streng metrische Nachbildungen antiker Oden. Lessing ließ seine Gedichte und seinen »Nathan« von ihm metrisch korrigieren. *Arion:* A. W. Schlegel schrieb eine Romanze über diesen griechischen Sänger, der sich, nach der Sage, auf der Flucht vor Mördern, ins Meer stürzte und von einem Delphin gerettet wurde.

198 *Catonen:* strenge Kritiker, benannt nach dem sittenstrengen römischen Staatsmann Cato. *Chacun à son goût:* (frz.) jeder nach seinem Geschmack. *Wasischtas Kuh:* nach der indischen Mythologie die heilige Kuh des frommen Büßers Wasischta, die alle Wünsche erfüllen konnte.

199 *Aus dem Journal eines Lesers:* der Aufsatz stammt von Platens Freund Puchta. *cuncta denique spectata ...:* (lat.) nachdem endlich alles gesehen worden war, was selbst bei einer Frau die Nacht verhüllt (aus Tacitus' Annalen).

200 *Petron:* der römische Satiriker Petronius Arbiter. *Tribade:* Lesbierin. *Polyandrie:* Vielmännerei.

203 *Iliaden und Odysseen:* Anspielung auf Platen, aus der »Antwort an einen Ungenannten«:
»Laß mich Odysseen erfinden, schweifend an Homers Gestaden,
Bald, in voller Waffenrüstung, folgen ihnen Iliaden.«

204 *Falstaff:* in Shakespeares »Die lustigen Weiber von Windsor« und »Heinrich IV.« die Gestalt des beleibten Großsprechers.

206 *Du, der du sprangst ...:* aus Immermanns Sonett »Frühe Vollendung«. *Ruffiano:* (ital.) Kuppler, Zuhälter. *»daß ihn Cotta verhungern lasse«:* Platen äußerte mehrfach gegenüber seinem Verleger Cotta, daß er katholisch werden wolle, wenn dieser ihn nicht stärker unterstütze.

207 *Pfaffenblättern:* gemeint ist vor allem die Zeitschrift »Eos, Münchener Blätter für Poesie, Literatur und Kunst«, das Organ der Münchener Romantik, das unter der Leitung von Görres und Baader stand. In »Eos« erschien im August 1828 eine lobende

Besprechung der Platenschen Gedichte, während zur gleichen Zeit Heines »Reisebilder« heftig kritisiert wurden.

208 *Muttergotteswitze:* in »Eos« monierte Stelle findet sich in der »Harzreise«; Heine hat sie in der zweiten Auflage gestrichen.

213 *Iffland:* Iffland, der von 1796–1814 Hoftheaterdirektor in Berlin war, war ebenfalls homoerotisch. *Wurm:* Wurm hatte sich 1816 in einer Skandalgeschichte so kompromittiert, daß er vom Schauspielhaus entlassen wurde.

Die Stadt Lucca

Heine veröffentlichte diese Schrift zuerst 1831 zusammen mit den »Englischen Fragmenten« unter dem Titel »Nachträge zu den Reisebildern«. Später wurde der Titel auf Heines Wunsch in »Reisebilder. Vierter Theil« umgeändert.

219 *Fido Savant:* mit dem Hund Fido Savant, von dem auch Gutzkow in seiner Cyno-Dramaturgie spricht, sind die Juristen Gans oder Savigny gemeint, auf deren Streit Heine hier anspielt. *Eidechsen:* in der griechischen Mythologie ist die Eidechse dem Apollo heilig und gilt als Wahrsagerin.

223 *neuen Athener:* als »neues Athen« apostrophiert Heine München auch in »Reise von München nach Genua«, Kapitel III. *Schechner, Sontag:* rivalisierende Sängerinnen in Berlin. *Lyonnet:* Naturforscher, der von 1707 bis 1789 lebte.

225 *caro Cecco:* die Geschichte Franscheskas und ihres caro Cecco wird im 6. Kap. der »Bäder von Lucca« erzählt. *Occhie, Stelle mortale:* (ital.) Augen, sterbliche Sterne; Anfang eines toskanischen Volksliedes.

226 *Ihr Wolken des Himmels!...:* nach Schillers »Maria Stuart«, 3. Akt.

229 *Sakontala:* Drama des indischen Dichters Kalidasa, das besonders durch die Übersetzung der Brüder Schlegel in Deutschland bekannt wurde. *Vasantasena:* die Bajadere Vasantasena ist die Hauptgestalt des indischen Dramas »Mrichchakati«, das in

der Übersetzung von O. L. B. Wolff in dessen »Theater der Hindus« 1828 erschien.

230 *Krug:* W. Tr. Krug, Verfasser zahlreicher Flugschriften gegen den Katholizismus, hatte 1829 eine Abhandlung mit dem Titel »Der Zölibat der katholischen Geistlichkeit« veröffentlicht. *Generalintendant:* vgl. Anm. zu S. 130.

231 *Gesenius:* der Hallesche Theologe und Orientalist wurde in Artikeln der »Evangelischen Kirchenzeitung« angegriffen.

234 *Sappeurs:* (frz.) für Schanzarbeiten eingesetzte Soldaten.

235 *Denonschen Werke:* der Baron Denon begleitete Napoleon nach Ägypten und legte die kunsthistorischen Ergebnisse seiner Reise in einem mit Illustrationen versehenen Werke dar. *Zauberflöte:* Mozarts Oper spielt in Ägypten. *Belzoni:* auch das Werk des italienischen Ägyptologen Belzoni, der an den ersten Ausgrabungen in Ägypten beteiligt war, war mit illuminierten Kupferstichen versehen.

239 *Jener schenkte . . .:* die folgenden Verse, die Heine als Zitat aus der Vulgata, der kanonisierten Bibelübersetzung des Hieronymus ausgibt, entstammen der berühmten vossischen Übersetzung von Homers Ilias.

241 *Venus dolorosa:* (lat.) schmerzensreiche Venus. Heine verbindet die Mater dolorosa, die Gestalt der leidenden Muttergottes, mit der antik-heidnischen Göttin der Liebe.

244 *französische Sakrilegiengesetz:* unter Karl X. eingeführtes Gesetz, das die Entweihung von kirchlichen Geräten mit dem Tode bestrafte. *mit geistlichem Vorbehalte:* Heine meint die Mentalreservation, die vorliegt, wenn man eine Erklärung abgibt, deren Worten man in Gedanken eine andere als ihre natürliche Auslegung gibt. Der Morallehre der Jesuiten wird oft zugeschrieben, daß sie diese Mentalreservation zulasse. *vita della mia vita:* (ital.) Leben meines Lebens.

245 *delightful:* (engl.) entzückend.

246 *Catalani:* berühmte Opernsängerin. *Kommissarien:* Österreich, Rußland und Frankreich hatten für sich das Recht in Anspruch genommen, Kommissare nach dem für Napoleon bestimmten Aufenthaltsorte zu senden.

247 *heldenmütigen Zeit Luccas:* im 13. Jahrhundert tobten in Lucca heftige Parteikämpfe der Guelfen und Ghibellinen, über die Macchiavelli in seiner florentinischen Geschichte berichtet; Dante war in diese Auseinandersetzung verwickelt.

249 *Jünger, der am Herzen Christi lag:* dieser Jünger ist Johannes; der Bericht ist im Evangelium des Johannes, Kapitel 12, überliefert.

250 *un bon dieu citoyen:* (frz.) ein guter Bürgergott, in Analogie zu dem ab 1830 in Frankreich regierenden »Bürgerkönig« Louis Philippe. *Wahrlich . . .:* in Anlehnung an Voltaires Ausspruch: wenn Gott nicht existierte, müßte man ihn erfinden.

252 *I like this man:* (engl.) mir gefällt dieser Mann.

256 *Dem Zefardeyim . . .:* diese Formel – »Blut, Frösche, Stechfliegen« – wird beim jüdischen Passahfest zur Beschwörung der drei ersten ägyptischen Plagen gesprochen. *östreichisch uniformiert:* das Herzogtum Lucca war im Besitz einer spanischen Nebenlinie; österreichische Truppen unterstützten auf der ganzen Halbinsel die in der Restauration wieder eingesetzten absoluten Herrscher.

257 *politischen Annalen:* Heine gab zusammen mit Lindner den 26. und 27. Band der »Neuen allgemeinen politischen Annalen« in München heraus (1828).

258 *Piemont und Neapel:* in beiden Staaten kam es gegen die nach Napoleons Sturz eingesetzten autoritären Regierungen zu Erhebungen, die jedoch mit Hilfe österreichischer Truppen unterdrückt wurden. *Carbonari:* einflußreichste der unter der französischen Herrschaft entstandenen Geheimgesellschaften, die nach der Einheit Italiens strebte.

259 *Ecco:* (ital.) da sieh! *Roxelane:* Pantomime von Wenzel Müller (1785).

263 *in effigie:* (lat.) bildlich.

265 *Bär und den Bassa:* Singspiel von Karl Blum, Direktor des Königsstädter Theaters in Berlin. *die schönsten Tragödien schreiben:* Anspielung auf den Dramatiker Michael Beer und seinen Bruder, den Komponisten Giacomo Meyerbeer.

266 *Remplaçants:* (frz.) Ersatzleute, Stellvertreter. *für sie Chri-*

sten werden: seit 1823 bestand in Berlin ein Verein zur Bekehrung der Juden.

269 *›die Menschenmäkelei‹:* Zitat aus Lessings »Nathan der Weise«; dort fragte der Tempelherr den Juden Nathan: »Doch kennt Ihr auch das Volk, das diese Menschenmäkelei zuerst getrieben?« (2. Akt).

271 *Mel in ore ...:* (lat.) Honig im Munde, Worte wie Milch, Galle im Herzen, Tücke im Handeln. Alter Spottvers auf die Jesuiten.

272 *dem lieben Gott eine Torheit ...:* Anspielung auf Paulus, 1. Kor., Kapitel 1: Wir aber predigen den gekreuzigten Christus, den Juden ein Ärgernis und den Griechen eine Torheit.

273 *Falstaff:* in Shakespeares »Heinrich IV.«, 1. Teil, 4. Aufzug, 2. Szene heißt es: »Futter für Pulver; sie füllen eine Grube so gut wie bessere.«

276 *Markus Brutus:* der Mörder Cäsars, handelte aus republikanischer Überzeugung und stoischem Pflichtbewußtsein.

281 *Freiheitshelden:* Agis IV. von Sparta versuchte im 3. Jhdt. v. Chr. die lykurgische Verfassung in Sparta wiederherzustellen und das Land gerecht zu verteilen; er wurde von seinen Gegnern hingerichtet. Die Volkstribunen Caius und Tiberius Gracchus wurden wegen ihrer Ackerreformpläne erschlagen. Robespierre und Saint-Just, die jakobinischen Führer der Französischen Revolution zur Zeit der Schreckensherrschaft des Wohlfahrtsausschusses, wurden 1794 guillotiniert. *Toga virilis:* Kleidung, die den Bürger Roms auszeichnete und die erst bei erreichter Mannbarkeit getragen werden durfte. *Interessen ihrer Kapitalien:* Zinsen. *weil es ist, auch vernünftig ist:* Heine verspottete die Hegelsche Philosophie, nach der alles Wirkliche vernünftig und alles Vernünftige wirklich ist.

282 *wie Ham die Decke aufheben:* nach 1. Buch Moses, Kap. 9. *Jean Jacques Rousseau ...:* Rousseau begründete in seinem »Contrat social« die Lehre von der Volkssouveränität. *Amadis von Gallien* gilt als Grundform des Ritterromans und wurde in verschiedenen Fassungen und zahlreichen Sprachen verbreitet. *Mirabeau* war, trotz seiner Zugehörigkeit zum Adel, Anhänger der

Französischen Revolution. *Roldan* (Roland) *und Agramanth* sind Gestalten aus der Rolandssage. Die *Tafelrunde* war das Zeichen des Artuskreises, an der der König Artus seine zwölf bevorzugten Ritter versammelte. Der *Nationalkonvent* war das in Frankreich von 1792–1795 regierende Revolutionsparlament.

283 *Maritorne:* Name einer häßlichen Dienstmagd im »Don Quichotte«. *drei Farben meiner Dame:* die dreigeteilte Nationalflagge ist, nach dem Beispiel der französischen Trikolore, das Symbol der Demokratie.

285 *dritten bourbonischen Hedschira:* mit Mohammeds Flucht von Mekka nach Medina (622) werden der Fluchtversuch Ludwigs XVI. aus Frankreich (1791), die Flucht Ludwigs XVIII. während der »Hundert Tage« Napoleons (1815) und die Vertreibung Karls X. durch die Julirevolution von 1830 verglichen. *Gottfried Bassen:* Basse verlegte zahlreiche Ritterromane.

286 *ex ungue leonem:* (lat.) an der Kralle (erkennt man) den Löwen. *Marseiller Hymne:* Rouget de Lisles Hymne galt als das Lied der Revolution, seitdem sie in Marseille am 25. Juni 1792 auf einem Parteifest der Jakobiner gesungen worden war. Sie begleitete auch den Zug des Girondisten Barbaroux und der Marseiller Freiwilligen gegen Paris wie auch den Sturm auf die Tuilerien. *Satyra:* Heine personifiziert die literarische Gattung der Satire und macht Themis, die Göttin der Gerechtigkeit, zu ihrer Mutter. Damit schafft er eine fiktive Genealogie zum Geschlecht der Titanen. – Der Kampf der Titanen und Giganten richtete sich gegen Zeus und die Kroniden, von denen sie in den Tartaros, den Abgrund der Unterwelt, gestürzt worden waren.

287 *Aux armes . . .:* (frz.) zu den Waffen, Bürger. Refrain der Marseillaise.

Zu dieser Ausgabe

insel taschenbuch 1072
Heinrich Heine
Italien

Der Text folgt der Ausgabe: Heinrich Heine, Werke in vier Bänden. Band 2: Reisebilder, Erzählende Prosa, Aufsätze. Herausgegeben von Wolfgang Preisendanz. Insel Verlag Frankfurt am Main 1968. Die Illustrationen von Paul Scheurich erschienen zuerst in der Ausgabe: Heinrich Heine, Italien. Mit dreißig Zeichnungen von Paul Scheurich. Verlag Julius Bard, Berlin 1919. Das Heinrich Heine-Institut in Düsseldorf stellte dem Insel Verlag die Reproduktionsvorlagen der Illustrationen freundlicherweise zur Verfügung.